日本民族の叙事詩

祖国を形づくるもの

西村眞悟

展転社

はじめに

近現代において、我ら日本民族は二度の「太平の眠り」を経験した。もっとも、「眠り」とは眠っている最中に自覚できるものではない。眠りから覚めたときに「眠っていた」と自覚できる。

では、その「太平の眠り」を自覚したのは何時だったのか？

一回目は、嘉永六年（一八五三年）七月八日、アメリカ海軍のペリー提督率いる煙突から真っ黒い煙を上げて眼前の江戸湾上を進む二隻の蒸気船と二隻の帆船からなるアメリカ海軍東インド艦隊が、舷側から合計七十六門の砲弾を装填した大砲を突き出した臨戦態勢で浦和沖まで進入して、そこに旗艦「サスケハナ」を投錨させた時だ。

この時、江戸庶民は、驚きを以て眺めた眼前の黒い煙を吐く「蒸気船」を、上等のお茶である「上喜撰」に喩えて「太平の眠りを覚ます上喜撰　たった四盃で夜も眠れず」と詠んだ。

この歌は、徳川幕府の、二百年以上にわたる外部世界との交渉を閉ざした鎖国の中に生きていた日本人が詠んだものであるが、驚くべき民度の高さを示すものと言える。江戸の人々は、初めて黒い煙を吐く蒸気船を目の当りに見ただけで、自分たちは今まで眠っていた、と自覚したからだ。つまり、嘉永六年の黒船は、「二百年を超える鎖国」の中にいた日本人の目を覚まさせた。

よって、ここから「幕末」が始まる。則ち、我が国は、「王政復古の大號令」の冒頭にある「癸丑《みずのとうし》（嘉永六年）以来、未曾有之國難」を経て、十五年後の明治維新に至ることになる。当然、この明治維新は、

「未曾有之國難」を克服するための、日本の生存をかけた「復古という改革」であった。しかもこれは、現在の世界史を動かす重要な、まさに「転機」となった。このことを、日本人よりアメリカ人が、自覚しているようだ。赤坂にある駐日アメリカ大使館の客間には、ペリーの乗船していた旗艦「サスケハナ」の立派で大きな模型が飾られている。

では、二回目の「太平の眠り」とは、何時であるか。また、日本人は、覚醒したのか。

令和四年（二〇二二年）、二月二十四日に、ロシアのプーチン大統領が、ウクライナの北と東と南から戦車と戦闘ヘリをウクライナ領内に雪崩れ込ませてロシア・ウクライナ戦争が勃発した。これ、昭和十四年（一九三九年）九月一日、ドイツの総統ヒトラーが、西から突如ポーランドに戦車を侵攻させ、九月十七日、東からソビエトのスターリンがポーランドに戦車を侵攻させて第二次世界大戦が勃発した時、また、昭和二十年（一九四五年）八月九日、ソビエトのスターリンが、突如日ソ中立条約を破って満洲に戦車を雪崩れ込ませて対日戦争を開始し、同時に南樺太と千島に侵攻してきた時、さらに、ソビエトのブレジネフ書記長が、昭和四十三年（一九六八年）八月、チェコの首都プラハに、戦車を雪崩れ込ませて民主化運動を弾圧した時と同じである。

しかし、この現在の令和四年二月二十四日から始まったロシア軍の、戦車とミサイルによるウクライナへの侵略は、多くの日本国民の目を覚ましたことは確かであるが、日本政府と国会は、依然として、遙かユーラシアの西の出来事であり、日本は戦禍とは無縁と思っている。何故なら、現在の「黒船」は、かつてのように眼前の東京湾内に来ているのではないし、ＴＶ画面で見る戦車でもない。つまり、現在の黒船は、数千キロ彼方から発射され、数分で我が国の東京や大阪をはじめとする主要都市に届く眼前に見えない「核弾道ミサイル」なのだ。そして、ロシアのプーチン大統領の、NATO諸国に向けた核兵器使用をほのめかす脅迫的言動で明らかなように、ロシアやアメリカそして中共の首脳は、核ミサイルを「通常兵器」と同じように認識し、場合によっては、使用する可能性があることを知らねばならない。アメリカは、我が国の広島と長崎に核爆弾を現実に墜としている。

則ち、我が民族の第二回目の「太平の眠り」とは、昭和二十年九月二日から同二十七年四月二十七日迄の約七年間、我が国を占領統治していたアメリカが、「日本が二度と再び自分たちの脅威にならない国に留め置くため」に書いた「日本国憲法」と題する文書を「日本の憲法」と思い込んでいる限り続く。

つまり、この眠りの特色は、「国家と民族の誇りある存立」の為の「教育」と「国防」と「食糧自給」という死活的に重要な課題を放棄した「日本国憲法と題する文書への盲信」これが現在の「太平の眠り」だ。よって、この現在の「眠り」の本質は、我が国を占領統治したアメリカによって、「日本国憲法という薬物」を接種されて与えられた病的な「昏睡」である。

これに対し、徳川幕府時代の「太平の眠り」をもたらした鎖国は、勃興期にあった西洋人が自分勝手に名付けた「大航海時代」というまことに独善的で残虐なアジアやアフリカに対する「一方的な侵略時代」から、我が国の独自性を守ろうとする明確な基本的国策から生まれたもので、高く評価しなければならない。

しかも、我が国は、この鎖国を二百五十年間続けた。それが可能であったのは、食料を日本列島で百%自給自足できる独自の循環型農業社会を構築したからだ。その日本農業の特色は、太陽エネルギーと二酸化炭素と水と土壌によって成長する全植物栄養分を、人が摂取してから完全に土壌に償還することにある。この江戸時代の三千万人から三千五百万人の人口を維持しえた日本的循環農法は、維新後、世界の識者を驚嘆させた。

この徳川幕府による鎖国への起点となった決断が、天正十五年（一五八七年）の豊臣秀吉による「切支丹伴天連追放令」であり、この決断こそ、追放令の冒頭が「日本ハ神國タルトコロ、切支丹國ヨリ邪教ヲ授ケ候儀、マコトニモッテケシカラン」とあるので明らかなように、強烈な自意識つまり「國體の自覚」に発するものである。

しかし、現在の「太平の眠り」という「昏睡」をもたらした「戦後体制」は、「誇りある鎖国」とは真逆であり、我が国から国家主権を剥奪して軍事占領していたアメリカが、前記の目的で我が国に轡《くつわ》をはめる為につくりだしたものである。つまり、これは、アメリカによる占領の終了後も、日本国民がそのまま被占領国民に留まり続けるための「昏睡」、つまり、日本人に屈辱の「ブタの惰眠」を強いるものである。

さいわいに、今、多くの日本国民が、この戦後体制という「ブタの惰眠」から醒めつつある。従って、今こそ、覚醒した日本人が、百五十四年前の明治維新を目指した志士たちと同じように、「復古という革新」に向かわねばならない。そうしなければ、日本は亡びる。

しかも、まさにこの時、令和四年七月八日午前十一時半、奈良市の大和西大寺駅頭において街頭演説に立った安倍晋三元内閣総理大臣が、男に銃撃され死亡した。この、「日本を取り戻す」そして「戦後体制からの脱却」という志を掲げた安倍元総理が、その志である「日本を取り戻す」ための門が開く前に、無念にも、戦場で斃れた兵士のように亡くなっていった。よって、我らは、戦場に斃れる兵士が、生き残る者に「あとを頼む」と言うのと同じく、安倍元総理が「あとを頼む」と我らに願った声を聞かねばならない。

従って、我らは、単に戦前への回帰や明治維新への回帰に止まらず、二万年前の旧石器時代から同一性をもって現在に続く、世界諸民族のなかで稀有な国である「日本」を取り戻す志を以て、これからの「歴史の転換」に取り組まねばならないのだ。

しかし、我が国を「昏睡」させるための仕掛けは、かなり巧妙に仕組まれていて日本人に斯くも長い眠りを強いている。それ故、これから、まず、我が国の未曾有の敗戦と被占領状態という現状を概観し、その上で、太古から現在の我らの血の中に流れている「日本人の源像」を見つめ、日本民族を日本民族たらしめているものを探究し、太古からの歴史と伝統のなかにある我が国の「根本の規範」即ち「眞の憲法」を大観したい。則ち、これから我が日本の「眞の憲法」への旅を始めるのだ。

そのうえで、現在の我が国を取り巻く厳しい内外の情勢と課題を論じて、それを克服する方策を探究し、さらに、我ら日本民族の人類史における使命を誇り高く掲げたい。

日本の太古の源像を探究する所以は、日本人とは旧石器時代と縄文時代の太古から現在に至るまで、この日本列島の国土にて生活して同一性を維持している世界の諸民族の中で稀有な民族であるからだ。そして、明治維新でも明らかなように、日本人は、この太古の源像を自覚することによって現在における民族の覚醒を実現し、国家興隆の力を汲み上げ、世界人類の為に、天から与えられた使命を果たすことができる民族である。

「神武創業之始」に還る王政復古の大号令による明治維新から七十七年後の大東亜戦争終結までの我が国の歩みが、明らかに欧米諸国のアジア・アフリカの諸国民に対する人種差別と植民地支配の終焉をもたらしたことを忘れてはならない。その上で、これからの我が国の人類史的な使命は、欧米流の「自由主義」でも「社会主義」でもなく、また近頃はやり出した「多様性社会」や「多文化共生社会」でもない、まさに「世界の八紘為宇」であることを自覚しなければならない。

つまり、今まで、明治維新の意義は、「文明開化」という言葉で明らかなように、二百五十年間の鎖国によって世界の進運から取り残された後進的な我が国が、欧米先進国の文明を学ぶことによって近代国家への道を拓いたというように理解されていた。

しかし、これから始めるのは、一万五千年前に始まる縄文期を母体とする「我が天皇を戴く日本」が、明治維新によって百五十五年前にはじめて世界史に参入することによって、世界を如何に変えてきたのか、さらに、これから如何に変えて行くのか、という探索であり、本書はその探索途上の報告である。その報告の多くは仁徳天皇御陵近くの私が育った廃屋で書かれたが、末尾に令和五年四月二十七日、ニューヨークのユニバーシティクラブで行った講演を文字化して本書に掲載した。

このニューヨークのユニバーシティクラブは、明治三十七年（一九〇四年）、日露戦争勃発に際し、我が国の金子堅太郎が、アメリカで我が国の対ロシア開戦への大義を演説した日本ゆかりの場所である。その場所で講演会をセットして私を講師に招いて呉れたニューヨーク在住の畏友高崎康裕氏をはじめとする憂国の同志に敬意を表して心より感謝する。また、ご来場頂いたニューヨークで活躍される同胞の皆さまに感謝して、そのご健勝を祈る。

本書執筆の切掛けは、令和四年の初夏に、泉州の堺及び大和に来られた展転社の相澤宏明会長との、二日間にわたる道中での懇談に始まる。思えば、私の初めての著書『亡国か再生か』は展転社から出版された。また、相澤会長の長男の相澤行一君は、長年、衆議院議員であった私の秘書を勤めてくれた。そして、現在は展転社で本書完成の為に尽力してくれている。本書を生みだしてくれる相澤宏明氏と行一君親子とのご縁に感謝して執筆を続けることが出来た。

令和五年、日本列島に秋が訪れている時

日本民族の叙事詩——祖国を形づくるもの◎目次

第三章　八月十五日以降

第四章　戦後体制の形成　163

第五章　太古に法源を持つ真の憲法　179

装幀　古村奈々＋Zapping Studio

第一章　萬世一系の天皇・邦家萬古の伝統の体現者

我が国の天皇とは

我が国を語るためには、まず「天皇」を語らねばならない。

我が国は、第百二十二代の明治天皇の御代に、徳川幕藩体制から近代国民国家への変革を遂げながら、同時にユーラシア大陸の東の海上にある海洋国家として国際社会の激動と狂乱に参入した。そして、その明治期に、日清日露の両戦役にかろうじて勝利するも、苦闘の七十年間を経た第百二十四代の昭和天皇の御代に、第二次世界大戦における大東亜戦争に敗北した。

この敗北によって、我が国は、歴史上初めて、外国軍隊によって占領された。そして、この被占領下の体制を固定する為に、明治二十二年二月十一日に公布され同二十三年十一月二十九日に施行された「大日本帝国憲法」は廃除され、占領軍が書いた「日本国憲法と題する文書」に基づく戦後体制が現在に至っている。それ故、我らは、現在を漠然と「戦後」と呼び、「戦前」とは違う日本であるかのように思っている。

然れども、我が国は、「戦前」と「戦後」の連続性を維持していることを、ここに確認しなければならない。何故なら、戦前も戦後も、我が国は同じ昭和天皇を戴く国であるからだ。つまり、我々日本人は、神武天皇の御創業の時から、一貫して「天皇の御代」に生きている。則ち、神武天皇は初代の天皇であり、昭和天皇は第百二十四代、そして、今上陛下は第百二十六代である。この皇位は男系によって継承されて現在に至る。神武天皇御創業の時を元年とする皇紀において、現在令和五年・西暦二〇二三年は、皇紀二六八三年である。

さらに、鎌倉時代から江戸時代まで六百年以上続く武家政権の時代において、我が国の國體が変革したと思ってはならない。鎌倉幕府を創設した源頼朝や、徳川幕府を創設した徳川家康を、征夷大将軍に任命したのは天皇である。つまり、この武家政権の時代においても、競争相手を武力で打倒し殺戮して軍事的最高実力者になったというだけでは、国の支配者としての正当性は備わらないのだ。天皇が征夷大将軍に任命して初めて支配者としての正当性を得る。

また、その部下も天下を取った親分との主従関係という私的な封建的関係だけではなく、朝廷から、従五位や従四位という位階と、何々の守たとえば薩摩守や肥後守という官職をもらって大名として領内を支配する正当性を得たのだ。

また、ヨーロッパからはるばる我が国に来航してくるキリスト教国と初めて対峙した戦国時代に、豊臣秀吉が「切支丹伴天連追放令」の冒頭に掲げたのは、「日本は神國たるところ」という自己認識の宣言であり、徳川家康がキリスト教禁止の理由に掲げたのも「神國」の自覚である。

そもそも、この「神國」の自覚の中で、徳川家康は、東照大権現として日光東照宮に神として祀られているが、家康にこの神号を与え神として祀られることを可能にしたのは天皇である。則ち、この武家政権の時代においても、軍事的覇者という剥き出しの私的な軍事力が、我が国を統治できたのではなく、それが、「権威ある公権」つまり「公儀」になって始めて正当な統治者となった。

その「公儀」という権威を与える存在が天皇・朝廷であった。これは、現在も同じである。選挙で勝った、というだけでは総理大臣ではない。天皇が任命して総理大臣になる。

斯くの如き歴代天皇のもつこの権威は、「天照大御神の天壌無窮の神勅」による。そもそも初代の神武天皇は、「天照大御神の天壌無窮の神勅」によって天皇となり、以後、その神勅は、萬世一系百二十六代の現在の天皇に継承されている。

寶祚天壌無窮の神勅

豊葦原の千五百秋《ちいほあき》の瑞穂國は、是吾《あ》が子孫《うみのこ》の王《きみ》たるべき地《くに》なり。

宜しく爾皇孫《いましすめみま》　就《ゆ》きて治《しら》せ。

行矣《さきくませ》。

寶祚《あまつひつぎ》の隆《さか》えまさむこと、當《まさ》に天壌《あめつち》の與《むた》窮りなかるべきものぞ。


この神勅の通り、我が国は、天照大御神の孫が初代の神武天皇となり、以後、その子孫が歴代皇統を継いで百二十六代の現代に至る国だ。つまり、現在の天皇は、天壌無窮の神勅に宣言されたとおり天照大御神の子孫である。これが、戦前の詔書の冒頭に記された「萬世一系の皇祚を践める大日本帝国天皇」である。従って、我が国は、「神の代」と「人の代」が断絶することなく、現在に続く世界で唯一の国と言える。

そのうえで、我が国の理念は、初代神武天皇の御創業の宣言というべき「橿原建都の令―八紘為宇の詔」で鮮明にされていることを、明らかに知るべきである。

その詔にある第一の理念は、神武天皇が、民(国民)を「おほみたから(元元)」と呼ばれていることだ。君主または王が、民(国民)を「おおみたから」と呼ぶ国が、太古にも近現代にも、世界の何処にあるだろうか。

次は、施政の基本方針として、「義《ことわり》必ず時に随《したが》ふ。苟《いやし》くも民に利あらば、何ぞ聖造《ひじりのわざ》に妨《たが》はむ」と宣言されていることである。これは、施政の根本は、「国民の為になること、国民の福祉の向上を目指す」ということだ。太古からこのことを施政の根本としている国は日本だけだろう。

そして、第三は、「八紘為宇」つまり「八紘《はっこう》を掩《おほ》ひて宇《いえ》と為む」つまり、我が国は「一つの屋根の下に住む一つの家族の國」にならんとの宣言である。

以上の、神武天皇の創業の御志から明確に言えることは、太古から我が国には奴隷がいなかったということだ。現在、欧米諸国は、民主主義と基本的人権思想の発祥地の如く吹聴しているが、二十世紀になるまで、社会に奴隷がいることを当然とし、同時に、人種差別を当然として有色人種の国を植民地としながら、民主主義と人権を唱えるなど偽善ではないか。

さらに、この太古に於ける神武創業之志は、萬世一系の天皇の志として現在に至っていること、即ち、現在も生きていることを、我々は自覚しなければならない。このことは歴代天皇の詔とお言葉に明示されている。

私は、第十六代の仁徳天皇御陵のそばで育ったので、まず仁徳天皇の「百姓《おほみたから》の富めるを喜び給ふの詔」を掲げ、次に推古帝時代の聖徳太子の十七条の憲法、そして明治天皇の「國威宣布の宸翰」と昭和天皇の「大東亜戦争終結の詔書」の一節、そして、先帝が東日本大震災時の時、国民へ直接告げられた平成二十三年三月十六日の「お言葉」を掲げる。

仁徳天皇

其れ天の君を立つることは、是れ百姓の為なり、然らば則ち君は百姓を以て本と為す。是を以て古の聖王《ひじりのきみ》は、一人も飢え寒《こご》ゆれば顧みて身《おのれ》を責む。今百姓貧しきは即ち朕が貧しきなり。百姓富めるは即ち朕が富めるなり。未だ百姓富みて君の貧しきこと有らず。

聖徳太子

十七条の憲法その一、和を以て貴しと為す

明治天皇

今般朝政一新の時に膺《あた》りて天下億兆一人も其所を得ざるときは、皆朕が罪なれば、今日の事朕躬《みずか》ら身骨を労し、心志を苦しめ、艱難の先に立ち、古列祖の尽させ給ひし蹤《あと》を践《ふ》み、治績を勤めてこそ、始めて天職を奉じて億兆の君たる所に背かざるべし。

昭和天皇

帝国臣民にして、戦陣に死し、職域に殉じ、非命に斃《たお》れたる者及その遺族に想をいたせば、五内為に裂く。

平成の天皇のお言葉

被災者のこれからの苦難の日々を、私たち皆が、様々な形で少しでも多く分かち合っていくことが大切であろうと思います。被災した人々が決して希望を捨てることなく、からだを大切に明日からの日々を生き抜いてくれるよう、また、国民一人びとりが、被災した各地域の上にこれからも長く心を寄せ、被災者と共にそれぞれの地域の復興の道のりを見守り続けていくことを心より願っています。

仁徳天皇の「百姓貧しきは即ち朕が貧しきなり、百姓富めるは即ち朕が富めるなり」とのお言葉は「天皇と百姓は一つの家族」であるという宣言に他ならず、聖徳太子の「和を以て貴しと為す」は「その家族の和」を大切にするということであり、共に神武創業の精神「八紘為宇」を具現化したものだ。さらに、明治天皇そして昭和天皇と先帝陛下も、明らかに民を我が家族とする前提からのお言葉を発せられている。そして明治天皇と昭和天皇は、神武天皇以来の民を我が家族と想い、民の幸せを祈る御存在として、宮中における伝統の祭祀に臨まれ、国難の明治と昭和の御代を生き抜かれた。その宮中祭祀の最深の秘儀が「大嘗祭」と「四方拝」である。この秘儀は、侍従長もこれを見ることはできない。

我が国の歴史を貫いて国民が戴く萬世一系の天皇は、この「大嘗祭」と「四方拝」という秘儀をされている。当然、昭和天皇は、この秘儀を経た天皇として、大東亜戦争の敗戦と敵国軍隊の日本占領という我が国未曾有の国難に臨まれた天皇であった。

則ち、この時、昭和二十年が始まった時、我が国には、二つの力が存在していた。一つは、帝国陸海軍の「軍事力」である。もう一つは、昭和天皇がもつ歴史と伝統のなかにある「神秘な力」である。そして、帝国陸海軍は、八月十五日の天皇の命令に従って、戦闘行動を停止して武装解除と兵士の復員に向かい、状況は、「戦闘の無い戦争状態」に入る。その上で、昭和天皇は、天皇のみに備わる伝統がもたらす「神秘な力」によって事態に対処していかれた。「大東亜戦争の終結」を理解するには、昭和天皇と、この「神秘な力」を知らねばならない。

この天皇の「神秘な力」を全身で感じていたのは、終戦時の内閣総理大臣鈴木貫太郎海軍大将と陸軍大臣阿南惟幾陸軍大将である。鈴木は江戸時代最後の年に生まれ、阿南は明治二十年生まれで、二十歳の年齢差があり、かつて同時期、侍従長と侍従武官として宮中にいて、ともに身近に天皇のご日常を知り、昭和天皇も、彼ら二人の無私にして純粋な尊皇の志をご存じであった。

それ故、大東亜戦争敗戦必至にして、我が国には「もうほかに人はいない」という状況になったとき、陛下は江戸時代生まれの鈴木貫太郎に大命を降下された。そして、その鈴木は、かつて侍従長の時の侍従武官であり、親しく人柄を知っていた阿南惟幾陸軍大将を、終戦の成否を握る運命にある陸軍大臣に指名した。

そして、終戦の御聖断が下された最後の御前会議が終了し、「終戦の詔書」に総理以下各大臣が副書を終えた後の昭和二十年八月十四日午後十二時前、自決を決意して暇乞いに総理大臣室を訪れた阿南惟幾陸軍大臣と鈴木貫太郎総理大臣は、最後に不思議な会話をして別れたのだ。

その情景を内閣書記官長としてその場にいた迫水久常は、昭和三十四年八月十四日に開かれた「阿南陸相を偲ぶ」集いで、次のように語っている（沖修二著『阿南惟幾伝』より）。

「阿南陸軍大臣は、軍帽を持って刀をつって入ってこられまして、総理大臣に対しきわめて丁重に礼をされた後に、こういうことをいわれたのです。この数日来、私が申し上げたことは、総理大臣閣下に対し非常なご迷惑をお掛けしたことと存じますが、私の本旨といたしますところは、ただ皇室のご安泰を祈ること以外になにものもございません、どうぞご了解をお願いします、ということを総理大臣に対していわれました。鈴木総理大臣はその言葉を聞かれると、自分の席から立って、自分の机をぐるっと回って、阿南大将のそばに寄られ、大将の肩に手をかけて、陸軍大臣、あなたの心持ちは私が一番よく知っているつもりです、と、こう先ずいわれました。そして、さらに言葉を続けて、鈴木総理はこういわれたのです。私はこの鈴木総理のお言葉というものの意味が、ほんとうには私にはよく解らないような気もするのでございますし、同時に非常によく解るような気もするのでございますけれども、鈴木総理はこういわれたのです。阿南さん、皇室は必ずご安泰ですよ、なんとなれば、今の陛下は春秋におけるご先祖のおまつりを、必ずご自身で熱心にされる方でございますから、こういうことを総理大臣がいわれました。阿南大臣はそれをお聞きになりますと、両方のほおにずっと涙を流されまして、私も固くそう信じます、といわれて礼をされまして、静かに部屋をでていかれたのであります。私は玄関までお見送りをいたしまして、自動車のドアを閉め、礼をしてお別れして、総理大臣室に帰って参りますと、鈴木総理は暗然とした面持ちで、阿南陸軍大臣はいとま乞いに来たんだよ、こうおっしゃったのでありますす。私はそのときの阿南陸軍大臣のお姿を今眼前にほうふつとして思い浮かべることができるのでございます。

両度の御前会議における阿南陸軍大臣が、声涙ともにくだって発言されたお言葉を、一々私はこの耳に焼きつくように、その声の音もわかって覚えているのでございますが……、阿南陸軍大将が陸軍大臣でおられたからこそ、日本は国内が分裂することなく、内乱もなく、平静なる形において終戦ができた……私は、日本の終戦の最大の功労者は鈴木貫太郎大将とともに、阿南惟幾陸軍大臣であることを固く信じておるものであります。

毎年ときどき、私は多摩墓地の私自身の家の墓に参りますと、必ず大将のお墓にお参りを致しますが、ここに石刷りになっておりますご辞世の歌を刻んだあの石に、私はお墓に参りますたびに、なんと申しますか、あの石に抱きついて、日本国民のために、阿南閣下にお礼を申し上げたいような衝動をいつも禁じ得ないのであります。」

まことに、鈴木総理と阿南陸相の、不思議な、神霊の世界を見ている人同士のような会話である。なぜなら神秘の世界を実感せずに天皇を語ることはできないからだ。

鈴木総理は、かつて、侍従長であった昭和十一年二月二十六日未明、侍従長公邸で就寝中に、二・二六事件の反乱部隊に襲撃され、四発の銃弾を受けて血の海に昏倒し、一時、心肺停止に陥った。しかし、後に蘇生して、意識不明の時に、多治速比売《たじはやひめ》の神が枕元に立っていてくれたと語ったのだ。

鈴木が生まれて四歳まで育った泉州堺の伏尾の南に広がる丘陵の上に多治速比売神社がある。鈴木は、この多治速比売の神が枕元にいてくれて、自分の命が守られたと確信し、銃創が癒えて体力が回復すると、妻のたかとともに堺に赴き、多治速比売神社に参っている。

鈴木貫太郎

そして、九年後の昭和二十年八月十四日午後十二時前、阿南陸相が、暇乞いのために総理大臣室に入ってきたとき、鈴木には、天皇の神秘な力、そして日本を護るという強い思いが、静かに沸き上がっているのが見えたのではなかろうか。

それ故、鈴木総理は、自決に向かう阿南陸相に、確信を以て、

「阿南さん、皇室は必ずご安泰ですよ」

と言い切ることができた。

また、阿南も固くそれを信じて、自然に涙が頬をつたい、両人は静かに訣別したのだ。

そこで次に、この神秘な力の源泉である天皇の最深の秘儀というべき「大嘗祭」と「四方拝」について記したい。そのうえで、諸兄姉に、昭和二十年八月十四日の陛下の「終戦の御聖断」と、九月二日の我が国と連合国との降伏文書調印による帝国陸海軍の武装解除以降の「戦争状態」のなかで、我が国は、天皇の祈りによって守られていたのだ、と得心いただきたい。

大嘗祭

大日本帝国憲法と並ぶ大法である皇室典範は、第十条に「天皇崩スルトキハ皇嗣即チ践祚シ祖宗ノ神器ヲ承ク」とあり、十一条には「即位ノ礼及大嘗祭ハ京都ニ於テ之ヲ行フ」と定められていた。

昭和天皇は、この皇室典範の定めによって践祚し、皇位のみしるしである三種の神器を承けられた。三種の神器のうち神剣と神璽は常に天皇と共に在り、神鏡は宮中の賢所にある。

大正天皇は、大正十五年十二月二十五日、葉山御用邸で崩御された。よって、「一刻の空位」もなく皇太子裕仁親王殿下が践祚されて皇位に就かれ、同日午前三時十五分、葉山御用邸において、各皇

今上天皇の大嘗祭
（外務省 HP より）

族が侍立し東郷平八郎元帥等が参列するなかで「剣璽渡御の儀」が行われて神剣と神璽が大正天皇から昭和天皇に移った。同時刻、宮中賢所では掌典長が践祚の旨の奉告を行った。

そのうえで、新帝は、内閣総理大臣に元号立案を勅命され、総理大臣は閣議の後に勅裁を仰ぎ、新しい元号は「昭和」と決定された。そして、大嘗祭において新帝が、天照大御神はじめ神々に奉り、自らも戴く新穀を耕作する神聖な田である悠紀田と主基田を定める亀卜（亀の甲羅を焼いて占うこと）が行われ、各々定まった。そして、この悠紀田と主基田から収穫された新米を以て、仙洞御所内に設けられた祭場で大嘗祭が行われることになった。

その祭場には、外から見えないように周囲を囲まれたなかに悠紀殿と主基殿という簡素な木造の建物が建てられる。大嘗祭は神秘な秘儀であり、その様子を見ることはできない。新帝は、その祭場に、夜、一人、入られ未明まで過ごされる。その時、天照大御神が降りてこられる。そこで、新帝は、悠紀田と主基田から収穫された新米を、天照大御神とともに戴かれた後、天照大御神とともに同じ筵に横たわり寝られる。そして、新帝は天照大御神と一体になられる。則ち、新帝は天照大御神と一体の現人神になられるのだ。同時に、天照大御神は、萬世一系の天皇を通じて神代から現在まで生き通されることになる。これが大嘗祭だ。

四方拝

四方拝は、天皇しかなし得ない秘密の呪文を唱える秘儀であると教えられている。

毎年元旦の寅の刻（午前四時頃）、未だ真っ暗ななかで、陛下は黄櫨染御袍に身を包まれて宮中三殿の西側の神嘉殿の南側に設けられた建物に入られ、午前四時半から、次の諸神を拝される。

神宮（伊勢神宮）、天神地祇、神武天皇陵、先帝三代の各山陵、武蔵國一宮（氷川神社）、山城國一宮（賀茂別雷神社）、石清水八幡宮、鹿島神社、香取神社。

その上で、天皇は、北に向かい、新しい年の属星の名を七回唱えられ、次の呪文を唱えられると聞いている。その呪文は「江家次第」によると次の通りであるという。

賊冠之中過度我身（賊冠の中、我が身を過ごし度せよ）

毒魔之中過度我身（毒魔の中、我が身を過ごし度せよ）
毒気之中過度我身（毒気の中、我が身を過ごし度せよ）
毀厄之中過度我身（毀厄の中、我が身を過ごし度せよ）
五急六害之中過度我身（五急六害の中、我が身を過ごし度せよ）
五兵六舌之中過度我身（五兵六舌の中、我が身を過ごし度せよ）
厭魅之中過度我身（厭魅の中、我が身を過ごし度せよ）
萬病除癒、所欲随心　急急如律令

ここに出てくる「過」とは、「すぎる、わたる、よぎる」という意味であり、「度」とは、「悟らせる」と言う意味である。即ち、四方拝で天皇は、
賊冦は、我が身を通して悟りに至らせん、
毒魔は、我が身を通して悟りに至らせん、
毒気は、我が身を通して悟りに至らせん
厭魅は、我が身を通して悟りに至らせん……、
と念じられるのだ。
よって、これは、天皇が、この世に起こる総ての嫌なことや酷いこと、民に起こる総ての嫌なことや酷いことは、総て自分が引き受けて民を護る、という呪文なのだ。

庶民は「魔除け」をするが、天皇は反対に、魔除けどころか、「魔は我を通れ」と念じられる。母は、幼いわが子を護るために、わが子の代わりに私が厄を受けると念じることができるだろう。しかし、我々は、日本国家と全国民に起こる厄を、総て自分が引き受けると念じることはできない。ところが、我が国においては、唯一人、天皇は、一年が始まる元旦の日の出前に、これを念じられる。これが、四方拝、である。

昭和天皇は、敗戦必至の昭和二十年一月一日寅の刻、四方拝をされる為に、皇居の御文庫から出られて宮中三殿に向かう途上で、アメリカ軍機が帝都に接近することを告げる空襲警報により、御文庫に引き帰され、警報解除を待たれた。しかし、空が明け初めてきたので、侍従達が御文庫の庭に御座を敷き六曲の金屏風を持ち出して御座を囲い、礼拝の場を急造した。衣冠束帯に召しかえられた陛下は、四方をかこんだ金屏風の中に入られた。そして、たった一人になって、国と民を襲う総ての厄は我が身を通れ我がそれを納める、則ち「過度我身」と、四方拝をされた。海軍大将藤田尚徳侍従長は、陛下が入られた臨時の金屏風の囲いを見つめ、暗闇のなかから精魂を込めて四方を拝される陛下の、むしろをすべる沓音が、さあー、さあーとひびいてくるのを聴いた（藤田尚徳著『侍従長の回想』）。

この時、藤田侍従長は、日本人が「あらひとがみ（現人神）」と呼ぶ「神の代」と「人の代」の連続性を体現する御存在の前に佇立していたのである。この四方拝をされた陛下が、昭和二十年八月の「いくさを止める使命」を果たされたのだ。

第二章　戦後封印された空間

安倍晋三の功績と我らに託したこと

まず想起すべきことは、令和四年七月八日午前十一時半、奈良市の近鉄大和西大寺駅前で、戦場の兵士のように斃れた安倍晋三君が我らに託したことである。安倍晋三元総理は、参議院選挙の応援で街頭演説を始めた直後、銃撃され、同日午後五時三分に、緊急搬送された奈良県立医大付属病院で死亡が確認された。銃弾は、安倍元総理の心臓を破っていた。

私は、銃撃直後にその遭難の報に接し、死ぬな、と念じた。しかし、遂に夕刻に死亡確認の報が流れたとき、長州人という彼の出自から、長州の先輩の伊藤博文（一八四一年〜一九〇九年）が、ハルピンで銃撃され死亡したとき、伊藤と同じ長州人で幕末維新の動乱のなかで死線を潜って共に生き抜いた井上馨が、「伊藤は、幕末の志士のように死んだ」と羨んだことを思い起こした。期せずして、伊藤博文と安倍晋三君は、同じ年齢で同じように銃撃され亡くなった。まことに、安倍晋三君は、戦場の兵士のように死んだ。なお、衆議院議員初当選同期の故を以て、彼のことを安倍晋三君と呼ぶことを許されたい。

まず、安倍晋三君が、日本再興の為に果たした功績と、我らに遺した課題を掲げる。それは、日本政治史上、一番長く総理大臣を務めたことではない。安倍晋三君の卓越した功績は、平成二十四年十二月十六日の、政権に復帰した総選挙において、「日本を取り戻す」そして「戦後体制からの脱却」という国家目標を、総選挙のスローガンとして掲げたことだ。戦後体制の中で昏睡する我が国の現状に鑑みて、このスローガンを掲げて衆議院総選挙に勝ち抜くという、これほどの功績はない。

その上で、年が変わった平成二十五年四月二十八日、安倍晋三君は、憲政記念館において、内閣総理大臣として、天皇皇后両陛下の御臨席を仰ぎ、政府主催の「主権回復を祝う会」を開催した。

その主催者として挨拶に立った安倍総理は、我が日本が、敗戦によってアメリカ軍を中心とした連合軍の占領下に置かれたまことに無念極まる状況を述べるとき、一瞬、込み上げる思いに声を震わせた。そして、未曾有の敗戦後に、昭和天皇が、国民に向かって詠われた御製

ふりつもるみ雪にたへていろかへぬ松ぞををしき人もかくあれ

を朗唱した。

敗戦後初めて迎えた正月に、日本人は、昭和天皇が発せられた元旦の「年頭、國運振興の詔書」と、この御製に詠われた大御心に涙して、焼け跡からの復興と国家再興への道を歩み始めたのだった。そして、六十七年後の平成二十五年四月二十八日の安倍総理も、「主権回復」を祝い、ここから憲政史上最長期の内閣総理大臣の道を歩み始めた。この憲政記念館における政府主催の「主権回復を祝う会」の閉会に当たり、御臨席されていた天皇皇后両陛下が御退出される際、会場から「天皇陛下萬歳！」の合唱が澎湃として起こったことはまことに印象的であった。

ここにおいて、改めて、安倍晋三元総理の最大の功績は、平成二十四年十二月の衆議院総選挙にお

けるスローガンに「日本を取り戻す」「戦後体制からの脱却」を掲げて、国民からの圧倒的な支持を得た事であり、その上で、平成二十五年四月二十八日に、内閣総理大臣として政府主催の「主権回復を祝う会」を開会した事であると申しておく。

まことに、「天皇陛下萬歳！」の喚呼のなかで終了した「主権回復を祝う会」の開催によって、安倍晋三君は日本国の総理として、日本には、昭和二十年九月二日の降伏文書調印から同二十七年四月二十八日のサンフランシスコ講和条約発効までの七年ばかりの「戦争状態」が継続する間、国家の主権が無かったことを明確に公的に確認した。

そして、同時に、前年に総選挙のスローガンに掲げた「日本を取り戻す」「戦後体制からの脱却」とは、具体的に「何を為すことか」を明確にしたのだ。

私は、憲政記念館における政府主催の「主権回復を祝う会」を終えた後に、小堀桂一郎さんや故井尻千男さんらが、同じ四月二十八日に数年前から開催していた「主権回復を祝う会」に駆けつけ、憲政記念館における安倍総理による「主権回復を祝う会」の状況を説明したあと、次の通り言った。

我が国政府が、公的に「主権回復」を祝うことによって、論理必然的に、我らの眼前に、「日本を取り戻す」また「戦後体制からの脱却」とは、具体的に何かが明確になった。

日本を取り戻すとは、日本に主権が無い時に奪われたものを回復し、日本に主権が無い時に押しつけられたものを廃棄する事である。則ち、日本に主権が無い時に奪われた大日本帝国憲法と皇室典範と帝国陸海軍を取り戻すことである。同時に、日本に主権が無い時に押しつけられた「日本国憲法」

を廃棄することである。

以上の、我が日本の存立・存続が懸かる課題を明確にした安倍晋三君が、令和四年七月八日に、奈良の駅頭において、戦場の兵士のように銃撃されて死亡したのだ。戦場に赴く兵士は、残る戦友に「あとを頼むぞ」と願う。安倍晋三君も、兵士のように、生きてゆく我らに「あとを頼む」と願って瞑目していった。

マッカーサーの占領統治は明治維新を否定する変革

よって、これから、明治維新を否定する「変革」となった、マッカーサーによる「我が国の占領統治」の前夜から説き起こすことにする。この「戦後の前夜」こそ、戦後において、封印された空間である。

明治維新は、「王政復古の大号令（慶応三年十二月九日）」にある「諸事神武創業之始めに原《もと》づき」で明らかなように「日本に回帰する変革」である。これに対して、戦後は、昭和二十一年十一月三日に公布された「日本国憲法」の前文「われらは、これに反する一切の憲法、法令及び詔勅を排除する」で明らかなように、この「明治維新を否定する変革」則ち「日本を否定する変革」である。

従って、「日本を取り戻す」とのスローガンは、まさに吾等が担うべき変革の本質を突いていた。そして、今必要な変革とは「神武創業之始めに原く」こと、則ち、「國體を明確にする」ことだ。ここにおいて、我が国の底流にある「戦前と戦後の連続性」が明らかになる。

なお、安倍晋三元総理の提唱した、「インド・太平洋の連携」という外交戦略を、その功績の筆頭に掲げる論調が主流であり、「日本を取り戻す」という志に言及する「識者」の声は聞かない。私も、安倍元総理の外交戦略に於ける功績を否定するものではない。しかし、日本が、「日本国憲法」に拘束されて、自ら、国際外交の「プレーヤー」になれないまま、総理大臣が、外交戦略だけを語っても無意味ではないか。

よって、これから、昭和天皇が、昭和二十年八月十五日正午の、玉音放送によって国民に語られた「大東亜戦争終結の詔書」にある「國體を護持し得て」、「確く神州の不滅を信じ」、「誓って國體の精華を発揚する」ために、日本国民の務めとして「日本を取り戻す」ことに意識を集中したい。

昭和天皇は、この玉音放送に先立つ数年前に、哲学者西田幾多郎の次の御進講を受けられている。

日本とドイツの差

歴史はいつも過去、未来を含んだ現在の意識をもったものと思います。

それ故私は、我が国においては、肇國の精神、神武天皇の建国事業の精神に還ることは、ただ古に還ることだけではなく、いつも、さらに新たなる時代に踏み出すことと存じます。

復古ということは、いつも維新ということと存じます。

我が国と共に、第二次世界大戦の敗戦国となって連合軍の占領下におかれた西ドイツには、戦後、日本のような「憲法」はなく「ボン基本法」があるのみであった。その理由は、ドイツ人が占領軍に対して、被占領中にドイツの憲法をつくることはできないと強硬に主張したからだ。

しかも、ドイツ人は、「ボン基本法」の中に、

「占領中に制定せられた法律は、占領解除後は無効とする。」

という一項目を明記している。

則ち、これは、被占領下においては、自由な意思決定ができないのであるから、ドイツ国民は、独立を回復してから、即ち、主権を回復してから、自由な意思に基づいて決定するという強烈な意思表示である。

共に敗戦により連合軍の被占領下におかれた我が国とドイツの、この際立った差は何処から生まれたのか。それは、一八九九年に「陸戦の法規慣例に関する条約（ハーグ陸戦法規）」を産み出すヨーロッパにおいて、何度も敗戦を経験しながら近代国民国家を建設してきたドイツと、八十年前の明治維新によって、国際社会に参入してから戦争に負けたことの無かった我が国との経験の差であろう。

安倍晋三君の祖父の岸信介元総理が、昭和二十八年（一九五三年）二月に、デュセルドルフで第二次世界大戦中のドイツ銀行総裁であったシャハト氏を訪れた時、シャハト氏は、日本が戦争に負けたことについて、まず「おめでとう」と言ってから次のように続けた。

「日本民族は非常に優秀であるが、今まで戦争に負けたことがない。ために鍛え方が足りない。そ

こにいくとドイツ人は百戦錬磨の経験を積んでいる。戦争に負け、叩かれ、その度に強靱な民族性と力強い努力を発揮してきた。優秀な民族とはそういうものなのだ。今度日本が戦争に敗れたというのは、日本がより偉大になり、より立派になることで、そういう意味で、おめでとうといったのだ。」（杉田一次著『国家指導者のリーダーシップ』より）

以上の通り、数百年にわたって国家間の戦争を繰り返すなかで、その「戦争における法規」を形成してきた欧州からみて、初めての敗戦を経験した我が国の戦勝国に対する対処は「鍛え方が足りない」と言われても仕方がない。

そこで、このドイツ人シャハト氏の言とボン基本法の理念を受けとめ、我が国も、被占領中に制定された「憲法」と「法律」は、占領終了後には直ちに廃棄すべきであった、と言うのは正しい。とはいえ、廃棄せずに、既に現在、大東亜戦後七十八年を閲しているのだ。よって、「日本を取り戻す」という標語は正しいのであるが、今、七十五歳以下の日本人総ては、「日本国憲法」の下に生まれ、義務教育で「日本国憲法」を「日本の憲法」として教えられて育ってきた。

従って、かく言う私も含めて、「何を如何にして取り戻すべきなのか」が具体的に分かっているのであろうか。つまり、「民族の記憶」は確かなのか、と疑わざるを得ない。まことに、無念ながら、昭和二十年八月末から我が国を軍事占領したアメリカ軍の「日本を無力化する」という巧妙なる占領政策は現在も生きていて、日々機能している。従って、現在の日本人が、「取り戻すべき日本」とは何か、まず、これを見極めねば「抜本塞源」則ち「過ちの根本を抜き、過ちの源を塞ぐ」ことにならない。

そこで、まず、世上、よく言われるようになった「憲法改正論」は、論理的に成り立たないと釘をさしておく。無効なものを「改正」できないからだ。また、「日本国憲法」という「無効な幹」から伸びる枝葉を改正しても、「無効な幹」は温存されるのだ。これ則ち、改正論は、幹を温存することになり、さらに蟻地獄の如き敵の術数に嵌まることである。

我らは、「日本国憲法」は、無効であることを明確に示す厳然たる事実から、当然の結論をださねばならない。眼を瞑れば世界が無くなるかの如く、その事実を無視するならば、無効な「日本国憲法」が残り、日本が、なくなる。

「戦後という時代」の中身は国家観の麻痺と信じがたい背信

まず、私が、目で見て耳で聞いた我が国の国政における「戦後の現状」を記すことにする。平成五年の衆議院総選挙で私は、今は解党して無くなった民社党の最後の公認候補として立候補し議席を得た。自民党の安倍晋三さんも同じく初当選だった。この平成五年の総選挙で、自民党は政権を失い初めて野党になった。和歌山出身の衆議院議員中西啓介氏（故人）は、自民党所属議員であったが、小沢一郎氏らと共に新生党を結成して自民党を離脱し、平成五年八月に細川護熙内閣の防衛庁長官に就任した。そして、防衛庁長官として、憲法改正の必要性に言及した。

この発言に対して、野党になった自民党は、神聖なる憲法の改正を主張するとはけしからんと、中西長官の辞任を要求し、辞任するまで審議を拒否するとして国会の審議を止めた。そして、結局、中西氏が長官を辞任して騒ぎが収まった。

この騒動によって、「自民党」も野党になれば「社会党」になるという日本政界の馬鹿馬鹿しい現実が明らかになった。これが、「戦後という時代」だったのだ。もちろん、自民党も社会党も、「日本国憲法」の枠内で生きている。それ故、我が国の政治の特色は、与野党を問わず、「国民と領土の防衛に無関心」である。

従って、我が国の戦後政治は、十三歳の少女横田めぐみさんが北朝鮮に拉致された事実に、与野党共に、長年、実に長年、無関心で過ごしてこられたのだ。日本国民が、長年にわたって北朝鮮に拉致され続け、その拉致被害者総数が一千名を超える程に至っているのに、平成九年二月に、衆議院予算委員会で、「十三歳の横田めぐみさんが北朝鮮に拉致されたこと」を質されるまで、日本政府は、見て見ぬ振りをして拉致を認めていない。

その時、社会党も自民党の一部も、北朝鮮による拉致のことを質問すれば、「日朝友好に反する」、と非難の野次の声をあげた。さらに、「拉致はでっち上げ」とまで言って質問者の私を非難した。

日本国民を長年にわたって拉致してきた北朝鮮は、許しがたい無道の国であるが、自国民が長年にわたって拉致されているのに見て見ぬ振りをしてきた「戦後日本」も無道で卑劣な国であり許しがたい。

国民を守ることに斯くの如く冷酷で無関心な「戦後日本」は、領土を守ることにも無関心で不作為を決め込んでいる。日本海の竹島に対する韓国による不法占拠を放置してきたではないか。さらに、平成八年、中国人の不法上陸によって、東シナ海の尖閣諸島が第二の竹島になる危機が迫っていたのに「戦後日本」の政府は、「中共を刺激してはならない」と不作為を決め込んでいた。

そこで、平成九年五月、私が衆議院議員として尖閣に上陸視察して、尖閣諸島が日本固有の領土であることを天下に示した。その時の日本政府は、まるで中共の手下《てか》の如く、私を犯罪者の如く非難したのだ。このような、「日本国憲法」を押し戴く「戦後日本」では、このまま推移するならば、十九世紀の法学者イエリングが「権利のための闘争」に記した次の予言が的中するであろう。

隣国によって一平方マイルの領土を奪われながら、膺懲の挙に出ない国は、その他の領土も奪われてゆき、ついに領土を全く失って国家として存立することをやめてしまうであろう。そんな国民は、このような運命にしか値しないのだ。

よって、「日本国憲法」の無効廃棄と、拉致被害者救出と竹島奪還と尖閣防衛は、日本国民に課せられた国家の存立が懸かった救国の実践なのだ。さらに、歯舞、色丹、国後、択捉のロシアからの奪還を忘れてはならない。

さて、野党になれば、すぐに「社会党」に豹変できることを実証した「戦後政治の象徴である自民党」は、政権に復帰するために、案の上、社会党と手を結んで連立を組み、社会党の党首村山富市を総理大臣に担ぎ上げて自社連立の村山富市内閣を平成六年六月に樹立した。時まさに、大東亜戦争終結から五十年が経つ平成七年の前年であった。この自社連立政権と村山富市内閣は、平成七年六月九日の衆議院における謝罪決議と、同年八月十五日の戦後五十年村山富市内閣総理大臣談話の発出を画策したのだった。

阪神淡路大震災と東日本大震災を忘れるな

しかし、この社会党の党首を自民党が総理大臣に戴く欺瞞の政権の時を、天が狙ったかの如く、平成七年一月十七日午前五時四十六分五十二秒、明石海峡地下十六キロを震源地とするマグニチュード7・3の阪神淡路大震災が起こり、死亡者六千四百三十四人、負傷者四万三千七百九十二人、全壊家屋十万四千九百六戸の大被害が発災した。

しかも、村山富市内閣総理大臣は、被災者を救出する自衛隊の最高指揮監督権を持っていながら、直ちにその指揮権を発動せず、東京において漫然と通常の予定通りに財界人との朝食会を続けていた。それ故、自衛隊への総理大臣としての出動命令がなく、自衛隊の出動が遅れた。そして後に、自衛隊への出動命令を出さず、朝食会というい つも通りの予定を続けていた理由を、この耄碌した男は、

「なにぶん、初めてのことで、朝も早かったものですから」

と言い訳した。この無責任、この背信、この無能、まさに極まった、と言わざるをえない。

この自衛隊の救出活動開始の遅れが人命救助に如何なる重大な差違をもたらすかは、十六年後の平成二十三年三月十一日午後二時四十六分十八秒、宮城県牡鹿半島東南東沖百三十キロの海底を震源地とするマグニチュード9の東日本大震災と対比すれば明らかだ。

阪神淡路大震災の際の救出生存者総数は、自衛隊百六十五名、警察三千四百九十五名、消防一千三百八十七名、合計五千四十七名。

東日本大震災の際の救出生存者総数は、自衛隊一万九千二百八十六名、警察三千七百四十九名、消防四千六百十四名、合計二万七千六百四十九名。

つまり、阪神淡路大震災の時の自衛隊による救出生存者数は、全救出生存者五千四十七名の内の約三%。これに対して東日本大震災の時の自衛隊による救出生存者は、全救出生存者二万七千六百四十九名の約七割である。即ち、自衛隊の出動の遅れが、多くの被災者の生死を分けた。自衛隊の最高指揮官村山富市総理大臣の、無能と無責任が阪神淡路大震災の多くの被災者の命を奪ったのだ。まさに、昔から言われていた警句、「馬鹿な大将、敵より恐い」が現実となった。

但し、東日本大震災の時の総理大臣が有能であったからこの差が出たと思ってはならない。天に意図があるかの如く、東日本大震災の時の総理大臣も、村山富市と同じく絵に描いたような阿呆だったのだ。しかし、この時、自衛隊は全救出生存者の七割の一万九千二百八十六名を救出した。

この理由は、阪神淡路の痛恨の教訓を忘れなかった自衛隊の統合幕僚長折木良一陸将と陸上自衛隊幕僚長火箱芳文陸将のコンビが、「馬鹿な大将」の判断を待つことなく、東京の市ヶ谷の防衛省庁舎内で地震の激しい揺れを感じるや直ちに、自衛隊の出動を即断実行したからだ。

また、被災地の真っ只中の多賀城に駐屯する陸上自衛隊第二十二聯隊の國友昭聯隊長は、演習地から駐屯地へ戻る車中で、地震の激しい揺れに襲われ、直ちにその車中で聯隊の出動を決断し、上級司令部の第六師団の久納雄二師団長に連絡を入れて「出します！」と告げるや、師団長から「出せ！」という即答を受け、聯隊の隊員九百名全員を直ちに救命活動に突入させている。そして、多賀城駐屯の第二十二聯隊九百名は、四千七百七十五人を救出した。即ち、多賀城の二十二聯隊は、たった九百名で、自衛隊の被災者救出の為に編成された特別任務部隊十万七千人が救出した一万九千二百八十六名の四分の一の人々を救出したのだ。

シビリアン・コントロールとは、「他国と戦争を開始するか否かの決定」は、国民に対して最高の政治的責任を負う大統領や総理大臣がするという原則であり、大災害下の一刻を争う国民救出に適用される原則ではない。よって、統幕長と陸幕長の決断は、讃えられねばならない。

また、現場に駐屯していて自分たちの家族も被災しているにもかかわらず、救出活動に没頭した第二十二聯隊の九百名の隊員は、全員表彰されるべきである。また、本来ならば、統幕長と陸幕長と海幕長と空幕長の自衛隊のトップ四名は、宮中に於いて、天皇陛下の謁を賜い、勲章を親授されるべきである。

よって、平成七年に戻るが、村山富市総理大臣は、偉そうに、日本を貶める総理大臣の謝罪談話を出す資格なき者であり、阪神淡路大震災の被災地に赴いて、大地にひれ伏して謝罪と慰霊の誠を捧げるべきであった。とはいえ、総理大臣と国会の一部は、平成七年、戦後五十年の謝罪決議と謝罪談話に執着し、「我が国が植民地支配や侵略によって多くのアジア諸国の人々に損害と苦痛を与えた」と世界に発信することに狂奔したが、彼らこそは、阪神淡路大震災の犠牲者や北朝鮮に拉致された国民救出に無関心で冷酷な真の意味の非国民であった。

次に、内閣総理大臣村山富市謝罪談話（八月十五日）とその露払いをした衆議院謝罪決議（六月九日）を掲載しておく。なお、参議院においては、自民党の重鎮である村上正邦氏の強い拒絶によって「村山富市の露払い決議」は実施されなかった。まことに、参議院、そして、故村上正邦先生、あっぱれなり。

では、衆議院はどうしていたのか。私は、党（新進党）分裂も辞さず、実力阻止もありえる、と反対運動をしていた。私と共に、正面に立って反対していた議員は高市早苗氏だ。

すると、金曜日の六月九日の夕刻、「本日、本会議は開会されないので、各員選挙区に帰られたし」という伝達が党幹事長よりあった。しかし、これは全会一致方針を捨てて「とにかく決議を実現したい」という衆議院議長の奸計であった。

土井たか子衆議院議長は、私のように決議阻止の決意を固めた議員が、本会議が開会されないと騙されて国会から退出した後に、本会議開会のベルを押したのだ。そして、決議は、本会議がないと思って帰宅した二百四十一名の欠席者を出して自民党を中心とした議員の起立採決によって為された。その時の写真には、後に、総理や大臣になる面々が議場で嬉々として起立している情景があった。
私は、大阪に向かって乗車していた新幹線列車の中で本会議開会のベルが鳴ったとの知らせを受け、名古屋駅で下車し東京行きに乗り換えて国会に駆けつけたが、既に国会の電気は消えていた。翌朝、謝罪決議を可決した衆議院本会議の状況を写真で見たが、安倍晋三君も、同期の某々も、起立して謝罪に賛成していた。

村山富市内閣総理大臣謝罪談話　平成七年八月十五日

わが国は、遠くない過去の一時期、国策を誤り、戦争への道を歩んで国民を存亡の危機に陥れ、植民地支配と侵略によって、多くの国々、とりわけアジア諸国の人々に対して多大の損害と苦痛を与えました。私は、未来に誤ち無からしめんとするが故に、疑うべくもないこの歴史の事実を謙虚に受け止め、ここにあらためて痛切な反省の意を表し、心からのお詫びの気持ちを表明いたします。

衆議院による「歴史を教訓に平和への決意を新たにする決議」　平成七年六月九日

本院は、戦後五十年にあたり、全世界の戦没者及び戦争等による犠牲者に対し、追悼の誠を捧げる。
また、世界の近代史上における数々の植民地支配や侵略的行為に思いをいたし、我が国が過去に行ったこうした行為や他国民とくにアジアの諸国民に与えた苦痛を認識し、深い反省の念を表明する。

我々は、過去の戦争についての歴史観の相違を超え、歴史の教訓を謙虚に学び、平和な国際社会を築いていかなければならない。

本院は、日本国憲法の掲げる恒久平和の理念の下、世界の国々と手を携えて、人類共生の未来を切り開く決意をここに表明する。

以上の談話や決議が為される前に、色々な場で議論が為されたが、議員達を強く支配していたものがある。それは、日本を謝罪させねばならないという「空気」であった。この「空気」のなかに入り込んで、連立政権が潰れるのを恐れる自民党の調教に励んだのが村山総理大臣と土井衆議院議長である。その結果、自民党もそれに応じて賛成し、決議と談話が発せられた。従って、村山富市の談話を生みだした「空気」は、二十年後の戦後七十年の安倍晋三内閣総理大臣談話を拘束していたのだ。安倍氏は、前記の通り二十年前の衆議院本会議に出席して謝罪決議に賛成している。それ故、安倍談話も村山談話と似たり寄ったりとなっている。

しかし我々は、「日本を取り戻す」為に、この「空気」から脱却しなければならない。その為に、決議と談話が見事に無視したもの、つまり、昭和十六年十二月八日に昭和天皇が発せられた「米國及び英國に對する宣戰の詔書」を拝読し、同日午後零時二十分に発表された「帝国政府表明」を熟読し、同時にこの詔書と政府声明の下で戦争に赴いた日本国民の思いを知らねばならない。

とはいえ、「戦後のなかで栄達した者」にとって、これは至難のことだ。ここで、我が国の「戦後の国会議員の水準」が現れた、馬鹿馬鹿しいが忘れ難い会話を紹介しておく。この会話は、院内で数名の議員がお茶を飲んで懇談しているときに、政党幹部の某議員と私の間で行われた。この某議員は、日本は「普通の国」にならねばならない、と提唱していて国民の賛同を集めていた御仁であった。以下、私とこの御仁の会話。

二、三名の女性議員と同じテーブルで懇談している御仁に対し、

「先生は、日本は『普通の国』になるべきだと主張されていますね。」

「そうだ。」

「では、『普通の国』なら、戦争に負けて五十年が経過したら、どんな国会決議をすると思いますか?」

ふっー、とかの音を出したが、廻りをキョロキョロと見て無言「……」。

よって、私から話した。

「私は、『普通の国』なら、

戦争に負けて、敵に占領され憲法まで変えられた。まことに無念である。

従って、今度、戦争をするときには、絶対負けない、必ず勝つ!

という決議をすると思うのですが?どう思われます?」

「うー……、それは困るじゃないか。」
「何故、困るんですか？」
「だって、日本が戦争に勝てば、軍国主義がはびこるじゃない。」
当方、唖然とし、次に、アホらしくなって、これで話は打ち切った。

以上、戦後五十年村山富市総理大臣談話やこの某議員の発言に共通なものは、治癒不能の「国民が共有すべき記憶の喪失」である。しかし、「我が民族の記憶」こそは「我が国家存立の根源」であり「我が国力の源泉」である。よって、「日本を取り戻す」そして「戦後体制からの脱却」とは、まさに「我が民族の記憶」を、断乎として取り戻すことであり、これが本書の主題なのだ。

W・チャーチルは言った。

過去をより遠くまで振り返ることができれば、
未来をより遠くまで見渡せるだろう。
The further backwards you look,
The further forward you can see.

そこで、まず、戦後という時代の前史、則ち、大東亜戦争・第二次世界大戦のなかを生き、そして、未曾有の敗戦に対処した日本人の群像を観た上で、さらに一万五千年前の旧石器及び縄文期にまで遡って「民族と日本を取り戻す旅」が必要となる。
よって、次に、戦後が始まる前夜を見つめていきたい。

大東亜戦争の大義・大東亜共同宣言

重光葵は、明治二十年（一八八七年）大分に生まれ、昭和三十二年（一九五七年）湯河原で亡くなった。第五高等学校から東京帝国大学に進み、外交官になり、ドイツ、イギリスそしてアメリカの在外公館勤務を経て上海総領事そして駐華公使。その後、大東亜戦争開戦時まで駐英大使を務めて欧州情勢に関する非常に正確な大使上奏を行い、次に、戦時の東條内閣と小磯内閣（昭和十八年～二十年四月五日）、そして、終戦直後の東久邇宮内閣（昭和二十年八月十七日～九月十五日）で外務大臣を歴任する。この時、重光外相は、昭和二十年九月二日、天皇と日本国政府の命に依りかつ其の名において、アメリカ海軍戦艦ミズーリ号の甲板にて降伏文書に署名した。

昭和七年（一九三二年）一月に上海で勃発した、局地戦ではあるが、我が国が日露戦争以来の多数の戦死者という大きな損害を被った第一次上海事変の際には、重光葵は駐華公使として停戦交渉に臨んだ。その交渉途上の四月二十九日の上海虹口公園（現、魯迅公園）で行われた天長節祝賀式典において、重光は壇上で国歌「君が代」を斉唱していたとき、朝鮮人尹奉吉が投げ込んだ爆弾で重傷を負った。

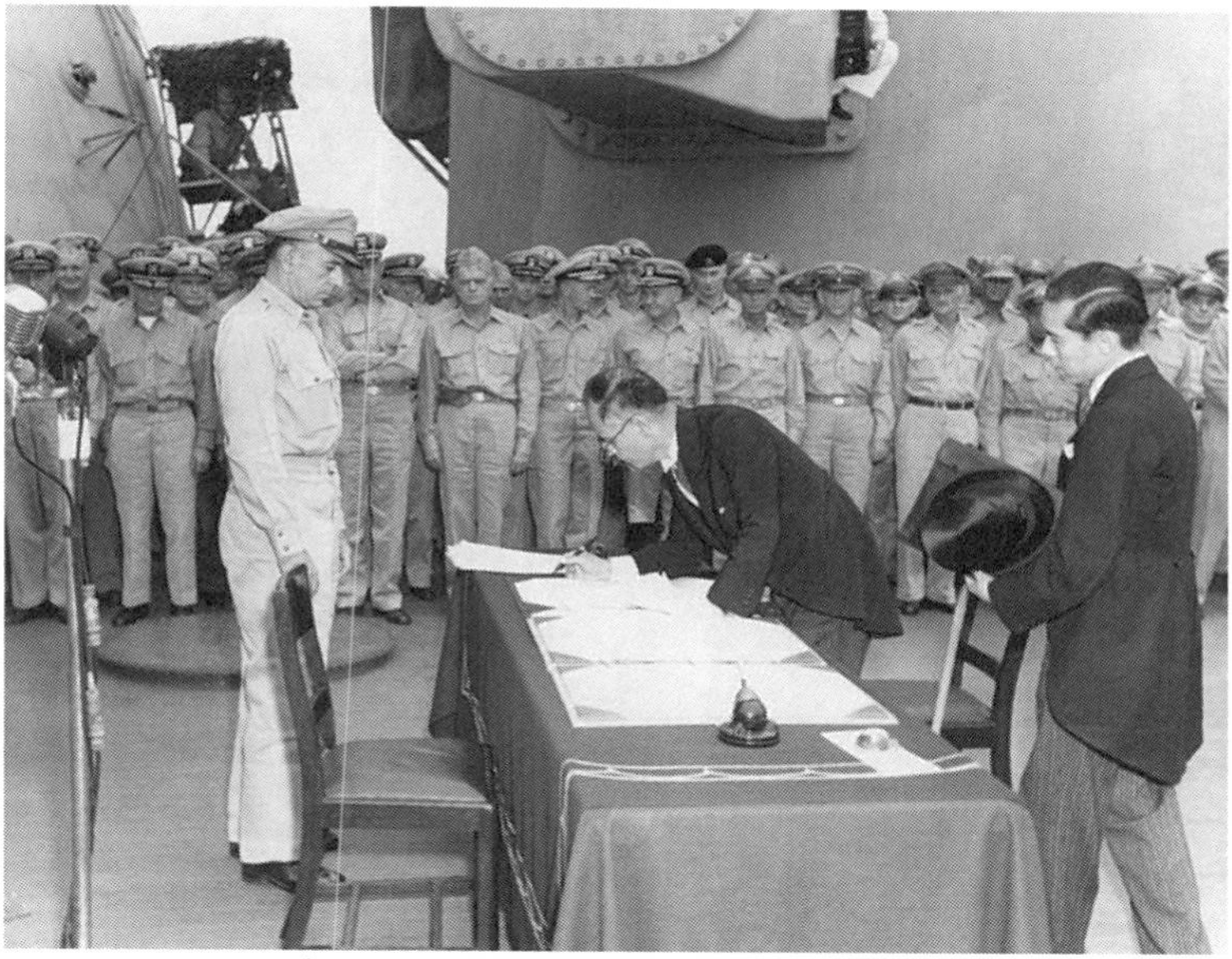

ミズーリ号にて降伏文書に調印する重光葵

この時、重光と共に壇上で君が代を斉唱していた上海居留民団行政委員会会長の河端貞次は即死、上海派遣軍司令官白川義則陸軍大将は重傷を負い五月二十六日に死亡、第九師団長上田謙吉陸軍中将は重傷、後に日米開戦時の駐米大使を務めることになる第三艦隊司令長官野村吉三郎海軍中将は片目を失明し隻眼となった。

重傷を負った重光は、激痛の中で中国側との交渉を続け、五月五日に合意した上海停戦協定に署名してから、右足を切断した。後に、重光が言うには、爆弾が投げ込まれたことに、皆気付いてはいたが、天長節においで国歌「君が代」を斉唱中であったから、その途中で逃げるわけにはいかないと、皆、退避せず斉唱を続けたということである。明治に生まれ育った日本人とは、こういう人達であったのか、としみじみ思う。重光葵は、毎朝、教育勅語を奉唱して一日を始める明治人であった。

戦時中の、東條内閣と小磯内閣における外務大臣としての重光葵の功績は、昭和十八年十一月の大東亜会議を構想して実現したことだ。

我々日本国民が、現在、誇りを以て大東亜戦争を振り返ることができるのは、西洋中心の近現代史の流れの中で、昭和十六年十二月八日の開戦の日に発せられた「帝国政府声明」と、被支配者であった有色人種による世界初の国際会議となった帝国議事堂で行われた大東亜会議を我が国が招集し、昭和十八年十一月六日に重光葵が起草した世界の文明史を画する「人種差別撤廃」と「諸民族の共存共栄」を掲げた「大東亜共同宣言」のお陰である。よって、次に大東亜共同宣言の全文と帝国政府声明の当該箇所を掲げる。

大東亜共同宣言

署名者

日本　東條英機内閣総理大臣

中国　汪兆銘国民政府行政院長

タイ　ワンワイタヤコーン親王

満洲　張景恵国務総理大臣

フィリピン　ホセ・ラウレル大統領
ビルマ　バーモー内閣総理大臣
インド　チャンドラ・ボース首班

抑々世界各国が各其の所を得、相倚り相扶けて萬邦共栄の楽を偕にするは、世界平和確立の根本義なり

然るに米英は自国の繁栄の為には、他国家他民族を抑圧し、特に大東亜に対しては、飽くなき侵略搾取を行ひ、大東亜隷属の野望を逞うし、遂には大東亜の安定を根柢より覆さんとせり、大東亜戦争の原因茲に存す

大東亜各国は、相提携して大東亜戦争を完遂し大東亜を米英の桎梏より解放して其の自存自衛を全うし左の綱領に基き大東亜を建設して以て世界平和の確立に寄与せんことを期す

一、大東亜各国は、協同して大東亜の安定を確保し、道義に基づく共存共栄の秩序を建設す
一、大東亜各国は、相互に自主独立を尊重し互助敦睦の実を挙げ、大東亜の和親を確立す
一、大東亜各国は、相互に其の伝統を尊重し各民族の創造性を伸暢し大東亜の文化を昂揚す
一、大東亜各国は、互恵の下、緊密に提携し其の経済発展を図り大東亜の繁栄を増進す
一、大東亜各国は、萬邦との交誼を篤うし、人種的差別を撤廃し、普く文化を交流し、進んで資源を開放し、以て世界の進運に貢献す

帝國政府声明

而して、今次帝國が南方諸地域に対し、新たに行動を起こすの已むを得ざるに至る、何等その住民に対して敵意を有するにあらず、只米英の暴政を廃除して東亜を明朗本然の姿に復し、相携へて共栄の楽を頒たんと翼念するに外ならず、帝國は之等住民が、我が真意を諒解し、帝國と共に、東亜の新天地に新たなる発足を期すべきを信じて疑はざるものなり、今や皇國の隆替、東亜の興廃は此の一挙に懸れり

この「大東亜共同宣言」と「帝国政府声明」こそは、我が国の歴史教科書に記載して、大東亜戦争が、世界文明の転換をもたらした画期的意義を子供達に教えるべきである。

しかし、現実には、我が国の歴史教科書に載るのはアメリカのF・ルーズベルト大統領とイギリスのW・チャーチル首相の、一九四一年八月十四日に発表された「大西洋憲章」であろう。しかし、これ、我が国の児童生徒に間違った歴史を教える祖国への裏切りと言ってもよい歴史の隠蔽である。

何故なら、ルーズベルトとチャーチルが「大西洋憲章」で訴えたのは、ナチスドイツに席巻されたヨーロッパにおける「民族自決」であり、フィリピンやグアムやベトナムやシンガポールやビルマやインドやマレーやインドネシアやエジプトや南アフリカやベルギー領コンゴという、アメリカやイギリスの欧米諸国が植民地支配をしているアジア・アフリカの諸民族の民族自決のことなど全く視野に入れてはいないからだ。

大東亜会議に出席した各国首脳

則ち、この時のルーズベルトやチャーチルにとって、「人間」とは「白人」のことであり、彼らが支配する植民地に生きている有色人種は「人間」ではないのだ。

これに対して、まさに日本と中国、タイ、満洲、フィリピン、ビルマそしてインドの首脳は、昭和十八年（一九四三年）十一月六日、東京において、人種差別撤廃とアジア・アフリカの諸民族の共存共栄を宣言していた。しかも、特にフィリピン、ビルマそしてインドから来日した首脳は、日本が実力を以て現地の人々を支配していたアメリカ軍とイギリス軍を駆逐したことによって、堂々と東京に集まることができたのだ。これ、文明史の観点から大観すれば、日本が、「大西洋憲章」という「植民地支配者の談合」という旧時代の次元を、既に突破したことを示す劇的なことではないか。

自分たちの「インディペンデンス　デイ」を尊重するアメリカ人ならば、この大東亜共同宣言を、アジアとアフリカの「インディペンデンス　デイ」の宣言と捉えるべきだ。

米英首脳の「戦争の謀議」と大西洋憲章

そこで、「大西洋憲章」が発出された一九四一年八月十四日に、イギリスのW・チャーチル首相が、ロンドンをはじめとする主要な街がドイツの爆撃で燃えているのに、肝心のイギリスを離れて、遙か大西洋の反対側のカナダ、ニューファンドランド沖のプラセンティア湾までやってきて、アメリカのF・ルーズベルト大統領と会談していた目的は何であったのか、という根本問題から説き起こしたい。

一九三九年（昭和十四年）九月三日、イギリスとフランスは、ポーランドに突如侵攻したドイツに対して宣戦を布告して第二次世界大戦が始まる。

その後、年が明けた一九四〇年五月、東部戦線から西部戦線に重点を移したドイツ軍によって、イギリス軍三十五万は背後がドーバー海峡のダンケルクに追い詰められ、フランス軍は、マジノラインを簡単に突破したドイツ軍にけ散らされて、六月十四日、パリが陥落する。

イギリス首相チャーチルは、ダイナモ作戦を発動し、一九四〇年（昭和十五年）五月から六月の間に、ダンケルクから三十万人の兵士を、民間人のヨットやボートをも総動員してイギリス本土に脱出させた。しかし、イギリス軍は一万人の戦死者と三万人の捕虜を出し、八百八十門の野砲、三百十門の大型火砲、八百門の対戦車砲、一万一千丁の機関銃、七百両の戦車、四万五千両の軍用車両やトラックという装備のほとんどを大陸に置いてきた。

このイギリス軍が大陸に置いてきた物量は、世界陸戦史上最大の陸上決戦となった日露戦争の奉天大会戦（一九〇五年三月十日）において、全日本軍が動員した装備を遙かに上まわる膨大なものである。つまり、イギリス軍の地上部隊は深刻な武器の欠乏に陥ったのだ。

そして、直ちに七月から翌年の一九四一年五月までの十ヶ月に及ぶドイツ軍のイギリス本土上陸の前哨戦としての「空の戦い」（バトル・オブ・ブリテン）が開始され、連日、ロンドンなどイギリスの都市がドイツ空軍によって爆撃された。

チャーチル首相は、このバトル・オブ・ブリテンの最中に、「人類の歴史の中で、かくも少ない人が、かくも多くの人を守ったことはない。」と下院で語ったが、一九四一年五月までに、イギリスは、パイロット一千五百名が戦死し、空軍のパイロット不足は深刻になった。また、民間人二万七千四百五十人が爆撃で殺害され三万二千百三十八名が負傷していた。つまり、一九四一年に入り、陸上と航空の両面においてイギリスの戦力は深刻な衰えをきたしていたのだ。

しかし、ドイツ空軍も、パイロット二千六百人が戦死して、戦力低下は否定し難い。ここに、チャーチルがイギリスを離れアメリカのルーズベルトに会いに行くチャンスが訪れた。とはいえ、イギリスの戦力が危機に瀕している時、つまり、通常なら、戦争中の国家指導者が国を離れられない時に、イギリスの首相チャーチルは、戦艦プリンス・オブ・ウェールズに乗り込んで、はるばる大西洋を渡り、本国から遙か離れたカナダのユーファンドランド沖にやってきたのだ。

紙切れに「宣言文」を書いて発表する為ではない。その主目的は、決まっているではないか。則ち、W・チャーチルは、イギリスの存亡をかけて、起死回生、決死の思いで、アメリカの参戦を求めにニューファンドランド沖に来たのだ。アメリカの参戦がなければ、イギリスはフランスのように、ドイツに屈服することになるからだ。

そして、まさに、このチャーチルを迎えるF・ルーズベルトこそは、前任のフーバー大統領から、「二十世紀の戦争を欲する狂人」と言われた男である。さらに、この男は、マニフェスト・デスティニーの狂信者でもある。つまり、西部へアメリカの領域を広げ続けることは「神の聖なる意思」と思い込んでいる頭のおかしい男なのだ(つまり、狂人)。則ち、この男は、アメリカ大陸の西に広がる太平洋をアメリカが制覇するのは「神の聖なる意思」で、その障害となる日本をインディアンのように撲滅することを欲していた。よって、まさに、この狂人は、準備万端、ヨダレを垂らして大西洋を渡ってくるチャーチルを待っていた。

すでに、ルーズベルトは、海軍作戦部長ハロルド・スターク海軍大将に対して、「日本に対して石油を全面的に禁輸すれば、どうなるか」と諮問し、スターク作戦部長から、「確実に、戦争になる」との明確な回答を得た上で、八月一日に、その確実に戦争になる対日石油全面禁輸を実施している。

アメリカが確実に日本との戦争に入るならば、チャーチルの望み通りに、アメリカは日本の同盟国であるドイツとイタリアとも戦争に入る。そして、チャーチルは、そのアメリカの対日石油全面禁輸の報告を受けた後の八月四日に、密かに戦艦プリンス・オブ・ウェールズに乗ってイギリスのブリテ

ルーズベルトとチャーチル

ン島を離れ、八月九日にニューファンドランド沖で、迎えに来たルーズベルトと対面した。

その頃、日本の近衛文麿首相は、野村吉三郎駐米大使を通じて、関係改善の為の日米首脳会談を、しきりに求めていた。その日本の切実な会談要請を煙に巻いて、「十日間の休暇」と称してワシントンを離れた大統領F・ルーズベルトは、八月九日に重巡洋艦オーガスタに乗って、ニューファンドランド沖で戦艦プリンス・オブ・ウエェールズを出迎え、十四日まで、チャーチルと「戦争の謀議」という談合を重ねた。

そして、アメリカの裏口からの参戦「Back Door to The War」を決定する。

その「The War」とは、現在進行中のイギリスとドイツの「欧州の戦争」だ。では、「Back Door」とは何処か。それは太平洋の日本である。これ、則ち、まことの「戦争の謀議」ではないか。

何故、「裏口から」か。その理由は、ルーズベルトは、前年の十一月の大統領選挙において、「お母さん、貴女の息子さんを決して戦場には送りませんよ」と公言していたからだ。つまり、F・ルーズベルトは、昨年の十一月に、同年九月三日にイギリスとフランスがドイツに宣戦した「欧州の戦争」には参戦しないことを公約して三期目の大統領選挙に当選を果たしていた。

従って、ルーズベルトは、直接、アメリカ軍を欧州の戦場に送って、国民から、「公約違反!」「嘘つき!」と言われるのを避けるために、戦争の相手に日本を選び、日本に先に攻撃させ、アメリカ国民の対日憎悪を煽り、アメリカ在住日系人を、ナチスがユダヤ人にしたように収容所に監禁したのだ。

そして、チャーチルとの「戦争の謀議」が成り、チャーチルが安心して大西洋を東に向かって帰路についた後、ルーズベルトは、相手を挑発し続けて、相手が先に拳銃を抜くのを待つという西部劇に良くある「正義」をアピールする手法で、日本を挑発しながら先に手を出すのを待った。

そして、日本は手を出した。それが、一九四一年十二月七日（アメリカ時間）の日本の帝国海軍による真珠湾奇襲攻撃であった。

遂に待ちに待った日本軍の真珠湾攻撃の報に接したチャーチルが、ルーズベルトに電話したら、ルーズベルトが言った（以下、チャーチル著「第二次世界大戦」より）。

「その通りだ。日本は真珠湾を攻撃した。これで我々は同じ船に乗ったわけだ。」

そして、チャーチルは次の通り日記に書いた。

「その日の夜、興奮と感動で疲れ果てていたが、私は救われた人間、感謝の気持ちに満ちた人間として眠りにつくことができた。」

この、日本の真珠湾奇襲攻撃直後のルーズベルトの言葉とチャーチルの興奮と満足感の表明は、自分たちの「戦争の謀議」の通り、つまり談合通りに事が運んだことを余すことなく示している。

そして、その二日後の十二月十日、四ヶ月前に艦上でルーズベルトと手を握り合った思い出深き戦艦プリンス・オブ・ウェールズが、日本海軍の一式陸攻機と九六式陸攻機の雷撃と爆撃によってマレー半島東方沖で撃沈されたとの報告が、チャーチルに為された。チャーチルは、回顧録に「戦争全体で、その報告以上に私に直接的な衝撃を与えたことはなかった。」と書いている。

この五年後の一九四六年四月二十九日の昭和天皇の御誕生日である天長節に、アメリカとイギリスを中心とする連合国は、東京に於いて我が国の戦時に首相を務めた東條英機らを戦犯として起訴し、同五月三日（後の憲法記念日）に東京国際軍事裁判（東京裁判）を開廷した。その訴因とされた罪のなかで最も重罪なのが「戦争の謀議」である。

では、第二次世界大戦において、本当の「戦争の謀議」が為されたのは何時、何処であるのか。これこそ、歴史に明確ではないか。即ち、明白なる「戦争の謀議」は、一九四一年八月九日から同月十四日までの間、場所は、カナダニューファンドランド沖のイギリス戦艦プリンス・オブ・ウェールズ及びアメリカ重巡洋艦オーガスタにおいて、当事者はイギリス首相W・チャーチルとアメリカ大統領F・ルーズベルトの間で行われた。

よって、後に、「東京裁判」ではなく、仮に「ワシントン裁判」が行われたならば、チャーチルとルーズベルトは、「戦争の謀議」で起訴され、判決は確実に「絞首刑、death by hanging」である。このこと、チャーチルは自覚していたであろう。しかし、ルーズベルトは無自覚だ。何故なら、「狂人」だからである。

このように、ニューファンドランド沖でのチャーチルとルーズベルトとの会見の主目的が「戦争の謀議」であるならば、大西洋憲章と呼ばれるようになった文書を如何に位置づければよいのか。

この文書は、国家間の重要文書のように、事前に事務方で練り上げられてから首脳会談で合意されたのではない。チャーチルが著書『第二次世界大戦』に次のように書いている。

「最初の会談の折に、ルーズベルト大統領が、われわれが共同宣言を草して、われわれの方針を同一路線で進められるような一つの一般原則を定めたらよいと考えていることを私に語った。」

そして、

「（チャーチルが）同じ日曜日に、そのような宣言の試案的概要を彼（ルーズベルト）に与えた。我々自身の間で議論をかわし、ロンドンの戦時内閣と電報で意見交換をした後、われわれは次のような文書を作成した。」

ということで出来上がったものだ。

従って、チャーチル自身が手記で、「のちに『大西洋憲章』と呼ばれるようになるこの共同宣言の、深淵で広い影響力をもつ重要性は明らかであった。専門的にいえば、まだ中立国だった合衆国が交戦国とともにそのような宣言をするという事実だけでも、驚くべきことだった。」と認めている。ルーズベルトも後に、この文書の全文を読んだ者は、重巡洋艦オーガスタと戦艦プリンス・オブ・ウェールズの無線通信員だけであろうと語っている。両首脳は、それぞれこの「文書」の全文を、正確に読んでおらず、従って、この「文書」には、両首脳の署名がない。よって、これは一種の「怪文書」である。仮に、ルーズベルト大統領が署名をすれば、彼は、九ヶ月前の大統領選挙で、「欧州の戦争」に参加しないとした公約を、明々白々、裏切ったことが明らかに歴史文書に刻まれたであろう。

また、両首脳の署名のないこの文書の呼び方も、はじめは「大統領と首相の共同宣言」（Joint Declaration by the President and the Prime Minister）であり、途中から何処かのマスコミが「Atlantic Charter」という見出しをつけたので、以後、「大西洋憲章」と呼ばれるようになったものだ。

しかし、既に述べたように、この大統領と首相には、フィリピン、グアム、ベトナム、シンガポール、ビルマ、インド、マレー、インドネシア、エジプト、南アフリカなどの植民地を解放する意思は毛頭無かった。

にもかかわらず、こともあろうに、「大東亜共同宣言」を発した日本において、植民地の有色人種を人間と見做さない「大西洋憲章」だけを教科書に載せ、「大東亜共同宣言」を無視して、子供達即ち日本国民に教えないのは、知的怠慢を通り越して「祖国に対する裏切り」に等しい。

日本に医学生として留学して、後に作家になった中国人の魯迅は、数千年の食人習慣のある祖国の歴史に対する絶望の書のような「狂人日記」を書いた。そして、その末尾で次の如く絶叫している。

「人間を喰ったことのない子どもは、まだいるかしらん。子どもを救え！……（一九一八年四月）」

我ら日本人も、今、民族の歴史を消そうとする「戦後」から「子どもを救え！」と叫ばねばならない。

江戸時代生まれの最後の首相

鈴木貫太郎は、慶応三年十二月二十四日、下総関宿藩五万八千石の飛地である泉州久世村伏尾一万石（現、大阪府堺市中区伏尾）の陣屋で代官の長男として生まれた。そして、明治四年、泉州の伏尾から下総の関宿藩内の本籍地に転居した鈴木は、海軍兵学校（十四期）を卒業し、日清戦争（明治二十七・八年）では勇猛な水雷艇長、日露戦争（明治三十七・八年）では第四駆逐隊司令として敵艦に肉薄して四隻のロシア戦艦に魚雷を命中させて武勲をあげ、猛訓練で部下から「鬼貫」と恐れられた。

その後、鈴木は、海軍大将となり連合艦隊司令長官、軍令部長を務め、その間、会津藩士の娘であった先妻に死なれ、昭和天皇の幼少期の教育掛を勤めた足立たかと再婚した。昭和四年、鈴木は、天皇と皇太后に請われて、宮中席次では軍令部長より三十ランクほど下の侍従長に就任した。

そして、昭和十一年二月二十六日未明、鈴木は、侍従長官邸を襲撃した歩兵第三聯隊安藤輝三大尉率いる反乱軍兵士の銃撃により四発の命中弾を受け、自分の血がたまった床に昏倒する。

止めを刺そうと拳銃を抜いて銃口を鈴木の頸部に宛がった安藤大尉に対し、妻のたかが、毅然として「老人ですから止めは刺さないで下さい。もし、どうしても止めが必要なら私が致します」と言う

と、安藤大尉は、後ろに下がり、部下に
「侍従長閣下に対し敬礼する。気をつけー、捧げ銃！」

と号令をかけ、部隊は鈴木に敬礼して退出していった。

その後、鈴木は、一時心肺停止の危篤状態になるが、たかが耳元で「あなた！しっかりしなさい！」

と大声で叫ぶと、目を開いて蘇生した。

傷が癒えてから、鈴木は、

「昏睡しているとき、枕元に、多《た》治《じ》速《はや》比《ひ》売《め》の神様が立たれていた」

と言い、後に、夫婦で、鈴木が生まれた堺市伏尾の南一キロのところに広がる丘陵のなかの多治速比売神社にお札の参拝をしている。

鈴木貫太郎（海軍大将時代）

鈴木の海軍の後輩で、海軍大将になった藤田尚徳は、終戦時の侍従長となり、その時に総理大臣になった鈴木と、国家が滅亡の淵に直面する時に再会したのだが、鈴木の性格を、「性公平にして無私、軍人としては勇猛果敢」と記している。また、鈴木は愛酒家としても高名で、大佐の艦長時代には艦内に起居していて、藤田ら若手将校の酒によく割り込み、酔って興至れば、ステッキをもって剣舞を演じてみせ、談論も風発、「まことに壮快な酒であった」と記されている。

また、二・二六事件で部隊を指揮して鈴木を襲撃した安藤大尉は、以前、鈴木の私宅を訪問したことがあり、自宅でくつろぐ鈴木の、率直にして豪放な話を聞いて感銘を受け、以後、鈴木を敬仰し、「西郷さんのような方だ」と友人に語っていたという。ここに、安藤が、二・二六事件の際、鈴木の妻たかの「止めを刺さないで下さい」という凛とした言葉に従った所以がある。

安藤輝三大尉（陸士三十八期）は、軍法会議において反乱罪により銃殺を宣告され、同年七月十二日、執行された。三十一歳だった。後日、鈴木は、記者から二・二六事件で自分を襲撃した安藤大尉のことを聞かれ、次のように答えている。

「安藤が、とどめをあえてささなかったから、自分は今生きることができる。彼は命の恩人だ。」

なお、鈴木の「自伝」には、次のように記されている。


この時のとどめの拳銃の銃口の頸の痕は、なぜかかなり長い間、はっきりと残っていた。

そして、九年後に、終戦という最難局の日本を処理するために大命を拝受した時、何故か、その銃口の痕がしきりに思い出されてならなかった。

余は一度死と面と向かった人間である。

だからこそ生に対してなんの執着もなく、十分に活動し得ることができるのだと思った。

陸軍刑務所敷地内の仮設刑場（現、東京都渋谷区宇田川町）で、木に縛り付けられて銃殺された安藤輝三大尉、以て瞑すべきである。

二・二六事件を調べていて、感銘を受け、また、戦後の日本人と戦前の日本人は、かくも違うのかと思い至るのは、襲撃された重臣の妻たちの態度を知ったときだ。

妻たちは、まだ暗い未明の就寝中に、突然武装した兵士が家の中に突入してきても、取り乱さなかった。

鈴木貫太郎の夫人たかは、夫の命を救うだけではなく日本を救った。

最初の銃撃で即死した元総理大臣斉藤實は、ベットの上に上体を起こした時に、軽機関銃で数十発の銃弾を受けて即死。遺体はベットから床に落ちた。しかし兵士達は、その斉藤を更に銃撃する。

安藤輝三大尉

それを見て、春子夫人は、兵士に「私も一緒に撃ちなさい」と言って斉藤の体に覆い被さった。そして、死亡を確認しようとする兵士の銃剣で負傷した。

戦国時代の武将の妻たちの度胸は、昭和十一年の二・二六事件の時も生きていたのだ。

さて、昭和十九年十一月二十四日から始まったアメリカ軍の東京空襲は、合計百六回行われた。その一番大規模で残忍な爆撃は、昭和二十年三月十日の、まず、下町の住宅密集地帯の周りに焼夷弾による火災を起こして中の人々を避難できなくしてから、次に、逃げ惑う避難民の密集する中心部を焼き尽くし、一挙に十万人の無辜の一般市民を無慈悲に殺害した三百機の爆撃機Ｂ29による「東京大空襲」であった。

この我が国の首都に於いて、彼我の圧倒的な戦力差を見せつける無差別な大規模殺戮と、四月一日のアメリカ第五艦隊司令官スプルアンス大将の指揮するアメリカ軍の沖縄本島上陸開始は、大東亜戦争がいよいよ最後の局面、即ち、日本本土に上陸した敵との本土決戦段階にさしかかっていることを明らかにしていた。そして、四月五日、小磯内閣が、「戦争指導の行き詰まり」を理由に総辞職をした。

この突然の政変に、当日午後五時から、次期首相を決めるために若槻・岡田・近衛・平沼・東條ら首相経験者に枢密院議長鈴木貫太郎が加わった重臣会議が開かれて、三時間四十分にわたる話し合いの末、遂に重臣会議は本人の反対を押し切って海軍大将鈴木貫太郎を推薦し、午後九時、木戸内府が陛下に「後継首班に鈴木」を奏選した。

他方、鈴木は、軍人が政治に関与してはならん、政治に関してあまりにも無経験である、老齢で耳が遠い、等の理由を挙げて強く辞退し続けていた。

しかし、鈴木大将を御前に召す準備が進み、午後十時過ぎ、鈴木大将が御学問所の陛下の御前に出てきた。その時、御学問所にいたのは、陛下とそのお側に侍立する侍従長の海軍大将藤田尚徳と海軍大将鈴木貫太郎の三人だけであった。以下、侍従長藤田尚徳の記録「侍従長の回想」による。

陛下が鈴木に、

「卿に内閣の組閣を命ずる。」

と言われた。

その瞬時、沈黙が流れた。何故なら、通常、陛下の組閣の大命降下の場合、「組閣を命ずる」というお言葉のあとに、「組閣の上は、憲法の遵守、外交のことは慎重に、急激な財政政策をとらぬこと……」というお言葉が続けられるのが慣例である。

ところが、鈴木に対して、陛下は、この慣例をお破りになり、ただ「組閣を命ずる」と言われただけで、以後、沈黙されたまま、何もおっしゃらぬ。

侍従長は、ふと、これは、無条件だな、無条件で鈴木さんに組閣を命じられるのだ、と思った。

その時、鈴木が深く一礼して、陛下に申しあげた。

聖旨のほど、畏れ多く承りました。

唯このことは、何とぞ、拝辞の御許しをお願いいたしたく存じます。

『軍人は政治に干与せざるべし』との明治陛下の御聖諭を、そのまま奉じて参りました。

いま陛下の聖旨に背き奉ることの畏れ多きは、深く自覚致しまするが、何とぞ、この一事は拝辞の御許しを願い奉ります。

声は低かったが、鈴木の態度は毅然としていた。鈴木の言葉がとぎれると、深淵のような静けさが御学問所を包んだ。

鈴木が拝辞の言葉を奏上している間、陛下はまともに鈴木をみつめておられたが、終わるとニコリと微笑まれたようだった。そして、陛下は言われた。

鈴木の心境は、よく分かる。
しかし、この重大なときにあたって、もうほかに人はいない。

陛下は、ここで一度、言葉を切られた。鈴木も面をあげて陛下を見上げる。
そして、陛下は言われた。

頼むから、どうか、まげて承知してもらいたい。

陛下は鈴木に「頼む」とまで口にされたのだ。
大命降下、内閣の組閣は、陛下がお命じになるのが憲法の示すところなのに、陛下は「たのむ」と言われたのだ。
陛下にとって、鈴木こそ、組閣をさせるべき唯一の人であったからだ。

この御心を拝しては、鈴木は、辞退の言葉を続けられなかった。

篤と考えさせて戴きます。

鈴木は深く一礼すると、御前を退いた。

しかし、陛下が、命令ではなく、「頼むから」と言われたのだ。もう、固辞はできない。

よって、四月七日午後八時十五分、鈴木は再び御前に出て、大命を拝受する旨言上し、組閣を順調に進ませ、午後九時三十分から親任式が行われた。

このようにして、二・二六事件の時に反乱軍将兵が打ち込んだ弾丸を、今も体内に持つ七十九歳の江戸時代生まれの最後の総理大臣が、敗北が迫る日本の命運を背負って誕生した。

また、この日、第二艦隊司令長官伊藤整一中将が率いる世界最大の「戦艦大和」は、伊藤長官と乗員三千名、そして軽巡洋艦矢矧、駆逐艦浜風、磯風、霞とともに、徳之島北西二百マイルの洋上において、敵空母機動部隊の爆撃機と雷撃機の猛烈な集中攻撃を受けて沈没した。

鈴木総理大臣の任務は、「終戦」であった。この任務を遂行できる者は、鈴木以外に、

「もうほかに人はいない」

と陛下は確信されていたのだ。

また、鈴木も、官邸の総理の居間に入り、窓外の桜の満開の姿に何気なく目を落として独白している。

悠久の大義に生きるとは何を意味するのであろうか。

国家そのものが滅亡して果たして日本人の義は残るであろうか。

生命体としての国家の悠久を萬世に生かすとは、国家が死滅して果たして残し得るものであろうか。

ローマは亡びた。カルタゴも亡びた。

カルタゴなどは歴史的にその勇武を謳われてはいるが、その勇武なる民は今いずこにあるであろう。

一魂の土と化しているに過ぎないではないか。


そして、覚悟を決めた鈴木は、国民にラジオで次のように所信を発表した。


今日、私に大命が降下いたしました以上、私の最後のご奉公と考えまするると同時に、まず私が一億国民諸君の、真っ先に立って死に花を咲かす。

国民諸君は、私の屍を踏み越えて、国運の打開に邁進されることを確信いたしまして、謹んで拝受したのであります。


則ち、鈴木は、死を覚悟したのだ。

その死は敵に殺されるよりも、戦争終結に反対する日本人同胞に殺される公算大である。それにしても、首相に就任した所信表明に於いて、国民に「私の屍を踏み越えて」と、死ぬ覚悟を表明した総理は、後にも先にも鈴木貫太郎一人であろう。

さらに、五日後の四月十二日、アメリカ大統領Ｆ・ルーズベルト死去の報に接し、鈴木貫太郎は、同盟通信社の短波放送により、総理大臣として次の談話を発信した。

今日、アメリカが我が国に対して、優勢なる戦いを展開しているのは、亡き大統領の優れた指導があったからです。

私は、深い哀悼の意をアメリカ国民の悲しみに送るものであります。

しかし、ルーズベルト氏の死によって、アメリカの日本に対する戦争継続の努力が変わるとは考えておりません。

我々もまた、あなた方アメリカ国民の覇権主義に対し、今まで以上に強く戦います。

アメリカに亡命していて、この鈴木総理大臣の談話を聞いたドイツ人作家トーマス・マンは、放送で次のように、ドイツに呼びかけた。ドイツのヒトラー総統が、Ｆ・ルーズベルト大統領の死に対し、鈴木首相とは全く違って、口汚く罵りの言葉を発表していたからである。

ドイツ国民の皆さん、東洋の国日本には、なお騎士道精神があり、人間の死への深い敬意と品位が確固として存する。

鈴木首相の高らかな精神に比べ、あなたたちドイツ人は恥ずかしくないのですか。

三月十日の無辜の市民十万人が焼き殺された焼け跡も生々しく、未だ焦げる匂いが漂う東京にいて、鈴木貫太郎首相が、その無念の感情を押し殺し、高貴な威厳を保って述べたF・ルーズベルト大統領の死去に対するアメリカ国民への弔意は、七十七年後の現在の我々日本人の品位をも保たしめている。

「本土決戦根本義ノ徹底ニ関スル件」＝水際撃滅作戦

昭和二十年の、本土各地が連日空襲され、硫黄島は陥落し、沖縄本島に敵が上陸して敗色まさに隠すべくもない時に、小磯内閣が「戦争指導の行き詰まり」で総辞職するのだが、まさにこの時、軍部は、元寇に次ぐ史上二度目の、押し寄せる巨大な敵を日本本土の水際で迎撃し撃滅する本土防衛戦略を確定しつつあった（以下、家村和幸著『大東亜戦争と本土決戦の真実』並木書房による）。

それは、終戦に至るまでラバウルを守り抜いた、第八方面軍司令官今村均大将の「今まさに上陸せんとする敵の喉元に喰らいつくべし」という元寇・弘安の役において鎌倉武士団が、襲来した元軍に対して敢行した水際作戦・用兵思想であり、ドイツの軍司令官エルヴィン・ロンメル元帥が、連合軍

エルヴィン・ロンメル元帥

今村均大将

によるノルマンディー上陸作戦の直前に、その海岸で語った次の水際撃滅戦略である。

勝負はこの海岸で決まる。
敵を撃退するチャンスは一度しかない。
それは、敵が海の中にいる時だ。

昭和二十年六月八日、皇居地下壕において「今後採るべき戦争指導の基本大綱」を議題として、「御前に於ける最高戦争指導会議」が開かれた。しかし、六月十一日、遂に沖縄守備の第三十二軍司令官牛島満中将から、最後の訣別電が入り、沖縄に於ける組織的戦闘が終わったことが明らかになった。

戦火に包まれた沖縄県民を、なんとしても助けたいと願われた陛下は、何度か軍の救援を促されたが、制海権、制空権とも失い、「戦艦大和」も撃沈され、ほどこす術は何もなかった。

この時、侍従長は、陛下が、いよいよ最後の決意をなさったと拝察した。そして陛下は、六月二十二日の最高戦争指導会議の席で次の通り重大な発言をされた。

戦争指導については、先の御前会議で決定しているが、他面、戦争の終結についても、この際従来の観念にとらわるることなく、速に具体的研究をとげ、これを実現するよう努力せよ。

この最高戦争指導会議に先立つ六月二十日、大本営陸軍部は、第三十二軍航空参謀神直道少佐から沖縄戦に関する報告を受けたうえで、「本土決戦根本義ノ徹底ニ関スル件」を参謀次長名で各総軍に通達した。

この各総軍に通達した「本土決戦根本義ノ徹底ニ関スル件」を起案したのは、昭和二十年三月上旬、遙か南方にあって、ラバウルを守り抜いている第八方面軍から大本営陸軍部作戦課に本土決戦作戦主任として招致された原四郎中佐だ。

原中佐は、大本営に転勤してすぐに、教育総監部の部員（中佐・少佐）を前に講話して、ラバウルの戦訓や今村大将の統帥について淡々と語り、最後に静かに次のように結んだ。

国土決戦において、帝国陸軍は全員玉砕してもよい。
日本国民が残れば、その目的を達したと思います。

則ち、「本土決戦根本義」とは、期せずしてロンメル元帥が言った「敵が海の中にいる時」に全力で決死の総攻撃を敢行して「国民を残すために帝国陸軍が玉砕すること」であった。

従って、陣地・塹壕は、従来の、司令官、将校そして兵の命を守る為ではなく、海の中にいる敵に、すぐに突撃できる位置に再度構築しなければならない。それ故、敵の上陸可能性が最も高い九十九里浜から遠く離れて構築されていた陣地は、上陸してくる敵が海の中にいるうちに、その敵の「喉元」に喰らいつける海岸線に近い場所に突貫工事で造り直された。

この教育総監部における講話の場に列席した岩野少佐によれば、原中佐は、大言壮語することも、激情することもなく、常に温和で、淡々と口を開くが、その心底には烈火のごとく激しい情熱を秘めた人であり、維新回天の大業を発した長州の青年武士を育てた松下村塾の吉田松陰を髣髴させる人であったという。さらに原中佐は、戦後、次のように語っている。

・本土決戦は名実共に決戦であり、その決戦地域は水際を含む沿岸要域であり、内陸における持久作戦は一切考えない。

・各総軍の作戦は沿岸で終わり、沿岸要域の決戦で敗れた総軍はその沿岸要域において玉砕するものである。このためには、総軍司令官以下の自己健存思想の打破が絶対必要と考えた。

・沿岸決戦は水際決戦であり、後退配備はとらない。敵をして橋頭堡を設定せしめない、艦砲射撃を混戦によって発揮せしめない、刺違いの戦法である。

・作戦主任者としては、戦闘は軍隊だけでやる。国民を竹槍武装させて共に戦うなどは全く考えていなかった。国民の戦意高揚とは別の問題である。

原中佐は、昭和四十五年、陸上自衛隊幹部学校に招聘され、幹部学生を前にして、最後に次のような言葉を遺した。


敵が来たときに、かねがね勉強しておいた戦略戦術、用兵、習い覚えた技術によって、うまくこれに勝とうなんて考えても、それは愚かなことである。

諸君は潔く戦って桜の花のごとく綺麗に散ればよい。

それが、自衛官、否、軍人の本質であります。

統帥の道は、このように自衛官の本質を理解し、それを部下に理解させることであると思います。


このように日本陸軍は、本土決戦を、徹底した水際撃滅戦に切り換えながら、人的戦力を急速に増強するとともに、アメリカ軍が恐れていた関東軍から一個戦車師団と三個歩兵師団を本土に転用し、八月を迎える頃には、予想戦場に配置された地上兵力は、師団五十三個、独立混成旅団二十二個、戦車師団二個、戦車旅団七個、高射砲師団四個、警備旅団三個という二百二十五万三千の大兵力になっていた。

また海軍は、戦艦は皆無となったが、空母二隻、巡洋艦三隻、駆逐艦三十隻、潜水艦五十隻が温存されており、百二十五万の兵員を擁していた。さらに陸海軍合わせて一万六千機の航空機を保有しており、そのうち六千機は特攻作戦に使用可能と考えられていた。

大本営は、特攻機の命中公算を、レイテ戦では八十パーセント、沖縄戦では五十パーセントと推定したうえで、本土決戦では二十パーセント、則ち、最低でも敵艦一千二百隻を破壊できると試算していた。これに加えて、特殊潜航艇や人間魚雷「回天」や特攻艇「震洋」などは、海から侵攻してくる敵を、恐怖に陥れる大きな戦力であった。

以上の通り、昭和二十年の春から、帝国陸海軍は、従来からあった持久戦略をかなぐり捨てて、陸海空の全局面において、敵に決戦を強要する為に、陸と海と空で、総ての兵士が「十死零生の特攻」を敢行する準備に入ったといえる。

これは、対戦車戦については「一兵一両必砕」であり、これを実戦で敢行したのは、ソ満国境の磨刀石における二十歳の石頭予備士官学校生徒九百二十名である。彼ら生徒は、ソ連軍が、昭和二十年八月九日零時、日ソ中立条約を破ってソ満国境を越えて満洲に侵攻してきた時に出動を命じられ、学校にあった工事用ダイナマイトをランドセルの大きさに束ねて急造爆雷を付けた「爆弾」だけをもって、ソ連軍戦車部隊が雪崩れ込んでくる磨刀石に向かった。そして四十八時間戦い抜き、「肉弾」となって多くのソ連軍戦車を破壊して七百名が散華した。ソ連軍は、彼らを「陸の特攻」と呼んで恐れた。そして、ロシアは今も、「陸の特攻」を忘れてはいない。大阪府河内長野市に磨刀石の生き残りの元

遺骨収集時の荒木正則氏

磨刀石の勇者　荒木正則氏

石頭予備士官学校生徒の荒木正則さんがご健在であったが（令和四年十月十日ご逝去、九十八歳）、九十歳を過ぎてから、戦友の墓参と遺骨を収容するために遺骨収集団の一員となってロシアに入った。その時、現地の新聞が、「磨刀石の英雄が来た」という見出しで荒木さんを写真入りで報道した。私も、荒木さんを「磨刀石の勇者殿」と呼んでいた。

以上の、本土に上陸してくる敵を水際で迎撃する為の陸軍二百二十五万三千と海軍百二十五万の兵力と六千の特攻機は、現実には戦わず停戦そして武装解除となった。しかし、九月三日に日本に直接軍政を実施しようとしたマッカーサーに、それを断念させる大きな力となった。マッカーサーは、彼の親父がフィリピンで実施していた直接軍政を、日本で実施しようとしたのだった。

レーニンの敗戦革命戦略の実践が迫っていた

なお、ここで、全軍に徹底された「本土決戦根本義」とは対局の、陸軍内に根強くあった敵を上陸させて内陸の山間部で迎撃して持久戦に持ち込むという作戦思想の危険性と反日謀略性について記しておかねばならない。この動きは、世界革命を目指すソ連の主導するコミンテルンの日本国内に於ける諜報・謀略活動と不可分である。

昭和十六年九月から翌年四月まで続く共産主義者による日本共産革命の為の工作活動の摘発は、「ゾルゲ事件」と呼ばれる。この事件は、コミンテルン本部の指令で来日した工作員(スパイ)であるリヒャルト・ゾルゲが、日本共産革命の為に諜報・謀略活動を行う「ゾルゲ諜報団」への参加者の摘発である。この捜査で明らかになったことは、朝日新聞記者で、内閣嘱託、満鉄調査部嘱託で近衛文麿政権のブレーンとして、政界・言論界に重要な地位を占め軍部にもルートをもつ尾崎秀実が、実は共産主義者であり「ゾルゲ諜報団」に参加して、ゾルゲと共に、コミンテルンの指令の下に我が国の国策を操作していたことである。

つまり、ゾルゲと尾崎は、帝国陸軍が「北進」してソビエトを攻撃するのではなく、「南進」する工作活動を展開したのだ。現実に、帝国陸軍は、北進せずに南進する。そして、スターリンは、ドイツ軍と日本軍によって、ユーラシアの東西から挟撃される恐怖から解放された。

さらに、陸軍省は、この重大な戦時下に巨額の資金を投じて日本海側の長野県松代に構築していた地下要塞をほぼ完成させて、そこに、皇居や大本営、そして政府機関やＮＨＫまで移転させようとしていた。これは、コミンテルンから見れば、まさに日本国内に於ける「持久戦」から「敗戦革命」への道具立てであり、レーニンの敗戦革命路線の実践である。
しかし、三月十日の三百機のＢ29による東京大空襲があっても、五月二十五日の二百五十機のＢ29による瀕死の東京にとどめを刺すように行われた無差別爆撃で、皇居正殿が焼け落ち消火に奔走した消防士、皇宮警手ら三十余の命が奪われても、昭和天皇は、松代への皇居移転の進言には耳を貸さず、国民と共に東京に最後まで残られる強い決意を貫かれた。これが、正月元旦寅の刻に「四方拝」をされた天皇のご姿勢である。

仮に、松代に皇居や大本営そして政府機関が移り、太平洋側から上陸する敵に何の抵抗もせずに「東京」を明け渡し、充分な休養をとった敵を帝国陸軍が長野・群馬県境の山岳地帯で迎撃しておれば、沖縄戦の如く、確実に住民を巻き込む悲惨な消耗戦となり、日本海側からのソ連軍の上陸を許すことになった。

これ、確実にレーニンの「敗戦革命戦略」の実現に他ならない。則ち、本州は中央部の山岳地帯で南北が分離され、日本は、本州太平洋側と四国・九州の「アメリカ軍占領地域の日本」と北海道と本州日本海側の「ソビエト軍占領地域の日本」に二分割されていたであろう。アメリカを中心とする西側とソ連によって、東西に二分されたドイツ、南北で二分された朝鮮と同じである。

従って、陸軍が六月に全軍に徹底させようとした「本土決戦根本義の徹底に関する件」は、軍は全滅して国民を守り、共産革命を阻止するための、文字通り最後の決断だった。

「ゾルゲ事件」は国内に於ける日本共産化活動の一部の摘発に過ぎず、日華事変以来、急激に増員された陸軍将校及び下士官そして兵の中には親ソ連派分子が多くいて、レーニンの「日本敗戦革命」の実現を夢想していたことは否定できない。事実、あの財政的にも逼迫したなかにおいても、巨費を投じて、「敗戦革命戦略」実現の前提となる本土の内陸部に於ける持久戦の為に、松代の地下皇居と大本営造営工事は着々と進み、ほぼ完成していたのである。

ポツダム宣言

さて、「史上最大の作戦」と言われたアメリカ軍を主体とする昭和十九年六月六日のノルマンディー上陸作戦においても、アメリカ軍の戦死者は一四六五名であった。しかし、昭和二十年の二月から六月までの日本軍との硫黄島と沖縄での戦いにおいて、アメリカ軍は頑強な日本軍の抵抗に驚くと共に、予想を遙かに超える戦死者を出して仰天した。アメリカ軍の硫黄島の戦死者はノルマンディーの四・六倍、沖縄戦の戦死者はノルマンディーの十四倍で、軍司令官サイモン・バックナー中将が沖縄の戦場で戦死していたのだ。戦場における中将の戦死は、アメリカ陸軍史上、初めてであった。

そのうえで、参謀総長のマーシャル将軍は、七月末、トルーマン大統領に対し、日本本土攻略に於けるアメリカ軍の死傷者を、少なくとも二十五万人、最大で百万人台になると報告し、アメリカ陸海軍の首脳も、これに同意していた。そして、アメリカ軍とアメリカ国内の政界と世論に、これ以上、死に物狂いの日本軍と戦い、損害を拡大したくないという気分が蔓延してきた。

さらに、アメリカがヨーロッパ戦線で、五月のドイツの無条件降伏と共に観た愕然とする事実は、ドイツの東半分がソ連軍の占領下に入り、東ヨーロッパ全域が共産党独裁国家であるソ連のスターリンの支配下に入ったということであった。

これでは、アメリカは、東ヨーロッパにおいて、ナチスドイツの専制支配に取って代わるソ連のスターリンによる専制支配が誕生するのを支援しただけのことになる。そこで、アメリカは、ソ連が参戦する前に、ソ連が参加しない対日戦争早期終結を望んだ。

また、鈴木貫太郎内閣は、昭和二十年二月十一日のヤルタに於けるイギリスとアメリカとソ連の「ヤルタ密約」によって、ソ連がドイツ降伏後百日以内に対日参戦すれば樺太南半分と千島がソ連に割譲されることになったことを知らず、日ソ中立条約によって中立的立場にあると思っていたソ連に、連合国との講和の仲介を求めていた。従って当然、日本が講和を欲していることは、ソ連を通じてアメリカとイギリスに筒抜けであった。そこで、七月二十六日、アメリカ、イギリス、中国の連合国から日本に対する終戦の条件として「ポツダム宣言」が発せられた。その宣言は、次の通り（一部省略）。

吾等合衆国、中華民国政府主席、およびグレート・ブリテン国総理大臣は、吾等の数億の国民を代表して、協議のうえ、日本国に対し、今次の戦争を終結するの機会を与うることに意見一致せり。

吾等の巨大なる陸、海、空軍は西方より自国の陸軍および空軍による数倍の増強を受け、日本国土に対し最終的打撃を加うるの態勢を整えたり。

右軍事力は日本国が抵抗を終止するに至るまで同国に対し、戦争遂行するの一切の連合国の決意により支持せられ、かつ鼓舞せられ居るものなり。

……現在日本国に対し集結しつつある力は、抵抗するナチスに対し適用せられたる場合に於いて、全ドイツ人民の土地、産業および生活様式を必然的に荒廃せしめたる力に比し、計り知れざる程さらに強大なるものなり。

吾等の軍事力の最高度の使用は、日本国軍隊の不可避かつ完全なる壊滅を意味すべく、また同様必然的に日本国土の完全なる破壊を意味すべし。

無分別なる打算により日本帝国を滅亡の淵に陥れたる我儘なる軍国主義的助言者に依り、日本国が引き続き統御せらるべきか、又は理性の経路を日本国が履むべきかを、日本国が決定すべき時期は到来せり。

吾等の条件は左の如し。

吾等は右の条件より離脱することなかるべし。これに代わる条件存在せず。

吾等は遅延を認むるを得ず。

①日本国民を欺き、世界征服の挙に出でしめた権威と勢力の永久の抹殺。

②新秩序が確立され、日本の戦争力破砕さるるまでの領土の占領。

③カイロ宣言の条項を実施し、日本の主権を本州、北海道、九州、四国その他吾等の決定する諸小島への限定。

④軍事力の完全な武装解除後は平和的生産的生活を行う機会を付与する。
⑤日本国民の奴隷化、または国民としての破壊を意図せず。俘虜虐待等戦争犯罪人への厳粛な処罰、民主主義傾向の復活強化に対する障害の除去、基本的人権の尊重、言論、宗教、思想の自由確立。
⑥経済支持かつ現物賠償を可能ならしむる産業の維持を容認する。前記諸目的が達成され、かつ日本国民の自由に表明せる意思に従い、平和的傾向を有し、かつ責任ある政府が樹立せらるるに於いては、連合国の占領軍は直ちに日本国より撤収せらるべし。
吾等は日本政府から、直ちに全日本国軍隊の無条件降伏を宣言し、かつ右行動に於ける同政府の誠意につき適当かつ充分なる保障を提供せんことを同政府に対し要求す。右以外の日本国の選択は迅速且つ完全な破壊あるのみとす。

しかし、この宣言は、短波放送で流されただけで、中立国スイスを経由して正式に我が国に伝達されたものではなかった。そこで、同日の閣議で、東郷外相は、目下、外交手段を講じている最中でもあり、政府として何ら意思表示をしないと主張した。これに対して一億玉砕を呼号していた軍部は、士気に影響するとして、厳しくポツダム宣言に反撃することを要求した。
この間に立って鈴木首相は、内閣記者団との会見に於いて、日本政府の態度としては「この宣言は重視するの要なきものと思う」という国内の賛成派と反対派の両者を立てるような意味の談話を発した。しかし、この総理の談話は、七月二十八日、たちまち外国に報道され、連合国は、日本政府が「ポツダム宣言を拒否」したとみた。

そこで、アメリカ側の我が都市部に対する連日の爆撃はますます熾烈を極め、近海からの艦砲射撃も盛んに行われるようになった。また、直後のソ連の対日参戦は、領土的野望、則ち、ヤルタ密約で容認された樺太南半分と千島を奪い、さらにスターリンが北海道の領有を狙った軍事行動であるにも拘わらず、ソ連は、この「ポツダム宣言拒否」を、対日戦争開始の絶好の口実に使った。

そして、八月六日午前八時十五分、アメリカ軍は、広島に原子爆弾を投下した。

内閣から宮中への第一報は、広島の被害は甚大、ということだけで数時間が経過した。そのうち、広島市に侵入した米軍機は三機で、うち一機が一発の爆弾を投下しただけであるが、広島全市が壊滅状態にあるという報告が入った。

広島への原子爆弾投下の翌七日、アメリカ大統領トルーマンは、短波放送で声明を発し、六日に広島に投下した爆弾は、「世界の驚異的課題であった原子爆弾」であると明らかにした。

我が国政府も、陸海軍の科学陣を動員して広島の現地調査を行い、八月八日、紛れもなくそれが原子爆弾であることが証明され、鈴木首相は、今更ながら、その威力に慄然とした。

この「広島への原爆投下成功」の第一報を、アメリカ大統領トルーマンは、巡洋艦オーガスタの甲板で受け、飛び上がって喜び、「ウワー、世界で初めてのことが起こった。さあ、早く家に帰ろう」

と叫んだ。

このアメリカ大統領のお粗末さに対して、昭和天皇は、この原子爆弾という「残虐なる爆弾」の本質を、直ちに「人類の文明を破却するもの」と見抜かれた。

御聖断

八日早朝、東郷外相が、御文庫地下壕の御座所に進み、原子爆弾に関する米英の放送を詳細に言上すると、陛下は、原子爆弾の惨状をよく知っておられ、「一刻も速やかに和平を実現することが先決である」と外相にお示しになった。

その時の陛下の東郷外務大臣に対するご発言を、侍従長は、次の通り記している。

このような新武器が使われるようになっては、もうこれ以上、戦争を続けることはできない。不可能である。

有利な条件を得ようとして時期を逸してはならぬ。

なるべく速やかに戦争を終結するよう努力せよ。

このことを木戸内大臣、鈴木首相にも伝えよ。

東郷外相は御前を下がって、直ちに木戸内大臣、鈴木総理に連絡し、至急最高戦争指導会議が開かれることになって、その準備が進められたが、八日中には間に合わず翌九日朝から開かれることになった。

しかし、その九日午前零時、ソ連が、既にソ満国境に集結し終わっていた航空機一千三百機、戦車一千二百両を国境を越えて満洲に雪崩れ込ませてきた。前日の八日午後五時（日本時間八日午後十一時）、ソ連モロトフ外相から佐藤大使に対して対日宣戦布告文が手交されていた。さらに加えて、九日午前十一時、第二の原子爆弾が長崎に投下され、凄まじい被害の報告が続々と陛下のもとに届いた。

第二の原子爆弾投下に三十分遡って午前十時半から、鈴木首相は、第一回最高戦争指導会議を皇居地下壕で開いた。この最高戦争指導会議の構成員は、首相、外相、陸海両大臣、陸軍参謀総長、海軍軍令部総長の六人。三時間にわたる激論のすえ、意見はまとまらず休憩。引き続いて閣議を、午後二時半から休憩を挟んで午後十時まで行ったが閣僚の意見もまとまらなかった。

その間、陛下は陸軍の軍装のまま、指導会議と閣議の成り行きをお待ちになっていた。

ここにおいて、鈴木首相は、先のポツダム宣言受諾か否かの閣議のように、受諾と拒否の両論に配慮した「訳の分からん結論」になって国家をさらに滅亡に傾ける失策を、断固排除すると決意を固めており、内閣の対立した意見の「調整」に、いたづらに時を過ごすことは、一刻をあらそう現下の情勢に忠実ならざること甚だしいと確信した。

その上で、かくなる上は、陛下の御聖断を仰ぎ奉ると決意した。そして、午後十一時ころ、鈴木首相は、陛下に拝謁して、御前会議開催と平沼騏一郎枢密院議長の出席を御許し願う旨を奏上した。鈴木首相は、御前会議の平素の構成は、総理、外相、陸海両大臣、陸軍参謀総長、海軍軍令部総長の六人であるが、和平か戦争継続かを決める日本の存亡が懸かった御前会議の構成を、平沼騏一郎枢密院議長を加えた七人としたのだ。これで、御前会議における終戦の賛否は、賛成四、反対三となる。議事進行を掌る鈴木が採決に加わらなくても、賛否三対三だ。

従来の御前会議は、構成員の重臣どもの賛否が分かれても、色々調整して全員が異議を述べない「全会一致案」にして、陛下に、その「御裁可」を仰いで結論としていた。日本の運命が懸かる日露戦争の「対露開戦」も、明治天皇の「御裁可」で決まった。

しかし、鈴木総理は、議事進行を掌る鈴木が採決に加われば賛否四対三、加わらなくとも賛否三対三の結論を、陛下にお見せした上で、陛下の「御聖断」を仰いで事態を収拾しようと決意していた。鈴木は、和平派と戦争継続派が、ともに異議がない「全会一致案」を模索するなど、初めから時間の無駄だと切って捨てていたのだ。

また、藤田尚徳侍従長は、数日来、陛下の側近に侍してひしひしと感じとったのは、陛下の非常な御決意のほどである。理屈を通りこして、陛下から感じられる覚悟のほどが、分かった、と記している。

ついに、八月九日午後十一時五十分、御前会議は開始された。そして、重臣達全員、国を憂うるの熱情をもって議論し、遂に賛否三対三で対立した。

鈴木総理によれば（以下、「自伝」）、

いずれも国を憂うるの熱情をもって議論しているのであるから、その緊張した空気は誠に真剣そのものであって、真に御前会議らしい雰囲気を呈したのであった。

そして、鈴木総理は、自分が意見を表明して結論を出すのを控え、陛下の「御裁可」を仰ぐのではなく、「御聖断」を陛下に求め奉るために起立し、

議を尽くすことすでに数時間、なお論議は斯くの如き有様で議なお決せず、しかも事態は瞬刻をも遷延し得ない状態となっております。かくなる上は、誠にもって畏れ多い極みでありますが、これより私が御前に出て、思召をお伺いし、聖慮をもって、本会議の決定と致したいと存じます。

と述べ、玉座近く進み出て、うやうやしく聖慮のほどをお伺い申しあげた。

陛下は、深く頷かれ、鈴木に自席へ戻るように指示され、徐に一同を見渡されて、

もう意見は尽くしたか……

と仰せられた。

一同は沈黙のうちに頭を深くたれて、陛下の次のお言葉をお待ち申しあげた。

それでは、自分が意見をいうが、自分は外務大臣の意見に賛成する。

と仰せられた。

御聖断は下ったのである。

さらに陛下は、諄々と現下の情勢についてお諭しの言葉を述べられたが、それは、誠に理を究め、曲を正す、正鵠なご認識によるお諭しの言葉であり、いかに陛下が平素から正しく戦局をご認識あれたかが拝察できるご論旨であり、一同はただ声なく粛然と襟を正した。

最後に陛下は、

今日は忍び難きを忍ばねばならぬ時と思う。

明治天皇の三国干渉の際の御心持を偲び奉り、自分は涙をのんで原案に賛成する。

と申された。また、陛下は

自分一身のことや皇室のことなど心配しなくともよい。

とまで言われ、重臣達の嗚咽の声がもれたという。

斯くして、時は、十日午前二時二十分、鈴木首相が「会議は終わりました」と述べ、玉座に向かって全員が一礼した。

鈴木首相は、次のように書いている。

かくて未曾有の御聖断は下り、一同は宮中を退出して、その日の午前七時、余は連合各国に対し、ポツダム宣言受諾の用意ある旨を打電せしめた。

その電文は次の通り。

七月二十六日付三国共同宣言ニ挙ゲラレタル条件中ニハ天皇ノ国家統治ノ大権ヲ変更スル要求ヲ包含シ居ラザルコトノ諒解ノ下ニ日本国政府ハ共同宣言ヲ受諾ス

最後の御前会議と玉音放送

この日本側からのポツダム宣言受諾の用意ある旨の通告電に対して、連合国側からの正式回答は八月十三日の朝に到着した。その内容は次の通り。

ポツダム宣言の条項は、これを受諾するも、右宣言は天皇の国家統治の大権を変更するの要求を包含し居らざることの諒解を併せ述べたる日本政府の通告に接し、吾等の立場は左の通りなり。

一、降伏の時より天皇及び日本政府の国家統治の権限は、降伏条項の実施のため、その必要と認むる措置を執る連合軍最高司令官の制限の下に置かるるものとす。

二、天皇は日本国政府及び日本帝国大本営に対し、ポツダム宣言の諸条項を実施するため必要なる降伏条項署名の権限を与え、且これを保障することを要請せらる。また天皇は一切の日本国陸、海、空軍官憲及びいずれの地域にあるを問わず右官憲の指揮下にある一切の軍隊に対し、戦闘行為を終止し、武器を引渡し及び降伏条項実施のため最高司令官の要求することあるべき命令を発することを命ずべきものとす。

三、日本国政府は降伏後直ちに、俘虜及び被拘留者を連合国船舶に速やかに乗船せしめ得べき安全なる地域に移送すべきものとす。

四、最終的の日本政府の形態は、ポツダム宣言にしたがい日本国民の自由に表明する意思に依り決せらるべきものとす。

五、連合国軍隊はポツダム宣言に掲げられたる諸目的が完遂せらるるまで日本国内に留まるべし。

直ちに閣議が開かれ、この正式回答に対して議論を行った。閣僚の中で三人の大臣が、この回答に満足して戦争を終結に導いた場合には、國體の護持が困難になり、光輝ある歴史を汚すに至る、よって、玉砕しても徹底抗戦すべしと主張した。

また、梅津陸軍参謀総長と豊田海軍軍令部総長も参内して、陛下に御翻意を願い出た。

他方、八月十三日に、アメリカ軍の高速空母群を発進した艦載機は、東京に来襲して、低空から、「ポツダム宣言を受諾した日本に対する回答」として連合軍の意向が日本語で書かれているビラをまき散らした。

日本がポツダム宣言を受諾して降伏するということは、日本国政府において、国民にも軍隊にも、一切知らせていないのに、アメリカ軍機によって撒かれたビラを読んだ国民の動揺は非常に大きなものとなる。また、全国の軍隊が、アメリカ軍のビラによって、日本政府のポツダム宣言受諾を知れば、一歩間違えば、軍内で軍と軍が衝突して国家国民が大混乱に陥る。この時、鈴木首相は、次のように回顧している。

だがこの際こそ、最も肝要な瞬間であり、あらゆる障害に動ずることなく、陛下の思召しどおりに戦争を終局に導かねばならないと、余は平素よりいっそう悠然と対局に目を注ぐことに努めた。何事も最後の五分間である。

余はいまや日露戦争の日本海海戦に於いて東郷大将が艦橋に悠然と構えておられた心境を思うこと切なるものがあった……。

余を取り巻く周囲の者にも、主戦論あり和平論あり、その帰趨はちょっと逆賭し難いものがあるように思えたが、余は厳然として陛下の再度の御聖断を確信しておったのである。

果たして八月十四日、宮中より先の御前会議に列した者および全閣僚に対して再度のお召しがあった。また八月十四日も早朝から、アメリカ軍機は関東平野一体を飛んでビラを撒いていた。そして、陛下は午前八時四十五分に御前にでた鈴木首相に、非常に固い決意をお示しになって、再度の御前会議開催を申し渡された。

午前十時四十五分、御前会議が開会された。それは、閣僚全員と最高戦争指導会議構成員そして平沼騏一郎枢密院議長が加わる前例がない最後の御前会議であった。

鈴木首相が開会を宣言すると、陛下の御前に進み、連合国側の回答の要点など、前回の会議の後の経過を述べ、次のように結んだ。

ここに重ねて、聖断をわずらわし奉るのは、罪軽からざると存じますが、この席に於いて反対の意見ある者より親しくお聞き取りのうえ、重ねて何分の御聖断を仰ぎたく存じます。

まず、梅津陸軍参謀総長、豊田海軍軍令部総長そして阿南陸軍大臣が立って、國體護持の為、国家百年の為に、玉砕戦法に出て死中に活を求めよとの声涙下る意見開陳をした。特に阿南陸軍大臣は、半ば慟哭した。

陛下は、白い手袋で何度か涙を拭かれた。陸軍大臣の意見が終わると、誰も発言する者はいない。鈴木首相が立ち上がり、御前に進んで陛下の御発言を乞うと、陛下は鈴木に着席を促された。そして、再び、御聖断を下された。なお、御聖断は文書として存在せず、勿論、メモをとることなどできない。しかし、藤田侍従長によると、御前会議に出席していた各大臣の手記を参照し、鈴木総理にも確かめて記述されたものがあり、これが陛下の御発言を最も忠実に写したものであるという。よって、明治維新の「王政復古の大号令」に勝る時代の転換を告げる全国民に伝達された「大東亜戦争終結の詔書」の基盤となった、この御前会議における御発言の要旨を次に掲げる。

外に別段意見の発言がなければ私の考えを述べる。

反対論の意見はそれぞれよく聞いたが、私の考えはこの前申したことに変わりはない。

私は世界の現状と国内の事情とを十分に検討した結果、これ以上戦争を続けることは無理だと考える。

國體問題についていろいろ疑義があるとのことであるが、私はこの回答文の文意を通じて、先方は相当好意を持っているものと解釈する。

先方の態度に一抹の不安があるというのも一応もっともだが、私はそう疑いたくない。

要は我が国民全体の信念と覚悟の問題であると思うから、この際先方の申し入れを受諾してよろ

昭和天皇

しいと考える、どうか皆もそう考えて貰いたい。

さらに陸海軍の将兵にとって武装の解除なり保護占領というようなことはまことに堪え難いことで、その心事は私にはよく分かる。

しかし、自分はいかになろうとも、万民の生命を助けたい。

この上戦争を続けては結局我が邦がまったく焦土となり、万民にこれ以上苦悩を嘗めさせることは私としてじつに忍び難い。

祖宗の霊にお応えできない。

和平の手段によるとしても、素より先方の遣り方に全幅の信頼を措き難いのは当然であるが、日本がまったく無くなるという結果にくらべて、少しでも種子が残りさえすればさらにまた復興という光明も考えられる。

私は明治大帝が涙をのんで思いきられたる三国干渉当時の御苦衷をしのび、この際耐え難きを耐え、忍び難きを忍び、一致協力将来の回復に立ち直りたいと思う。

今日まで戦場に在って陣歿し、或いは殉職して非命に斃れた者、またその遺族を思うときは悲嘆に堪えぬ次第である。

また戦傷を負い戦災をこうむり、家業を失いたる者の生活に至りては私の深く心配する所である。

この際私としてなすべきことがあれば何でもいとわない。

国民に呼びかけることがよければ私はいつでもマイクの前にも立つ。

一般国民には今まで何も知らせずにいたのであるから、突然この決定を聞く場合動揺も甚だしかろう。

陸海軍将兵にはさらに動揺も大きいであろう。

この気持ちをなだめることは相当困難なことであろうが、どうか私の心持をよく理解して陸海軍大臣は共に努力し、よく治まるようにして貰いたい。

必要あらば自分が親しく説き諭してもかまわない。

この際、詔書を出す必要もあろうから、政府はさっそくその起案をしてもらいたい。

以上は私の考えである。


斯くして八月十四日正午少し前に最後の御前会議は終わった。

侍従長の回想によれば、阿南陸軍大臣は、お立ちになる陛下に、とりすがるようにして慟哭した。

彼はかつて侍従武官として親しく陛下に仕え、陛下も阿南の率直豪快な性格を好まれていた。

陛下は、その真情を訴える阿南陸軍大臣に、優しく言われた。


阿南、阿南、お前の気持ちはよくわかっている。

しかし、私には國體を護れる確信がある。


また鈴木首相によれば、御前会議列席者一同は、再度の御聖断を給わるについては非常に緊張し、言う者も聞く者も涙で終止したが、陛下の「堪え難きを堪え……」の玉音を拝するや、たまりかねた一同は御前もはばからずドット泣き伏した。

さらに鈴木首相は、「自伝」に次のように記し、併せて未来の我々に頼んでいる。


誠に泣き伏したこの光景は、またこの心懐は敗者のみ知る。

しかも底深い愛情によって結ばれ、強い明日への希望を抱く者のみ知る、万感迫る思いであった。

終戦の御詔書はこの最後の御聖断の折、陛下より給わった有り難きお言葉を主に作られたものであるから、どうか諸君は、彼の終戦の詔書を再読されることを希望する。

昭和天皇と共におられた明治天皇と乃木希典

かくして、鈴木貫太郎首相は、御前会議が終わるや、十四日正午ころ、直ちに閣議を招集し、全閣僚は目に溜まった涙が渇かぬまま、詔書案の審議に入り、十四日深更、閣僚全員が終戦の詔書への副書を済ませた。

また、首相は、この歴史的なポツダム宣言受諾の通告を、八月十四日午後十一時、連合国宛て発した。そして、終戦の国民への詔書による通達は、翌十五日正午、陛下の玉音をもって全国に放送される。

この終戦詔書の審議について、鈴木首相は記している。

その内容はほとんど二回にわたる御前会議に於ける陛下の御発言をそのまま内容とし、これを字句の上から修正したものであって、閣議で議論数時間にわたった要点は、いかにこの陛下の御聖慮を正しく反映させるかに終止したものである。

思うに、鈴木首相と閣僚は、直に陛下の御聖断とお言葉を拝聴して、魂が揺すぶられるが如き感銘を受けて涙を流した。その感銘は、首相の言う

「底深い愛情によって結ばれ、強い明日への希望を抱く者のみ知る万感迫る思い」

であった。

よって、鈴木首相と全閣僚は、全日本国民にこの感銘を共有して欲しい一心で、陛下の御聖慮を正しく反映させる為に詔書案の審議を尽くしたものと思う。

振り返れば、四ヶ月前に、陛下は、

「もう他に人はいない、頼むから」

と言われて九年前の侍従長である七十九歳の鈴木貫太郎に大命を降下された。

この強い信頼で結ばれた主従において、鈴木内閣発足の最初から「如何にして大東亜戦争を終結させるか」という国の運命を決する重大課題に対して、思いは強く一致していたと思われる。

それは「御聖断による」ということだった。

従って、陛下は、御前会議において重臣達に発する「御聖断」の内容及び使用する言葉や字句に対して、四六時中思いを巡らせられておられたことと思われる。特に、八月になってからの陛下は、寝食を忘れて「御聖断」の内容に心を集中されていただろう。

そして、この日本の運命のかかった日々に、陛下は、お一人の偉大な御方を仰ぎ見て日々を過ごされたのだ。それは、明治天皇である。それ故、陛下は、二度の御前会議に於いて、常に三国干渉に直面された明治天皇への思いを語られ、

耐え難きを耐え忍び難きを忍ぶ

と言われた。則ち、その日々、陛下は、明治天皇と共に過ごされていたのだ。

陛下が十一歳の時、明治四十五年七月二十九日に明治天皇は崩御された。

『昭和天皇実録』の明治四十五年七月二十九日の記録によると、

天皇御容態危険の虞有との報により、午前七時二十分御出門、御参内になる。
午後十時四十三分、天皇崩御す。
急報により午後十一時十二分、御出門御参内になり、御尊骸に御拝礼になる。
皇后より、御尊顔を御記憶になるべき旨のお言葉あり。
翌三十日午前零時二十八分
御帰殿になり、侍臣からの弔詞をお受けになる。

私は、この明治四十五年七月二十九日の『昭和天皇実録』を拝読して、昭和天皇の御生涯は、常に明治天皇と共にあられたと直感した。皇后則ち昭憲皇太后が、明治天皇の御尊骸に拝礼されている少年の陛下に、明治天皇の「御尊顔」を憶えておきなさいよ、と言われたのだ。

陛下が明治天皇の御尊顔を忘れるはずがない。そして、特に、昭和二十年八月に入ってからの日々において、陛下は常に四六時中、明治天皇と共におられたのではなかろうか。

しかも、これは、陛下におかれては、翌九月の連合国最高司令官ダグラス・マッカーサーとの会見においても同じであり、ついに、翌年の昭和二十一年元旦の「年頭、國運振興の詔書」（昭和二十一年一月一日）に結実してゆく。

また、御製に於いても、昭和天皇の敗戦後に歌われた、

ふりつもるみ雪にたへていろかへぬ松ぞををしき人もかくあれ

は、

明治天皇の

しきしまの大和心のををしさはことある時ぞあらはれにける

の御製に呼応している。

さらに振り返れば、陛下は、御晩年に、

「私の人格形成に最も深い影響を与えたのは乃木学習院長である」

と言われた。

まさに、このことを切に願っておられたのは明治天皇なのだ。

明治天皇こそ、将来、天皇となる孫の、人格形成に最も深い影響を与える人物を、乃木希典とした御方である。

急死した陸軍参謀総長児玉源太郎大将の後任に、乃木希典大将を当てようとして明治天皇の御前に

参内した山県有朋に対し、明治陛下は、「いや、近く我が孫が、学習院に入学するので」と申されて、乃木を参謀総長に任命されず、明治四十年一月、乃木希典を軍人のまま学習院院長にされたのが明治天皇であった。

その時の明治天皇の御製は

いさをある人を教のおやとしておほしたてなむやまとなでしこ

つまり、明治天皇は、乃木希典を、後の御代の天皇となる裕仁親王殿下の人格形成に最も深い影響を与える「教えの親」となるように導かれたのだ。そして、乃木希典は、一年三ヶ月後の明治四十一年四月に、学習院に入学されてきた裕仁親王に、いわゆる乃木流で、全身全霊を挙げて接した。つまり、単に教育と呼んで済ませるものではなく、幼少時の裕仁親王は、日露戦争に於いてセバストーポリ要塞の六倍も難攻不落と言われた旅順要塞を陥落させて世界から敬仰されている乃木希典の全人的な影響下に入られたのだ。乃木院長は、今まで車で移動されていた裕仁親王に、徒歩で通学されるようにと申され、以後、裕仁親王は徒歩通学を続けられた。

そして、四年後、明治天皇崩御による御大葬の儀が三日後に迫る九月十日、乃木希典は裕仁親王殿下の前に現れ、山鹿素行の「中朝事実」を献上して退出していった。

九月十四日の「昭和天皇実録」に次のように記されている。

「昨夜霊轜宮城を発する頃、軍事参議官兼学習院長陸軍大将伯爵乃木希典は、自宅に於いて婦人静子と共に自刃する。この日午前、皇子養育掛長丸尾錦作より、乃木自刃の旨並びに辞世などをお聞きになり、御落涙になる。」

振り返って、自分に最も深い精神的影響を与えた人物が、三日前に自分に最期の挨拶に来てから、明治天皇を追って昔の武士の如く自刃していったのだ。尋常の経験ではない。小学生の時に、敬仰する院長先生が、自分の祖父の崩御に際して、その御跡を追って自刃して行く経験をした国家元首が、十九世紀と二十世紀を通じて、世界の何処にいたであろうか。

従って、危機の中にあって昭和天皇は、常に明治天皇と乃木希典と共におられた。よって、終戦後に始めて迎える昭和二十一年の元旦における陛下の「年頭、國運振興の詔書」の冒頭は、次の通りである。

茲に新年を迎ふ。顧みれば明治天皇明治の初國是として五箇条の御誓文を下し給へり。

則ち、陛下は、
明治維新が、明治天皇が下された「五箇条の御誓文」を掲げて始まったように、昭和の新日本も、明治維新の如く明治天皇の下された「五箇条の御誓文」の精神に基づいて進むべしと促されたのだ。この陛下の大御心に、今に生きる吾等は、お応えしているのか。この、まことに尊い詔書を「天皇の人間宣言」と呼んで済ませている吾等は、ほんとうの日本人であろうか。

阿南惟幾陸軍大臣のこと

さらに、鈴木首相が自伝で「誠忠の人　阿南陸相」と述べている阿南惟幾陸軍大臣（明治二十年生）のことを記したい。陛下と符合するかのように、少年時代に、この乃木希典に勧められて軍人への道を進み始めたのが終戦時の陸軍大臣阿南惟幾だ。

阿南が昭和四年に陸軍中佐で陛下の侍従武官となった時、侍従長が海軍大将鈴木貫太郎であった。この侍従武官時代、阿南は、鈴木侍従長を深く尊敬するに至り、二人に人間的絆が生まれた。そして、この二人は、十六年後の昭和二十年に、総理大臣そして陸軍大臣として再会し、国家の命運を担うことになる。

また、運命的な感に打たれるのは、阿南と、乃木希典将軍との縁である。

明治天皇の叡慮によって、学習院に入学された昭和天皇は、人間形成に最も大きな影響をうけた「教えの親」となる学習院院長乃木希典に出会った。他方、中学生の阿南惟幾に、はやく広島の陸軍幼年学校へ入学するように勧めたのは善通寺の第十一師団師団長乃木希典であった。

乃木師団長は、中学生の剣道の試合を観て、小柄であるが気迫が充実し、大柄な上級生を果敢に攻めて倒して行く阿南少年に、試合終了後、自ら声をかけたのだった。この乃木将軍に誉められた感激

乃木希典

を切っ掛けにして、広島幼年学校から東京の中央幼年学校、そして陸軍士官学校に進んだ阿南は、現在の乃木坂にある乃木邸を度々訪れた。阿南は、士官学校入学の時そして卒業の時などに挨拶に伺うは当然として、時には友人を誘って乃木邸を訪れ、乃木将軍と懇談し、静子夫人に有名な乃木家の稗飯をつくってもらったりしていた。つまり、陸下と阿南は、期せずして、共に生涯忘れ難き乃木希典という敬仰する師を戴いていたのだった。

明治天皇の崩御と、乃木希典将軍の自刃は、阿南が陸軍中尉で中央幼年学校の生徒監となって陸軍大学校入学の為の勉強をするために東京に住んでいる時であった。その時、乃木将軍の殉死の話を幼年学校生徒と共に聞いている阿南の様子を、生徒の一人は次のように回顧している。

「阿南生徒監殿は、深い感動に打たれたもののごとく、身じろぎひとつせず、白い手袋を眼にあてて、男泣きに泣いておられました。あのお姿は終生忘れられません。」

以後、生徒監としての阿南は、生徒達に、乃木さんの話と大楠公の湊川の話をよくした。ある時、熱のこもった話しぶりで、軍人が自決する場合、楠公や乃木さんの如く切腹するのが、武人としてのたしなみであると生徒に話した。

その阿南を陛下は、昭和四年、身近に侍従武官として迎えられた。そして、率直闊達で熱誠をうちに秘めた阿南中佐を愛された。陛下は、宮中では、阿南を「アナン」と呼ばれていたという。

昭和十三年、阿南が第百九師団長として支那戦線に出陣する前、極めて異例のことであるが、陛下は、阿南を宮中にお召しになり、女官に松花堂弁当をもってこさせ、二人で懇談しながら食事をしたのである。阿南は、この時の感激を次のように詠んだ。

阿南陸軍大臣

大君の　深き恵みに　あみし身は　言い遺すべき　片言もなし

阿南は、この陛下と二人で親しく昼食を戴いた感激を胸に秘めて戦場に赴き、第百九師団を指揮して難敵に立ち向かい、大きな戦果を挙げた。さらにこの感激は、阿南の心に、いつも、活き活きと燃えていた。それ故、昭和二十年八月十五日未明、刀を腹に突き立てた阿南は、この歌を以て自分の「辞世」としたのである。

最後の御前会議が開かれる昭和二十年八月十四日の朝、阿南は鈴木総理の所に来て、一箱のシガーを差し出し、「到来物ですが、私はたしなみませんから閣下にすっていただきたく」と言って、それを置いていった。そして、御前会議では、前記の通り、阿南は慟哭しながら、ポツダム宣言受諾不可と訴えた。

しかし、阿南は、自ら陸軍大臣を辞任して鈴木内閣を瓦解させて停戦を阻止することなく、御前会議が終わると、直ちに閣議に出席し、十四日深夜、「終戦の詔書」に陸軍大臣として副書した。

そして、阿南は、同日夜十二時近くに、暇乞いの為に、鈴木首相のいる総理大臣室に来て、極めて丁寧に礼をした。この時の鈴木総理と阿南陸軍大臣の不思議な会話と、それを聞いていた迫水久常内閣書記官長の思いは、既に本書冒頭に記したとおりである。

そして、十四日午後十二時ころに三宅坂の陸相官邸に帰った阿南は、夜半過ぎて来訪した義弟の竹下正彦中佐と二時間あまり酒を飲んだ。その後、軍服を脱いでその形を整え、その上に戦死した次男の陸軍少尉惟晟の写真を置き「こいつと一緒に逝くんだ」と呟いた。そして、侍従武官時代に、陛下から戴いた白い肌着を着て、これは陛下が肌に着られていたシャツぞ、と竹下に言い、十五日の未明近く、官邸の縁に出て皇居に向かって割腹した。

その遺書に、阿南陸軍大臣は、

阿南惟幾命遺書
（靖國神社遊就館所蔵）

一死以テ大罪ヲ謝シ奉ル　昭和二十年八月十四日夜　陸軍大臣阿南惟幾花押

と、既に墨書し署名していたが、その左に、数時間後に迫った十五日正午、全国民に陛下が玉音によって直接告げられる詔書にある「確ク神州ノ不滅ヲ信シ」というお言葉に応じるが如く、

神州不滅ヲ確信シツ、

と書き加えた。

これは、刀を腹に突き立てて湧き上がった、まさに、最期の強い思いを、書き加えたと思われる。よって、遺書に血が染みこんでいる。

陛下は、十数時間前の十四日正午前、最後の御前会議が終わり退出される際に、取りすがるように慟哭する自分に、

「阿南、阿南、お前の気持ちはよくわかっている。しかし、私には國體を護れる確信がある」

と声をかけて下さった。

阿南には、この陛下のお声に応答する最後の思いが湧き上がったのだ。

同時に、昭和十三年の師団長として戦線に赴く前に、陛下が自分と二人きりで食事をして下さった感激が込み上げ、阿南は、その時の歌を辞世として最後に書いた。

書き終わると、その紙面一杯に阿南の血が広がっていた。これ、まるで、戦場に斃れた兵士が、その死の間際に湧き上がった思いを戦場で書いた如くではないか。

私は、阿南惟幾のこの世の生の最後に、神州不滅を確信せしめたものは、御前会議の時の陛下の心からの御言葉・言霊であると確信する。その自決の、死を見ること帰するが如く、陛下の萬歳を叫んで欣然として瞑目する、戦場の兵士の如くであったことよ。

陸軍大臣阿南惟幾大将、十五日午前五時半自刃、午前七時十分絶命。介錯の痕跡なし。検視、陸軍省衛生課長山月三郎大佐。

そして、十五日正午の陛下の玉音放送と共に、全陸軍将兵に知れ渡った陸軍大臣阿南惟幾大将の自刃は、「本土決戦根本義」をたたき込まれ、いよいよ、決戦間近と決死の覚悟を強めている全陸軍にたいして、強烈で厳粛なる「終戦の告示」となった。

その夕べ、阿南陸軍大臣の遺体は、市ヶ谷台の陸軍省に移され、野戦法式により荼毘に付された。阿南惟幾にまことに相応しい。十六日午前六時、阿南惟幾陸軍大臣陸軍葬、於陸軍省将校集会所。陸軍大臣阿南惟幾大将、以て、瞑すべきである。

なお、帝国陸軍が武装を解いて最後を迎える日は、昭和二十年十一月三十日であった。

陸下が大元帥服を着用されるのも、この日を以て最後となる。

そして、最後の陸軍大臣となった北支方面軍司令官下村定大将は、一切の処理を終えて陛下に最後の上奏をした。ところが、その上奏に対する陛下の御言葉は、ほとんど聞き取れなかったのであるが、そのなかで、

「明治大帝のご創建の陸海軍を、自分の代になって失うことは……」

というお言葉があり、さらに、

「阿南は生かしておきたかった」

というお言葉が二回ほどあったという。

また、昭和二十四年五月十八日から二十三日間にわたって陛下は九州一円を御巡幸された。

そして、大分で、陛下は、奉迎の人々のなかに阿南大将の妻綾子が立っているのに目を止められ、

その後はどうして暮らしているか、
苦しいでしょうが今しばらく辛抱してください。
身体を大切に、遺児を立派に育てて下さい。

と、親しく声をかけられた。

阿南と妻の綾子の夫婦は、五男二女に恵まれた（次男戦死）。末っ子の惟茂は昭和十六年生まれで、終戦時まだ四歳だった。そして、戦後は、上級将校への国からの歳費支払いは一切無くなったので、綾子夫人は、生活難のため、東京を離れて阿南の本籍地である大分県竹田に移り住んでいたのだった。

大東亜戦争終結の詔書の玉音放送

さて、鈴木首相と阿南陸軍大臣を含む全閣僚の副書を得た詔書案は、十四日深夜、首相によって陛下のもとに捧呈され、侍従職の元で清書された。そして、翌十五日正午に、「玉音放送」によって国民に伝達する為に録音された。

その録音は、宮内省の陛下の執務室で、石渡宮内相と下村国務相そして藤田侍従長が侍立し、次室で日本放送協会係員が機械を操作することによって行われた。

陛下にとって、初めての録音であり、陛下は、声の程度などをお尋ねになり一回目の録音をされたが、「うまくいかなかった。今のは少し低かったようだ」と言われ、二回目の朗読をされた。

陛下としては、堪え難きを堪えて終戦を実現し、萬世の為に太平を開くべきことを、何としても全国民に訴えたい一心で、マイクの前に立たれていたことであろう。

侍従長は、録音される陛下の、あの独特の抑揚を聞いていて、緊張のために汗ばみ、万感が胸に広がり涙がわいた。ところが、第二回目の録音も、接続詞が一箇所抜けた所が出た。そして、放送局側から、三回目の朗読の希望が伝えられた。

しかし、八月に入り、陛下がほとんど眠られていないことを知る宮相と侍従長は、それを止めた。その結果、この二回目の朗読が、十五日正午の、国民に対する陛下の歴史的な「終戦の大詔渙発」となる。そして、その録音盤を侍従職で預かることとなった。

だが、この時、畑中少佐ら終戦を拒絶する反乱将校達は、近衛師団に決起を要請し、それを拒絶した森赳師団長を殺害して偽の師団長命令を以て兵士を指揮し、録音盤を押収するために宮内省内に乱入して来た。彼らは機関銃部隊で御文庫を包囲し、皇宮警士も侍従達も近づけなくしてから、陛下に直訴して終戦を阻止しようとしたのだった。

従って、陛下は、玉音放送の録音を終えた後も一睡もされなかった。しかし、夜があける頃、近衛師団にも同師団を隷下におく東部軍にも事態が明白になるや、東部軍司令官田中静壱大将が、単身、坂下門に出向き、反乱将校達を一喝して叱責すると、彼らも挫折を認め、後に、自決する。

そして、田中東部軍司令官は、御文庫に進んで、陛下への奏上を申し出て、許されて陛下に拝謁し、部下が反乱を起こしたことを深くお詫びし、既に鎮圧したことを奏上した。

その上で、東部軍司令官田中静壱陸軍大将は、阿南惟幾陸軍大臣に続いて自決した。

このようにして、八月十五日の正午を迎えたのだ。

そこで、次に、鈴木貫太郎総理が「自伝」によって、今生きている吾等に再読して欲しいと願っている、全国民に玉音によって放送された詔書全文を掲載しておきたい。

この詔書こそは、まさに、御前会議において語られた昭和天皇の魂と霊が宿るお言葉であり、自決してゆく阿南惟幾陸軍大臣に、神州の不滅を確信せしめたものであると深思されたい。

その上で、昭和天皇は、御自ら発せられたこの詔書に基づき、「帝国陸海軍が戦を止めた後の戦争状態」のなかで、たった御一人で、「國體ノ精華ヲ發揚シ」、「萬世ノ為ニ太平ヲ開ク」戦いを開始されたことを知らねばならない。

この戦いこそは、帝国陸海軍の戦力を遙かに上まわる神武天皇御創業以来の八紘為宇の志に基づく天皇の御業であった。従って、このことは、後に我が国が世界に示した八紘為宇の系譜のなかで記したい。

大東亜戦争終結の詔書（昭和二十年八月十四日）

朕、深ク世界ノ大勢ト帝国ノ現状トニ鑑ミ、非常ノ措置ヲ以テ時局ヲ収集セムト欲シ、茲ニ忠良ナル爾臣民ニ告ク。

朕ハ帝國政府ヲシテ、米英支蘇四國ニ對シ、其ノ共同宣言ヲ受諾スル旨通告セシメタリ。

抑《そもそも》帝國臣民ノ康寧ヲ図リ、萬邦共栄ノ楽ヲ偕ニスルハ、皇祖皇宗ノ遺範ニシテ、朕ノ拳々措カサル所、曩《さき》ニ米英二國ニ宣戦セル所以モ亦、實ニ帝國ノ自存ト東亜ノ安定トヲ庶幾《しょき》スルニ出テ、他国ノ主権ヲ排シ領土ヲ侵スカ如キハ、固ヨリ朕カ志ニアラス。

然ルニ抗戦已ニ四歳ヲ閲シ、朕カ陸海将兵ノ勇戦、朕カ百僚有司ノ勵精、朕カ一億衆庶ノ奉公、各々最善ヲ盡セルニ拘ラス、戦局必スシモ好轉セス、世界ノ大勢亦我ニ利アラス、加之《しかのみならず》敵ハ新ニ殘虐ナル爆弾ヲ使用シテ頻ニ無辜ヲ殺傷し、惨害ノ及フ所眞ニ測ルヘカラサルニ至ル。而モ尚交戦ヲ継続セムカ、終ニ我カ民族ノ滅亡ヲ招来スルノミナラス、延《ひい》テ人類ノ文明ヲモ破却スヘシ。斯ノ如クムハ、朕何ヲ以テカ億兆ノ赤子ヲ保シ、皇祖皇宗ノ神霊ニ謝セムヤ。是レ朕カ帝國政府ヲシテ、共同宣言ニ應セシムルニ至ル所以ナリ。

朕ハ、帝國ト共ニ終始東亜ノ解放ニ協力セル諸盟邦ニ對シ、遺憾ノ意ヲ表セサルヲ得ス。帝国臣民ニシテ、戦陣ニ死シ、職域ニ殉シ、非命ニ斃レタル者及其ノ遺族ニ想ヲ致セハ、五内為ニ裂ク。

且戦傷ヲ負ヒ、災禍ヲ蒙リ、家業ヲ失ヒタル者ノ厚生ニ至リテハ、朕ノ深ク軫念《しんねん》スル所ナリ。惟《おも》フニ今後帝國ノ受クヘキ苦難ハ、固ヨリ尋常ニアラス。爾臣民ノ衷情モ朕善ク之ヲ知ル。然レトモ朕ハ、時運ノ趨ク所、堪ヘ難キヲ堪ヘ忍ヒ難キヲ忍ヒ、以テ萬世ノ為ニ太平ヲ開カムト欲ス。

朕ハ茲ニ國體ヲ護持シ得テ、忠良ナル爾臣民ノ赤誠ニ信倚《しんい》シ、常ニ爾臣民ト共ニ在リ。若シ夫レ情ノ激スル所濫ニ事端ヲ滋《しげ》クシ、或ハ同胞排擠《はいせい》互ニ時局ヲ亂リ、為ニ大道ヲ誤リ信義ヲ世界ニ失フカ如キハ、朕最モ之ヲ戒ム。

宜シク擧國一家、子孫相傳ヘ、確ク神州ノ不滅ヲ信シ、任重クシテ道遠キヲ念ヒ、総力ヲ将来ノ建設ニ傾ケ、道義ヲ篤クシ志操ヲ鞏クシ、誓テ國體ノ精華ヲ発揚シ、世界ノ進運ニ後レサラムコトヲ期スヘシ。

爾臣民、其レ克ク朕カ意ヲ體セヨ。

第三章　八月十五日以降

終戦

遂に、昭和二十年八月十五日の正午を迎えた。玉音放送によって、全国民、全陸海軍将兵に終戦が伝達された。多くの国民にとって、世界の景色が変わったように思えたであろう。

その時の状況を、八月十六日付けの朝日新聞は、

「二重橋前に赤子の群／立ち上がる日本民族／苦難突破の民草の声」

という見出しで次のように報じた（江藤淳著『忘れたことと忘れさせられたこと』より）。

静かなやうでありながら、そこには嵐があつた。国民の激しい嵐であつた。広場の柵をつかまへ泣き叫んでいる少女があつた。日本人である。みんな日本人である。……泣けるのは当然である。群衆の中から歌声が流れはじめた。「海ゆかば」の歌である。ひとりが歌ひはじめると、すべての者が泣きじやくりながらこれに唱和した。……またちがつた歌声が右の方から起こつた。「君ケ代」である。歌はまたみんなに唱和された。あゝ、天皇陛下の御耳に届き参らせたであらうか。

天皇陛下、御許しください。

天皇陛下！

悲痛な叫びがあちこちから聞こえた。一人の青年が起ち上がつて、「天皇陛下万歳」とあらん限りの声をふりしぼつて奉唱した。群衆の後の方でまた「天皇陛下万歳」の声が起こつた。将校と

学生であつた。

……あすもあさつても「海ゆかば……」は歌ひつゞけられるであらう。民族の声である。大御心を奉戴し、苦難の生活に突進せんとする民草の声である。日本民族は敗れはしなかつた。

この朝日新聞の記者の、我が国の敗戦を伝達された二重橋前の日本人を観て、「日本民族は敗れはしなかった」という宣言するが如き総括が心に沁みる。この一文を記した朝日新聞の記者は、日本民族の永遠性を紙面に刻んだのだ。

しかし、十五日後の八月三十日に、厚木に降り立ったＤ・マッカーサー率いるアメリカ進駐軍の、日本占領統治の目的は、「敗れはしない日本民族」を、強権の下で敗者にして復讐する戦犯処刑と公職追放と、検閲と、ＷＧＩＰ（War Guilt Infomation Program）と、日本国憲法によって罪悪感を与え無力化することであった。則ち、アメリカ進駐軍は日本民族に対し、「戦闘なき戦争」を開始した。

八月十五日も十六日も、天皇陛下には、激務が続く。何故なら、広大なアジアの大地に展開している陸海軍は、陛下の命令、つまり陸軍は大陸命そして海軍は大海令によって動くからだ。八月十五日以降も、満洲、南樺太、千島そして大陸で戦闘が継続した。よって、一部反乱将校の動きによって近衛師団の兵が宮内省内に乱入したことで、一睡もなさらなかった陛下は、玉音放送の後、御文庫において、大元帥として、「自衛以外の積極侵攻作戦の中止」を、大陸命及び大海令を発して命令された。また、午後になって、任務を果たした鈴木貫太郎首相が参内し、捧呈した辞表をお受けになった。その時、陛下は、鈴木に「御苦労をかけた」と、優しく言われたという。老首相は涙をたたえていた。

臣　貫太郎

曩《さき》ニ重任ヲ拝シ戦局危急ヲ打開センコトニ日夜汲々タリ
然ルニ臣微力ニシテ遂ニ戦争終結ノ大詔ヲ拝スルニ至ル
臣子トシテ恐懼スル所ヲ知ラス
又閣議ヲ以テ決スル能ハスシテ御聖断ヲ仰キタルコト一度ナラス
恐懼何カ之ニ過キン
今ヤ帝國新建設ノ秋ニ当リ　少壮有為ノ熟腕ニ俟ツ所極メテ多シ
臣老骨ニシテ克ク其ノ任ニ堪ヘス　闕下ニ骸骨ヲ乞フ所以ナリ
誠惶誠恐謹テ奏ス

昭和二十年八月十五日

内閣総理大臣男爵　鈴木貫太郎

なお、鈴木首相も八月十五日の早朝、暴徒に襲われ、からくも難を逃れて以後十二月まで、数回にわたり転々と居場所を変えて逃避の生活を送った。その「自伝」に曰く、「ある人に、何故、自刃しないのかと詰問されたので、はっきりと『私は死なない』と答えた。」

さらに、軍人らしく言っている。

「降参するというこんな不名誉なことはない。陛下の、国家の、不名誉を招来したのであるから責任は誠に重い。」

「命が惜しいのでもなんでもない。余はすでに二・二六事件の時に一度は死んでいるのであるから、生きられるだけ生き、日本の今後の再建をこの目で見届けて行きたいと念願している。」と。

鈴木は、軍人として「降伏するというこんな不名誉なことはない」と思っている。「鬼貫」と言われた軍人鈴木貫太郎は、戦場では、降伏するよりも、確実に突撃して死ぬであろう。しかし、鈴木は、総理大臣として、「こんな不名誉なこと」を、己がするのではなく、陛下にさせたのだ！　これ、「万死」に値する！　よって、自分の老体を自分で殺す「一死」で済ませられるはずがない。鈴木はそう思った。だから、生きた。

その十五日における総理としての最後の仕事は、国民に対し共同宣言（ポツダム宣言）を受諾するに至った説明であった。それは、十五日午後七時半から行われた、鈴木総理の国民に対する最後のラジオ放送である。

……よって畏くも天皇陛下の御親裁の下、廟議を確定し、帝國の存立の根基たる天皇陛下の統治大権に変化なきことを条件として、米、英、支並びにソ連の七月二十六日付共同宣言を受諾する用意ある旨を通告するに決し、政府は直ちにその手続きを採りましたところ、先方よりも回答が参り、其の回答を検討いたしましたところ、天皇陛下の統治大権に変更なきことを確信致しましたので、茲に共同宣言を受諾することとなりました。

このラジオ放送の最大の意義は、総理自ら国民に対し、我が国の降伏は「無条件降伏」ではなく「有条件降伏」であることを直接伝達したことである。これが後の九月三日に、軍政を布こうとしたマッカーサーに対し、横浜に乗り込んでそれを断念させた外務大臣重光葵を支える大きな力となった。

鈴木貫太郎は、昭和二十三年四月十七日まで生きて、千葉県の関宿で死去した。火葬の後の遺灰のなかに二・二六事件の時に受けた銃弾があった。

十六日朝、陛下は、御文庫に、三人の皇族を呼び入れられ、鳩彦王を南京で支那派遣軍に、恒徳王を新疆、奉天、京城で関東軍に、春仁王をサイゴンとシンガポールで南方軍に、それぞれ現地で直接、積極侵攻作戦行動停止の大陸命を伝達するために派遣された。

また、御文庫に、陸軍大将の稔彦王をお召しになり、組閣を命じられ、帝国憲法を遵守し、詔書により軍を統制し、秩序を維持すべき旨を仰せになった。ここに、陸軍の暴発を押さえる為に皇族で陸軍大将を首相とする東久邇宮内閣が組閣される。

その外務大臣に就任したのが、昭和十八年に外務大臣として大東亜会議を開催し、大東亜共同宣言を起案した重光葵だった。この重光が、九月二日、東京湾の、九十二年前にアメリカ海軍のペリー艦隊が来航して旗艦サスケハナが投錨した同じ地点に投錨したアメリカ海軍の戦艦ミズーリの甲板に上がって、「大日本帝国天皇陛下及び日本国政府の命に依り且つその名において」降伏文書に署名することになる。

とはいえ、ここで、満洲、蒙古、千島、支那方面および赤道直下で戦っていた各日本陸軍が、東京時間八月十五日正午の玉音放送を各現地で拝してからの様子を記しておく。

軍の展開している地域によって、当然状況は異なるが、陸下の命令への「抗命」は一切無い。この日本軍の天皇の命令に粛然として一斉に従う様子を、驚きを以て観た、太平洋戦線の総司令部に転属して対日心理戦を担当していたアメリカ軍のボナ・フェラーズ准将は、スタンフォード大学に残されている「フォーリン・サービス」という機関誌に次のように書いている。

天皇の六ヶ月にわたる終戦への苦闘に対する公的な反対は終わりを遂げた。七百万におよぶ精神的にも肉体的にも強靱な日本軍は、武器を置いて、太平洋全域から帰国の途についた。

この歴史上前例のない降伏が、戦争を数ヶ月短縮させ、推定四十五万人にものぼろうとしたアメリカ将兵の生命を救い、何十億ドルもの物的損害を出さずに済ませたことは疑いない。

満洲と蒙古そして千島北端の占守島

満洲の関東軍は、進撃するソ連軍との交戦状態の中で、八月十六日午後六時頃、自衛以外の戦闘行動の即時停止の大陸命を受領した。しかし、その即時実行について、総司令部内に強い抵抗があった。第一案は「徹底抗戦」、第二案は「作戦を継続し有利な条件で停戦」、第三案は「即時停戦」の三案に分かれたのだ。そこで、前線では死傷続出の激戦が行われているなかで、総司令官、総参謀長を正座に迎えて異例の幕僚会議を行った。その司会進行を勤めた作戦班長の草地貞吾大佐によれば、第一案の「徹底抗戦」が圧倒的多数であった（同大佐著「将軍32人の風貌・姿勢」）。

一同、手には軍刀、腰には拳銃を携えた幕僚である。殺気が漂う会議となった。そこで、草地大佐が発言を促すように秦彦三郎総参謀長を見上げると、秦中将は潮時よし、と身を乗り出して言った。

「われらは軍人として、陛下の命令に従う以外に忠節の道は考えられない。

従わない者は永久に乱臣賊子である。

あくまで抗戦を主張する者は、よろしくわれらの首をはねてしかる後に行け。」

次に、山田乙三総司令官が、ひとわたり満座を見渡したあと、おごそかに言った。そして、これが裁決となる。

「諸官の衷情は察するに余りがある。

だが、聖断は下され給うた。

軍は聖旨を奉戴して停戦に全力を尽くすのみ、進むも退くも奉公の道はただひとつ。」

このようにして、関東軍は、ソ連軍に降伏し武装解除された。

しかし、ここから始まる、ソ連軍による関東軍将兵と満洲在留日本人七十万人に対する殺戮と虐待と陵辱と長期抑留は、日本民族として忘れてはならない。

病院に入院していて、ソ連兵に犯された女性達を見た人の証言がある。そこに十二、三の少女から二十歳くらいの娘十人ほどが裸のまま担架で運び込まれた状況が描かれている。（長勢了治著『シベリア抑留全史』原書房）

彼女らの恥部は紫に腫れ上がって、その原形はなかった。

またひとりの女性は陵辱されてから下腹部を刺されて腸が切り口から血とともに出ていた。

銃で撃たれて死ぬのは苦痛が一瞬だが、少女や娘達はどんな苦しみであったろうか。

女医さんに聞いたことだが、十人に二、三名は舌を噛んで死んでいる。

そして前記の関東軍の幕僚会議に出席した総司令官や総参謀長を含む高級将校達の多くは、昭和三十一年まで十一年間ラーゲリ（収容所）に入れられていた。その一人である前記の関東軍総参謀長の秦彦三郎氏は、臨終の近づいた日に見舞いに訪れた、同じく昭和三十一年までラーゲリに入っていた北海道大学教授の内村剛介氏に次のように語った（同氏著『ロシア無頼』）。

私は生涯ロシア・サービスで一貫し、ソ連にも長く駐在し、ソ軍の演習にも参加した。でも、何一つわかっちゃいなかった。敗戦後、ソ連の収容所暮らしをするまでは……。

だが、このような獣《けもの》が生殺与奪の権を握るが如きソ連軍の支配下にあって、一人で日本人同胞二十五万人を生還させた特務機関員がいたことを知らねばならない。彼は、大正三年朝鮮忠清南道大田に生まれた門脇朝秀氏だ。

門脇さんは、関東軍奉天特務機関の情報将校であったが、奉天特務機関閉鎖後は南満洲鉄道に属していた。特務機関とは、命令を受けて行動するのではなく、これがお国の為と確信すれば、命令を受けずに国籍氏名を秘匿して行動する。従って、門脇さんは平成二十九年に百三歳で亡くなるまで、特務機関員としての仕事を一切、語らなかった。

終戦時、大連にいた門脇さんは、満洲と遼東半島にいた日本人居留民二十五万人が、大連に集結させられ、ソ連軍の管理下におかれて一年余の抑留生活のなかで、文字通り野垂れ死にの危機に直面しているのを知る。そこで門脇さんは、奉天に戻り、ソ連軍、国府軍、中共軍そしてアメリカ軍の主導権争いの渦中に入り、それを利用して、主にアメリカ軍を動かすことによって大連の二十五万人の内地送還を実現した。門脇さん自身の佐世保港への帰還は、昭和二十二年三月だった（小松茂朗著『さらば大連・邦人25万救出の記録』図書出版社）。

私は、門脇さんが九十歳代の最晩年、共に数回にわたって、台湾東部の山岳地帯に住む旧日本軍兵士、つまり高砂族の長老たちを訪ね歩いた。彼ら、高砂族の旧日本兵は、門脇さんに会うや、日本人に戻って、上官に対する姿勢をとった。そして、一族の老若男女を山から呼び寄せて宴会となる。そのなかの若い人に、生年を尋ねると、「昭和十八年生まれです」と日本の年号で答えた。

満洲の特務機関員が、何故、台湾の山岳地帯に、これほど、戦前からの人脈を維持しているのか、これも門脇さんは語らなかった。ただ、台湾南部の潮州郊外での静かな夜、門脇さんは空を見上げて横にいた私に呟いた。「僕は、ここで、死んで、眠りたいよ」と。戦前、戦後の自分の行動を一切語らない、このような日本人、典型的な特務機関員がいたことを記憶されたい。

奉天特務機関時代の門脇朝秀氏

「蒙彊」と呼ばれる外蒙古を除く蒙古の、日本列島の広さに匹敵する広大な地域を防御する駐蒙軍司令官根本博中将は、司令部がある張家口の放送局で幕僚達と共に陛下の玉音放送を聞いた。そして、この玉音放送に続いて根本軍司令官が、全蒙彊に対して放送する予定になっていた。

そこで、根本中将は、玉音放送の後に、次のようにマイクで語った。

私は上司の命令と国際法規によって、行動します。

彊民、邦人、および我が部下達等の生命は、私が身命を賭して守り抜く覚悟です。

その上で、根本司令官は、蒙彊にいる民間の日本人四万人を無事に日本に帰還させる為に、駐蒙軍に、「理由の如何を問わず、陣地に侵入するソ軍は、断乎、これを撃滅すべし。これに対する責任は一切司令官が負う。」という命令を発した。

そして、八月十九日から押し寄せるソ連軍と壮絶な白兵戦を展開しながら、四万人の邦人が乗る列車と線路を守り抜き、同二十七日に、駐蒙軍は、無事万里の長城の南側に入った。その間、四万の邦人は三日三晩列車で移動して天津に辿り着き、無事に本国日本に帰還できた。

この根本中将の張家口での駐蒙軍への檄と同時期の八月十八日、遙か東の北海道の札幌に司令部を置く第五方面軍司令官樋口季一郎中将は、千島北端の占守島守備隊に、島に上陸してきたソ連軍に対する、

断乎、反撃に転じ、ソ軍を撃滅すべし

根本博中将

樋口季一郎中将

という命令を発していた。

そして、占守島の日本軍守備隊の猛烈な反撃によって、ソ軍は崩壊して上陸地点の水際に追い詰められ全滅寸前に陥った。しかし、それ以上の攻撃は自衛の範囲を超えると日本軍は判断して、戦闘を停止したのである。ソ連軍の死者は二千名であり我が軍の戦死者は二百五十六名であった。ソ連軍は、反撃に転じた日本軍の強さに驚愕して以後萎縮し、これが結局、スターリンに北海道侵攻を断念させた一つの大きな要因となる。

しかし、総攻撃を実行してソ連軍を殲滅できたのに、それをせずに停戦し、多くのソ連軍兵士の命を救った占守島守備隊の日本兵四千人を、スターリンはソ連で最も過酷な地獄のラーゲリと言われたオホーツク海北岸のマガダンに送り、飢餓・酷寒・重労働の「シベリア三重苦」

で多くを死亡させた。

このように、戦後、スターリンは、満洲、北朝鮮、樺太そして千島で降伏した日本軍兵士と民間人七十万人を、西はウクライナから東はカムチャッカまでに造られたラーゲリに送り、飢餓・酷寒・重労働で約十万人を死亡させた。

この、忘れてはならないスターリンによる極悪非道な国際法違反の国家犯罪によって日本民族が蒙った惨害を、北海道在住の長勢了治氏が克明に調査してまとめられた貴重な文献を次に紹介したい。それは同氏著『シベリア抑留全史』（原書房）と『知られざるシベリア抑留の悲劇』（芙蓉書房出版）である。


さて、駐蒙軍司令官根本博中将と第五方面軍司令官樋口季一郎中将は、同じソ連軍の無道の攻撃に対して、期せずして同一の決断をした。則ち、陛下が大陸命で禁じた積極侵攻作戦ではなく、許された自衛の戦闘を敢行したのだ。

なお国民党の蒋介石は、降伏した日本軍に寛容であり、軍民併せて数百万の日本人は、想定以上に速やかに本国に帰国することが出来た。蒙疆軍司令官根本博中将は、その恩顧に報いる為に、国共内戦に敗れて台湾に入った蒋介石を助けるために、昭和二十四年六月に、台湾に密航した。そして蒋介石と会談し、共産軍の金門島上陸を阻止する為に金門島に渡り古寧頭戦役において台湾軍を指揮して、共産軍の上陸部隊を徹底的に撃破して、毛沢東に金門島攻略を断念させた。

二〇〇九年十月二十四日、金門島の古寧頭戦役勝利六十周年の式典に当たり、台湾の馬英九総統は、根本博中将をはじめとする勝利に貢献した日本軍人の家族を式典に招いた。

支那方面軍

中国大陸は、今も昔も「ややこしい」。終戦時、蒋介石の国民党軍と毛沢東の共産党軍との国共内戦は既に始まっていた。その「ややこしい」一例として、日本の山西第一軍と蒋介石の国府側の閻《えん》錫山《しゃくざん》との間には、終戦前から密約が結ばれていたことを紹介する。

それは、日本軍が今押さえている工場は、潰さずにそっくりそちらに渡すから、我々が負けるようなことがあれば、よろしく頼む、というような約束である。事実、閻錫山は終戦後、約束を守り、山西第一軍を厚遇し、昭和二十一年四月まで山西省の日本軍は武装解除されず小銃はもとより軽機、重機、迫撃砲までもつ完全武装を許されていた。

また何度かの戦闘の後で、一通の手紙が部隊に届けられた。それには次のように書かれていた。

「戦争は既に終わった。あなたたちは、もはや我々の敵ではない。漢奸閻錫山があなたたちを抑留して故国にかえさない。まことにお気の毒である。我々はあなたたちと戦いたくない。よって、今後やむをえず銃火を交えるときは、我々も適当にするから、あなたたちも適当にやってもらいたい。」

そして、その後の八路軍（共産軍）との戦闘は実弾を使った演習のようで、敵弾は頭上十米《メートル》の辺を風を切って飛び、こちらも空に向かってぶっ放した。以上、山西第一軍に従軍した甲斐弦氏著『ＧＨ

Q検閲官』（葦書房）より。

また、作家の伊藤桂一さんは、終戦時、軍務実役六年六ヶ月におよぶ古参の兵長で、聯隊本部の糧秣班にいて、現地での雑穀や魚菜類の調達にあたっていた。以下、伊藤桂一著『兵隊たちの陸軍史』及び『草の海』による。

伊藤さんが八月十五日の昼過ぎ、草むらの道を歩いていると、軍曹がやってきて、「オイ、戦争に負けたぞ。今、陛下の詔勅がくだった」と言った。

すると、伊藤さんは、部隊の野菜調達で世話になっていた中国人の楊を訪ねたくなった。戦争に負けた者に、彼がどういう眼をむけるかに興味を抱いたからだ。そして、歩き続けて、楊の家につくと、ごくまじめに、「楊さん、日本は負けました」と言った。すると楊は、「負けたですねえ」と言って、明らかに同情するように伊藤さんを見たが、その他は、平常の楊となんら変わるところがない。

やがて楊は、もし隊を逃げるようなときは自分に頼ってほしい、できるだけのことはする、と言った。伊藤さんが礼を言うと、そのあと楊は、伊藤さんに拳銃を一挺と弾丸少々都合してもらえまいか、と頼んできた。そして、楊は、事務的に解説するように言った。

「日本が敗けて軍隊がいなくなると、すぐに土賊が出てきます。今度は自分で守らなければならないのです」

伊藤さんは、拳銃を都合することを約し、楊に西瓜をよばれて帰った。

また、伊藤さんは、終戦後の八月十七日の、武装解除されていない部隊の話を紹介している。

その部隊が、駐屯地から北上を続けていたとき、共産軍の大部隊に包囲された。その部隊の指揮官は、「武器を捨てよ。そうすれば我々が貴隊を保護案内する」とマイクで伝えてきた。

これに対し、こちらの先発隊長は、「道をあけろ、あけねば武力で通る」と応じ、結局、交戦のうえ共産軍を撃退して小銃七十挺を鹵獲して行軍を続け、とある町に着いた。

戦闘後で少々殺気立っていた兵隊が、その町で物品をかすめ食料を無断頂戴していると、いく分当惑して寄ってきた中国人が言った。

「あんたらはもう戦争に敗けているんです。いつまでも勝っている気分でいられちゃ困ります」

その態度が鷹揚で、つい先ほど共産軍を撃退した兵隊たちも、さすがにシュンとして言葉がなかった。

このような中国戦線における色々なエピソードを見ていくと、昭和四十年封切られた、有馬頼義原作で、勝新太郎と田村高廣が演じる映画「兵隊やくざ」の状況設定が極めて実相を捉えていると思うのである。これ以後の、占領軍が演出した東京裁判（東京国際軍事裁判）に迎合した自虐史観の映画より、遙かに日中両国民衆の真実・実態を伝えている。

その上で、伊藤さんはつぎのように記している。

私たちの、敗戦の悲痛感がはじまるのは、日本のどこかの港に上陸してからである。

そこには、かつて私たちを見送ってくれた人々の影も歓呼もいたわりもなく、いたずらに瀟々として冬の海風が吹き荒れていただけである。

そして、アメリカ軍に駆使されている日本人の港湾係が、同胞達の持ち帰ったわずかな荷物を、邪険にこじあけてほうり出している姿があったことである。

兵隊への扱いにしても、余分な人間が何しに帰ってきた、という眼でしか遇されなかったし、この敗兵に対する日本人同胞の蔑視は、その後どの土地へ行っても変わることはなかった。

世界の戦史を通じて、これほどみじめな帰還をした軍隊は、たぶん大東亜戦争における日本軍をおいて他にはなかったはずである。滅んだのは、日本軍でも日本国でもなく、日本人の民族感情であったことを、復員兵たちは身にしみて実感したわけである。

以上、満洲、蒙彊、千島そして中国大陸を見てきたが、さらに南のビルマ、シンガポール、ジャワ（インドネシア）、ニューギニア、そして西太平洋の各島嶼において日本軍将兵の勇戦敢闘と玉砕そして武装解除があった。前に紹介した満洲の特務機関員の門脇さんに、日本の兵隊は、この地域を、「地獄のビルマ、天国のジャワ、生きて帰れぬニューギニアと呼んでいた」と教えられた。

これらの地域から、生き残った兵隊は、日本の降伏と共に日本に帰還してきた。しかし、戻ってきたイギリス軍やオランダ軍やオーストラリア軍によって、戦犯として現地で捕らえられ、そのまま処刑された兵士も多い。ところが、戻ってきたかつての植民地の主は、日本軍が去った後には、昔のように君臨できなかった。この地域に、独立国家群誕生の動きが始まっていたからだ。

アジアの運命を握ったインドネシア

インドネシアにおいては、数百年の植民地支配をしていたオランダ軍を駆逐した後の日本軍の軍政は、現地の人々の言葉インドネシア語を「公用語」とするなど、インドネシア共和国誕生の民族的基盤をつくっていった。その象徴的なものが、日本軍が、インドネシア青年に軍事訓練と精神訓話により独立の気概を奮い立たせる為に創設した、インドネシア人を指揮官とする郷土防衛義勇軍（ペタ・PETA）である。

そこで、八月十五日の日本降伏の情報が入るや、インドネシアに、俄に独立の機運が高まった。その時、指導的立場にあったスカルノとハッタは、ジャカルタの前田海軍少将宅に集まって「独立宣言」を起案し、八月十七日、スカルノの私邸に一千名が集まりインドネシア独立を宣言し、スカルノを首班とするインドネシア共和国の樹立を宣言した。

その樹立宣言の壇上には、日本のジャワ第十六軍の宮本静雄参謀の姿があり、その宣言文に書かれた日付は「17―8―05」、つまり、「皇紀二六〇五年八月十七日」を示していた。

しかし、日本軍の降伏を受けて再び進駐してきたオランダ軍との戦闘が始まる。そして、このインドネシア独立戦争勃発のなかで、日本軍に教育されたペタ出身者が、インドネシア独立軍の中核となる。その時、日本軍の将校は、封印されていた武装解除された日本軍の武器・弾薬を集積していた倉庫を密かに開き、三万挺の歩兵銃と野砲さらに弾薬・砲弾そしてトラックなどをインドネシア独立軍

スハルト少将

に提供した。

さらに、将校を含む三千名の日本軍兵士がインドネシア独立軍に指揮官として加わり、そのうち千名が戦死し、千名が帰国し、千名がインドネシア人と結婚して帰化したと言われている。

インドネシア独立戦争で戦死した日本軍兵士は、今、ジャカルタのカリバタ英雄墓地に葬られている。その墓石の前には鉄兜が置かれている。私が、ジャカルタに行くたびに親しく会っていたサトリア石井さんも、今はカリバタ英雄墓地に眠っている。石井さんは拓殖大学を卒業し陸軍少尉として終戦を迎え、インドネシア独立のために帰国せずに戦った方である。「サトリア」とは「武士」という意味だ。

このインドネシア建国から二十年後、容共的なスカルノ大統領の下で、急速に東南アジア最大の共産党に成長したインドネシア共産党は、一九六五年九月三十日、軍事クーデターを起こし、軍の参謀総長ら要人六名を殺害して首都ジャカルタの大統領府ムルデカ宮殿を占領した（九・三〇事件）。

この時、首都防衛の任に当たっていたペタ出身で四十四歳のスハルト少将は、敢然と起ってムルデカ宮殿から共産軍を追い出し、以後、インドネシア全土にわたる共産党との内戦を戦い抜き、一九六八年、インドネシアの第二代大統領に就任する。その時、スハルトは、日本の静岡県にいるペタの教官だった土屋大尉に電話して「教官殿、大統領になりました」と報告した。

この時、もしスハルト少将が、九・三〇事件で戦わなければ、東南アジア即ち今のＡＳＥＡＮの地域は、北の中国共産党と南のインドネシア共産党に挟まれ、全域が共産化する可能性大であった。この、スハルトとインドネシア共産党との内戦で、最低十万人、最大百万人といわれる膨大な死者がでている。

インドネシア共産党が九月三十日に決起した理由は、翌日の十月一日、北京の天安門で行われる中共建国記念式典で、周恩来が「インドネシア共産クーデター成功！」と宣言する為であったと思われる。日本軍が創設したＰＥＴＡがなければスハルトはなく、スハルトがいなければＡＳＥＡＮはなく、現在の東南アジアの繁栄はなかったであろう。日本軍の戦いは、現在のインドとアジアの形成に直結している。

ミャンマー（ビルマ）

最後に、ミャンマー（旧名ビルマ）にも触れておきたい。現在のミャンマー国軍の創設も日本軍による。国軍を率いた国父のアウンサン将軍は、日本軍によって軍事訓練を受けた将軍である。

初めてミャンマーを訪問したときに会見した軍事政権の最高実力者キン・ニュン第一書記は、陸軍中将だった。その時、首都ヤンゴンの加藤隼戦闘隊が使っていたミンガラドン空港の管制塔は日本の援助で建設されていたが、援助が停止されて工事が中断したため未完成のまま放置され廃墟のようになっていた。

ミャンマー国外では欧米諸国がミャンマーの軍事政権への援助停止を呼びかけ、国内ではアウンサン・スーチー女史がミャンマーへの援助停止を叫んでいた。我が国は、それに同調してミャンマーへの大規模援助を止めていたのだ。

私は、ミャンマーの軍事政権に比べれば、中共や北朝鮮の独裁政権の方がもっと人権無視の過酷な無法政権である、その中共と北朝鮮に援助を続けながら、アジア随一の親日国家ミャンマーへの援助を止めるのはおかしい、と主張していた。

但し、我が国は、幼児に対するポリオ生ワクチンの接種などの民生援助は続行していた。しかし、アウンサン・スーチー女史は、この日本の、ミャンマーの幼児の健康を守るための援助も非難していたのだ。そこで、私は、ポリオ生ワクチンの接種が行われている田舎の田園地帯の村を訪れ、接種の様子を見学した。

村はお祭りのようだった。賑やかな音楽が流れるなかで、幼児を抱えた若いお母さんが、皆、笑顔で接種の会場に集まっていた。彼女らは、明らかにわが子へのワクチン接種で、わが子が健康に成長すると喜んでいた。その様子を見ていた私は、我が日本もなかなかいいことをしているなあ、と思った。

他方、アウンサン・スーチー女史は、首都ヤンゴンのアウンサン将軍の王宮のような豪邸に住んでいて、ヤンゴン以外の貧しいが素朴な農村地帯には行かないので、こういう光景を見ずに、日本の援助を非難していたのだ。

そこで、キン・ニュン第一書記と会談したとき、「私は、日本でミャンマーへの援助を続けるべきだと主張しているが、ミャンマー国内でアウンサン・スーチー女史がミャンマーへの援助禁止を訴えている。イギリスに家があり亭主もイギリス人であるとはいえ、ミャンマーの発展と国民の生活改善には無関心で、イギリスには追随する彼女の態度は不可解である」と言った。

すると、キン・ニュン第一書記は、「アウンサン将軍は、我らの父だ。従って、その娘のスーチーは我らの妹なんだ」と困ったような表情で言った。

また、数年後にミャンマーを訪れ、駐在武官（日本では、防衛駐在官という）として日本大使館にいた陸上自衛官（中佐）と二人で、ミャンマー軍の三人の佐官級の軍人と酒を酌み交わして懇談した。その時、ミャンマー軍将校が言った。

「我々と日本の自衛隊が、白兵戦をすれば、必ず我々が勝つ」

すると、駐在武官の我が自衛官が言った。

「何故、そう言えるのか」と。

すると、ミャンマー軍将校が胸を張って答えた。

「我々は、日本の帝国陸軍から教えられた銃剣道の訓練を今も続けているからだ」

インパール作戦の司令部があったミャンマー中部の山岳地帯にある町メイミョウを訪れた時、ミャンマー国軍の訓練に出くわした。その彼らが行軍で歌っているのは懐かしい日本の軍歌だった。旧称ビルマ、この方面の戦闘で、十九万の日本軍兵士が戦死した。そして、ミャンマー各地には多くの戦歿日本兵慰霊碑や日本兵を供養するパゴダが建てられている。

ミャンマー中部の蒙古襲来の前から建て続けられた無数の巨大なパゴダがある古都パガンに、日本軍の菊や烈など数兵団の慰霊碑が建てられた寺院がある。その慰霊碑の前で、ビルマの僧侶にお経をあげてもらってから入った寺院の床に、慰霊に訪れた多くの日本人が書き入れたノートが置かれていた。そのノートのふと開いたページに、「私の父は、このアジアの大地の何処かに眠っている」と書かれていた。

私が、キン・ニュン第一書記に、最初に会ったときに言ったことが、ミャンマーの各地に、戦歿した日本軍兵士を弔う多くのパゴダや慰霊碑が建てられており、ミャンマーの人々が、今も花や線香をたむけて供養してくれていることへの感謝だった。

何度目かの会見の後に、キン・ニュン第一書記は、あの時、シンゴは軍人なんだと思ったと言った。その後の彼との最後となった会談が終わり、退出しようとドアに向かって歩いたとき、彼が、「シンゴ」と呼んだ。振り向くと彼は、床を見ていた。そして、顔を上げて私を見つめて言った。「次に、ミャンマーに来たとき、僕がヘリで少数民族がアヘンを栽培している山岳地帯を案内するよ」と。しかし、この約束は叶わなかった。キン・ニュンは軍事政権内の抗争で失脚したからだ。

数年後、パガン近くの見晴らしのいい高原にある小屋に泊まり、翌朝、遙か西を眺めた時、彼方に朝日に輝くアラカン山脈が見えた。インド領のイギリス軍が支配するインパールとコヒマを攻略して蔣介石支援ルート（援蔣ルート）を切断し、同時に、インド国民にイギリスからの独立を促す、壮大なインパール作戦に参加した数万の日本軍兵士が越えていったアラカン山脈だ。彼ら日本軍将兵は、手前に流れる渡河困難なチンドイン川を渡り、車両の通れない山道を銃器を担い砲弾を背負い大砲を曳いてアラカン山脈を越えていって帰らなかった。

その幾万の将兵の霊に、思わず合掌し目を瞑った。その時、天地が灼熱に染まったような圧倒的な真紅の光が我が瞼の裏に輝いた。アラカン山脈を越えて戦歿していった全将兵の霊が、一挙に時空を越えて、我が周りに来てくれたのであろうか。私は、彼らの霊に、一心に、祈った。幾度もビルマを訪れたが、この時が、一番忘れ得ない不思議で強烈な体験だった。

インパール作戦は愚劣であったとの評価が戦後の主流である。しかし、アラカン山脈を越えてインドにいるイギリス軍に向かって進撃し、要衝のインパールとコヒマ直前に肉薄した決死の日本軍の姿は、インド人の、イギリスからの独立のエネルギーに強烈なインパクトを与えたのだ。

また、イギリス軍の総司令官マウントバッテン将軍は、戦後、ネパール国王の戴冠式において、日本から出席した皇太子殿下（現在の上皇陛下）に対して、日本軍を讃え、「あれほどの苦難のなかで規律を失うことなく戦う日本軍の如き精強な軍隊は、二度と再び地球上に現れないでしょう」と語った。

以上、西はインドから東に南北に広がる広大なアジアの大陸と、インド洋と太平洋の海洋の島々に及ぶ日本軍の広大な展開域と戦闘域を観れば、やはり、この戦争は、インドと東南アジアの運命を変えた大東亜戦争と呼ぶべきである。我が国は、アメリカと太平洋だけで戦ったのではない。

また、我々は、この広大なアジアつまり大東亜を眺めて、その欧米の植民地から脱却の歴史を知り、我が国の「戦後教育」が当然とする「自虐史観」から脱却すべきだ。

醜の御楯・重光葵

八月十七日に成立した東久邇宮内閣の外務大臣重光葵の任務は、連合国との降伏文書調印である。我が国は、ドイツのように政府組織が崩壊した無条件降伏ではなく、国家統治組織が機能して、連合国の発したポツダム宣言を受諾した上での有条件降伏である。

また、重光が行った降伏文書への署名は、日本国を「戦前」と「戦後」に分離する象徴的行為であった。そして、この「戦後」への扉を開いた重光は、同時に、「戦後」の我が国に君臨し、我が国の「戦後体制」を主導したD・マッカーサーという男と礼服を着た戦士として対決した最初の日本人となった。

八月二十七日の閣議に於いて、日本の降伏文書調印の全権は、陛下の思召しによって、「天皇陛下と日本国政府の命により且つ其の名において外務大臣重光葵」、そして、「日本大本営の命により且つその名において参謀総長陸軍大将の梅津美治郎」と決定された。

翌八月二十八日、アメリカ軍の第一次進駐部隊が神奈川県厚木飛行場に着陸し、二日後の八月三十日、連合国最高司令官（SCAP）D・マッカーサーが厚木に着陸した。降伏文書の調印の日取りは、当初は八月三十一日であったが、九月二日午前九時からに延期するとマッカーサー司令部より通達があった。

その場所は、かつて嘉永六年（一八五三年）、ペリー艦隊が東京湾に侵入して、その旗艦サスケハナが投錨した同じ地点に投錨したアメリカ海軍戦艦ミズーリ号である。

重光葵は、全権に決まった翌日の八月二十八日、夜行列車で伊勢を訪れ、斎戒沐浴の後、義足を右足にはめて、伊勢神宮の外宮で祈り、次に内宮で祈った。重光は手記に次のように書いている。

記者（重光）は、渾身の意気と忠誠とを以て降伏文書調印の大任に当たらんことを冀い、八月二十八日夜行で伊勢大廟を拝すべく西下した。
伊勢大神宮の参拝は日本人の宗教上の儀式であり、日本精神の問題である。
翌朝山田に着いたが、……沿道皆荒廃。破壊、焼失を免れたもの少なし。……
日本歴史はじまって以来の出来事である降伏文書の調印を前にして、心を籠めて祈願した。感慨頗る深し。何処もここも緊張して居た。

我国を造りましたる大神に　心をこめて我は祈りぬ

再び夜行にて帰京の途につく。

三十日朝車窓より相模湾頭無数の敵艦船の居並ぶを見る。敵機は既に京浜上空を蹂躙、示威しつつあるを目撃した。八月三十日朝は已に東京に帰って居た。

九月一日、御召しによって宮中に参内、拝謁。

左の如き勅語を賜った。

重光は明日大任を帯びて終戦文書に調印する次第で、其の苦衷は察するに余りあるが、
調印の前後の処理は更に重要なものがあるから、
充分自重せよ。

九月二日、重光は、午前三時、宿泊先の帝国ホテルで起床し、重さ十キロの陛下に戴いた義足を右足に付けてモーニングを着用し、シルクハットを持って総理官邸に向かった。

その出発の前に筆を持ち次の二首を書き残す。

ながらへて　甲斐ある命今日はしも　しこの御楯と我ならましを
願くは　御國の末の榮え行き　吾名さげすむ人の多きを

重光葵は、自分を千数百年前の防人が万葉集に遺した「しこの御楯」にして、アメリカ戦艦ミズーリ号に向かうのだ。

帝国ホテルをでた重光は、総理官邸で、大本営の梅津全権と合流し、随員の、外務省の三名、陸軍の三名そして海軍の三名とともに朝食をとり、午前五時首相官邸を出て、見渡す限りの焼け野原を見ながら横浜に向かう。そして、六時四十五分、横浜桟橋でアメリカ駆逐艦ランスダウン号に移乗して、東京湾上を進むこと小一時間、九時十分前、アメリカ海軍旗艦戦艦ミズーリ号の側に達し、ランチでミズーリ号の舷側に着き、上甲板の式場へと梯子をよじ登った。

重光葵

そして、上甲板に上がると、式場の正面に敵側各国代表が既に堵列していた。左側に写真班、右砲塔側に参観の各国将官等軍人が並んでいる。その中にはフィリピンで日本軍の俘虜となったウェーラント将軍やシンガポールで降伏したイギリスのアーサー・パーシバル将軍も並んでいた。

陸軍の随員であった杉田一次大佐は、パーシバルが、「あいつだ、あいつだ」と呟くのを聞いた。昭和十七年二月十五日のシンガポール要塞陥落時、降伏するイギリス軍のパーシバル司令官をブギ・バトックの旧フォード工場で待ち構えていた山下奉文第二十五軍司令官の横に、杉田一次大佐が立っていたのを、パーシバルは憶えていたのだ。

重光らは、正面中央に進み、大テーブルに向かって列んだ。

艦上声なく、暫時我々を見つめた。室外なれば着帽の儘で敬礼等の儀礼は一切なし。

敵艦の上に佇む一と時は　心は澄みて我は祈りぬ

九時、マッカーサー総司令官は、簡単な夏服で現れ、直ちに拡声器で二、三分の演説をした。

重光は、全権委任状と天皇の詔書写しを手交して、降伏文書本文に調印を了した。時に九時四分。

その後、ミズーリ号を、舷側の梯子を下りて離れ、来たときと同じように駆逐艦で横浜埠頭に帰る。

その時、「東京湾中より富士見事に見ゆ」と書いている。

十二時過ぎに総理官邸に帰り着き、そして、午後一時半、参内。降伏文書署名の報告文を奏上した。

陛下、御安心の御様子で、慰労の御言葉があった。

陛下は、重光に軍艦の上り降りは困っただろうが、故障はなかったかと御尋ねになった。

重光は、先方の態度は極めてビジネスライクで、特に友好的にはあらざりしも、又特に非友好的にもあらず、適切に万事取り運ばれた旨の印象を奏上した。その上で重光は、昭和七年四月二十九日の天長節に、上海で爆弾を投げ込まれたことを回顧して、手記に次のように書いた。

此の日、一つの爆弾身辺に破裂するもののなきのみならず、誰やらは「敗戦による勝利」であるとしきりに論じた。是から日本は立派なものとなってやっていけるのである。

しかし、その安堵は早過ぎた。

実は、これから、重光葵が、本当の「醜の御楯」にならねばならない正念場が迫っていたのだ。重光が、歌に詠んだ「しこの御楯」とは、次の万葉集の防人の歌にある。

「今日よりはかへり見なくて大君の醜の御楯とい出で立つ我は」

から来ている。

この「醜」とは、本来は、「すさまじい」、「頑強」という意である。動詞にして「醜る」とは「激しく力強く暴れる」ことである。つい最近まで、村祭りの時など、長老が、重い神輿を担ぎ、重い地車を曳く若者を、いきり立たせ、暴れさせる為に、「しこれ！」と檄を飛ばしていた。その「醜る」である。

礼服を着た戦士

重光は、降伏文書調印の大任を終えた二日の夜、疲れたので、ホテルで寝ようと思っていたところ、外務省の松本俊一外務次官や曽禰益参事官（後の民社党代議士）ら数人が、血相を変えて次々にやってきた。何故なら、重光等が戦艦ミズーリ号で降伏文書調印の為に海を行き来している時に、マッカーサー総司令部の連合軍兵士が、終戦連絡横浜地方事務所に来て、連合軍は翌九月三日午前六時を期して、日本に「軍政」を実施するという三通の布告文を手交していたからだ。

その布告は、日本政府を経由せず、直接日本国民に連合国が命令する形式で、

（1）連合国最高司令官が、日本国全域並びにその住民に対して、軍政を含む軍事管理を実施すること。英語を公用語とすること。

（2）日本の裁判所の機能を停止し、アメリカ軍の軍事法廷において一切の裁判を行うこと。

（3）日本の通貨の使用を禁じ、アメリカ軍の軍票を通貨として用いること。

と、あるではないか。

則ち、マッカーサーは、彼の父親（フィリピン駐留軍司令官、フィリピン植民地総督）が、フィリピンでやっていたこと、また、アメリカ人が、かつてインディアン居留地でやったこと、そして、イギリスやフランスやオランダが、かつてアジアやアフリカでしたことを、二十世紀に日本でしようとしたのだ。これは、米、英、中、ソの発した「ポツダム宣言」を我が国が受諾して成立した「有条件降伏」をマッカーサー一人が独断で「無条件降伏」に転換させる独善にして無法なることである。当然、これをやられれば日本政府がなくなる。さらに堪え難いことがある。「日本と日本人」が無くなる、則ち、國體が無視され、無くなるのだ。

この報告を受けた重光は、翌三日朝、横浜で、マッカーサー司令官と直接交渉をする決意を固めた。

そのうえで、岡崎勝男終戦局長官が、直ちに横浜に行き、サザランド参謀長と会うことになった。そして、岡崎局長は、二日深夜、横浜のニューグランドホテルで、参謀次長のマーシャル少将と面会した。岡崎局長は、「三日朝六時に、あのような布告を出されれば日本は大混乱になる」と熱意を込めて説明すると、マーシャルは、午前六時に出すことは延期すると応じ、後のことはマッカーサーが決定する、と岡崎に言った。

ここにおいて、まず、布告の発布は延期された。

そして、九月三日午前七時半、重光は、岡崎終戦局長官を帯同して横浜に至り、打ち合わせ通り、九時半頃総司令部（旧税関）で、岡崎局長を隣室で待機させ、一時間半にわたり、重光単独で、マッカーサー司令官及びサザランド参謀長と対談した。

その前夜、重光は、「戦死」を覚悟したはずだ。重光は、「手記」で、外交交渉を行う自分の思いを次のように書いている。

自分は戦場において討ち死にの覚悟である。
もし今日爆弾に斃れるとも、それは外交戦線の先端におるものの本望とするところである。
自分如きものが、それによって我が帝國の外交に何らかの魂を入れることができるのなら、望外の幸せである。

現実に、上海において目の前に爆弾を投げ込まれても動かず、平然と国歌「君が代」を歌い続けて右足を失った重光が、単独で総司令官室に入って、「握手もせずマック元帥とサザランド参謀長と鼎座した。」（手記）

則ち、マッカーサー側から見れば、右足に十キロの義足を引きずって、単独で毅然として部屋に入ってきた重光に、経験したこともない鬼気迫るものを感じ、ゾッとしたであろう。

そして、重光は、マッカーサーに、連合軍総司令官が日本に軍政を布くとの通知を受けたが、これは日本の現状に適せぬものであるから、これを撤回していただきたいと思って参上した、今その理由を述べるとして、五項目にわたって述べたと「手記」にある。

そのマッカーサーに対する主張の骨子は、表向き伝えられるところは、次の通りだ。

「ドイツと日本は異なる。ドイツは政府と行政組織が崩壊したから無条件降伏であったが、日本は政府と行政組織が機能していて、ポツダム宣言を受諾するという有条件降伏である。」

しかし、これではマッカーサーを説得できない。何故なら、マッカーサーはポツダム宣言を知らないから軍政の布告を出したのではなく、ポツダム宣言を知った上で、SCAP（Supreme Commander of the Allied Powers）となったこの男は、自分一人が、ポツダム宣言を「超える力」を持って無条件に日本に君臨する布告を出そうとしているからだ。

しかし、この傲慢で尊大な男は、三年七ヶ月前、本間雅晴中将率いる第十四軍の総攻撃に直面して、フィリピンのバターン半島から数万の部下を残して、自分だけオーストラリアに逃げた男である。

従って、このような男を翻意させるのは、「それをすれば、如何に恐ろしいことが起こるか」という恐怖心を与えるしかない。それを覗わせるのは、重光が、マッカーサーに布告を撤廃させる為に語った「手記」にある次の部分だ。

「若し然らずして日本国民の信念である天皇制を排撃し、日本の政治組織を蹂躙するにおいては、或は日本は混乱に陥るやも計られず。何となれば、天皇の命令せる終戦に対して心窃かに反対せし勢力も少なからず存在した情勢であったからである。」

そこで、ここにある「日本は混乱に陥るやも計られず」と語る重光の警告を聞いてマッカーサーは何を恐れたか。

それは、十七日前の八月十五日に、天皇が、ポツダム宣言を受諾したことを告げ、軍に積極侵攻作戦の停止を命令するまで、本土決戦のために死ぬ覚悟で、まなじりを決して待機していた本土の陸軍二百二十五万三千人、そして海軍百二十五万人が、SCAPである自分を殺すために立ち上がったら、どうなる、ということである。

大東亜戦争勃発時、フィリピンにいたマッカーサーは、ヨーロッパ戦線で一機も撃墜されていない自慢のB17爆撃機群をマニラに集めていた。しかし、十二月八日に始まった日米開戦初戦のたった二日間で、台湾の高雄基地から飛来した日本軍機によってそのB17群が壊滅し、十二月二十四日にリンガエン湾に上陸した日本の第十四軍も、とてつもなく強かった。

マッカーサーは、すぐにマニラを放棄してバターン半島に逃れ、翌年二月に、バターン半島からオーストラリアに脱出した。その悪夢の経験が、昭和二十年九月の今、天皇の命令があれば死に物狂いになる陸軍だけでも二百二十五万三千人がいる日本で甦ったのだ。

マッカーサーは、重光の説得を聞いて、恐怖に駆られて鳥肌がたったのではないか。もともと彼は、日本の厚木に飛来するときも、飛行予定日とルートを度々変えて八月三十日に飛来している。何故なら、彼が乗るバターン号はB17で、フィリピンではゼロ戦に目の前で次々に撃墜されていたので、公表した飛行予定ルートの何処かでゼロ戦に待ち伏せされることを恐れたからだ。そして、やっと厚木に着陸してタラップを降りてくるとき、マッカーサーのズボンの股は恐怖のために漏らした小便が染みこんで色が変わっていた。

かくして、連合国のSupreme Commanderになったマッカーサーは、日本のSupreme Commanderになろうと夢想していたが、九月三日午前、日本全権重光葵の一喝によって夢を覚まされた。そして、死を恐れぬ本土決戦の為に編成された二百二十五万三千の帝国陸軍が、横浜のホテル住まいの自分を殺しに来るという恐怖が湧き上がった。そして、軍政の布告を撤廃した。

マッカーサーは、諄々とアメリカの日本占領政策の在り方を説いた重光が退室する前に、「重光大臣、必要ならいつでも来て差し支えない」と言った。

そして、会談開始時には握手しなかった二人は、堅く握手した。

日本占領に浮かれていたマッカーサーは、重光に諭されて正気に戻ったかの如く見える。しかし、マッカーサーは、自分が軍政を敷こうとしたこと、九月三日に重光に説得されて軍政を撤回したことは、完全に無きものとして「マッカーサー回顧録」に書いていない。

書いていないどころか、福富健一著『重光葵、連合軍に最も恐れられた男』（講談社）によると、マッカーサーは、九月三日に重光が真剣に主張したことを、もともと自分の考えであり、自分が実行しようとしていたことであるかのように書いている。『マッカーサー回顧録』に曰く、

最高司令官に任命された瞬間から、私はその後、天皇と日本政府の機構を通じて実施しながら進めてゆくための政策を作り上げていた。

そして、次の通り、軍事占領を否定しているのだ。

軍事占領というものは、長く続き過ぎたり、最初から慎重に警戒することを怠ると、どうしても一方は奴隷になり、他方は主人公の役割を演じ始める。ほとんどの場合、新しい戦争の種をまく結果となる。

これは、重光がマッカーサーを説得するために、マッカーサーに言ったことではないか。このこと、マッカーサーも分かっているので、その後、重光は、昭和二十一年四月二十九日の天長節に「戦犯」として逮捕され、昭和二十三年十一月十二日、東京国際軍事裁判で禁固七年の判決を受け、昭和

二十五年七月の仮出獄まで、四年二ヶ月間、牢屋に入れられた。重光だけではなく、もう一人の全権である梅津美治郎大将も、戦犯として逮捕され、後に獄死している。

こうして連合国とマッカーサーは、人類の文明を明るい方向に転換する世界最初の有色人種の国際会議である「大東亜会議」を企画し、歴史的な「大東亜共同宣言」を起案し、マッカーサーを説得して軍政を撤回させた日本人を歴史から抹殺しようとしたのだ。

この重光という敗戦の日本のなかで、マッカーサーに強烈な恐怖に近い印象を与えた人物の存在を、自分の「回顧録」では無視しているマッカーサーという男の、育ちと性格を、如実に示す場所があるので記しておきたい。それは、アメリカ陸軍士官学校・ウエスト・ポイントだ。

まず、学校の敷地内に、マッカーサーのお母さんが、在学中の息子を見守るために住んでいたホテルがある。もし、東京の市ヶ谷台にあった日本の帝國陸軍士官学校の敷地内に、在校生のお母さんが息子を見守るために住むホテルがあれば、その息子はどういう軍人に育つのであろうか、見当がつかない。

次に、ウエスト・ポイントの資料展示室に入ると、マッカーサーが見守る中で、重光葵が全権として署名した日本の降伏文書が掲げられており、過去にはその横に、フィリピンで降伏した山下奉文大将が、アメリカ軍に差し出した軍刀が展示してあった。マッカーサーは、敗者を何時までも晒し者にして勝者である自分を誇示しているのだ。実にいやな性格ではないか（現在は山下大将の軍刀は撤去されている）。

なお、ウエスト・ポイントにある軍刀を所持していた山下奉文大将は、大東亜戦争開戦時、第二十五軍を指揮してマレー半島付け根のイギリス領コタバルに上陸し、数に勝るイギリス軍を粉砕しながら五十余日で千キロの熱帯ジャングル地帯を踏破してマレー半島南端のジョホールバルに達し、二月八日、北のジョホールバルから第二十五軍五万弱の兵力で、十二万のイギリス軍が守る要塞シンガポール攻略を開始して、二月十五日、シンガポールを陥落せしめた。

イギリスの東洋支配の牙城であり、ドイツ軍首脳が、開戦前にドイツを訪問した山下将軍に、「分析した結果、陥落させるには五個師団を投入して一年半の時間がかかる」と話したシンガポールが、一週間の攻撃で陥落したことは、数百年の白人のアジア支配の終焉の象徴であり世界史的大事件である。よって、これを為した山下奉文軍司令官は、世界史的名将である。

マッカーサーは、この名将がフィリピンで降伏したときに差し出した軍刀を母校に展示し、昭和二十一年二月二十三日に、フィリピンで囚人服姿のまま彼を絞首して殺した。その時、その処刑場に、シンガポール要塞を守っていて山下将軍に降伏したイギリス軍の司令官アーサー・パーシバル中将を呼び寄せて、山下将軍が殺されるところを見学させている。

また、マッカーサーは、自分をバターン半島に追い詰めた第十四軍司令官本間雅晴中将を、昭和二十一年四月三日、午前〇時五十三分、銃殺した。四年前の同日の同時刻、本間司令官が、バターン半島総攻撃を第十四軍に命じていたからだ。マッカーサーとは、実にいやな性格の卑劣な男ではないか。

こういう、まことに臆病なくせに執念深く尊大でいやな男が、我が国を占領統治して「戦後体制」をつくる連合国のSupreme Commanderとなって君臨していたのだ。従って、重光葵は、マッカーサーの軍政を中止させたが、このマッカーサーと握手して別れた重光を、マッカーサーは戦犯として逮捕したことで明らかなように、事態は決して楽観できない。

むしろ直接の剥き出しの軍政よりも、現在に続く後遺症は深刻である。何故なら、マッカーサー総司令部は、言葉はどぎついが分かり易いので言うが、日本占領統治の仕方を「強姦」から「和姦」に切り換えたからだ。その成果を象徴的に顕している事例が、多くの日本の庶民が、マッカーサーに宛てて送った、憧れのスターに送るファンレターの如くマッカーサーを褒め称える「マッカーサーへの手紙」という膨大な文書だ。

日本国内だけではなく、アジアの各所で、多くの日本兵が、イギリスやアメリカやオランダ等の捕虜収容所に拘禁され、監獄でしか分からない彼らの本質を知った。イギリスによってビルマのアーロン収容所に入れられた京都大学教授の会田雄次氏は、「アーロン収容所」という捕虜体験を書いた自著の前書きで、イギリス人に拘禁されて初めて分かったこととして、「彼らは怪物」であったと書いている。

よって、アメリカを中心とする連合軍の被占領下に入った「日本」も、怪物に統治されていたという観点を失わずに、日本の戦後体制の形成を見直し、そこからの脱却を実践しなければならない。

その為、まず彼らの論理を知るために、会田雄次氏が体験した怪物・イギリス人の論理とはどうい

本間正晴中将（中央）

山下奉文大将

うものであったのか、『アーロン収容所』にある二例を記しておく。

その一、イギリス軍は日本兵を収容する檻の隣にブタを飼う囲いを作った。そして、日本兵の食事よりも豪勢な餌をブタに食べさせた。日本軍将校がイギリス軍将校に要求した。「せめて、隣のブタが食べている程度の食料をくれ」と。すると、イギリスの将校が平然と答えた。「イギリス軍は非常に人道的である。ブタが食べているものを人間に与えることは出来ない」。

その二、イラワジ川の真ん中に、一日一度は冠水する中州があり、イギリス軍はそこに食料は中州において、イラワジ川の魚介類で自活することとして、日本軍捕虜を送り込んだ。但し、イギリス軍は、川に豊富にいる蟹はアメーバー赤痢を媒介するので食べるなという看板を立てていた。

捕虜達は冠水の際には、衣類が水に漬からないように手で持って水の中に立っていた。そして、水が引いた湿った土の上で眠った。魚はあまり捕れなかった。また、湿っているので火がおこせず総て生食だった。そのうち、ひもじさのあまり、多くの捕虜が我慢できずに豊富にいる蟹を食べ始めた。そして、数日後、確実に下痢を繰り返し、力尽きて頭を水に突っ込んで死んでいった。イギリス軍は対岸から双眼鏡でその様子を見ていた。そして、最後の一人が死んだのを見届け次の布告を出した。

「日本人は、衛生観念に乏しく、イギリス軍の再三の警告にも拘わらず、生で蟹を食べてアメーバー赤痢に罹患して全員死亡した。まことに遺憾である。」

我々が、その中で生まれて育った「戦後体制」と、そのシナリオである「日本国憲法」とは、以上の人道的に見せかけた冷酷な論理を駆使する人種が、「敗れない日本民族」を地上から永遠に無くす為に仕組んだ「からくり」なのだ。

第四章　戦後体制の形成

我が国の戦後と「日本国憲法」

形式的には我が国の戦後は、昭和二十年九月二日、我が国が降伏文書に調印して連合国の被占領下に入り、帝国陸海軍が武装解除をした時から始まる。そこで、まず、現在に至る日本の「戦後の体制」を顕かにする主要文書を掲げる。それは、「ポツダム宣言」、「降伏文書」、「検閲事項」、「日本国憲法」そして「サンフランシスコ講和条約」だ。

「ポツダム宣言」は、昭和二十年（一九四五年）七月二十六日発せられた。「降伏文書」は、同年九月二日署名された。「検閲事項」は、我が国を占領統治した連合国総司令部（GHQ）が実施した日本における言論の検閲項目である。

「日本国憲法」は、同二十一年二月にGHQの民政局局員によって九日間ほどで起草され、同二十一年十一月三日公布され同二十二年五月三日に施行された。そして、「サンフランシスコ講和条約」は、同二十六年（一九五一年）九月八日、サンフランシスコで署名され、日本の主権は、同二十七年四月二十八日を以て回復されると宣言した。これらが、我々日本人が生きる「戦後という時代」を決定づけたのだ。

同時に、「日本国憲法」が「日本国の憲法」としては無効であることが、これらの文書だけで、論理必然的に明らかになる。何故なら、それが公布され施行された時には、サンフランシスコ講和条約に明記されているように、我が国は連合国による「占領下という戦争状態」にあり我が国に主権が無かったからである。

よって、これらの歴史に刻まれた文書の存在をはっきりと認識しながら、「日本国憲法」を「日本の憲法」と思い込んでいる我が国の内閣と国会は、後世、世界から無責任、自国と自国民に対する裏切り者と侮蔑されるであろう。そして、これが、「戦後体制の正体」なのだ。つまり、戦後体制とは、マッカーサーを褒め称える（ゴマをする）「マッカーサーへの手紙」を書いた人々の体制なのだ。

まず「ポツダム宣言」は、第二次世界大戦の早期終結を望むアメリカが主導して、アメリカ、イギリス、中華民国首脳が、日本に降伏を勧告した宣言である。この宣言では、戦争終結の条件として、軍国主義の除去、領土と主権の制限、軍の武装解除、戦争犯罪人の処罰、連合国による占領など十三箇条を掲げている。我が国は、その後のアメリカ軍による二度の原子爆弾投下とソ連の参戦という事態に直面して、御前会議における「御聖断」によって同年八月十四日午後十一時、これを最終的に受諾した。「降伏文書」は、嘉永六年（一八五三年）、アメリカのペリー艦隊旗艦サスケハナ号が東京湾に投錨した同じ地点に投錨したアメリカ戦艦ミズーリ号の甲板上で署名された。その最終項に、

　　天皇及日本国政府の国家統治の権限は、本降伏条項を実施する為適当と認むる措置を執る連合国最高司令官の制限の下に置かるるものとす

と明記されている。

その上で、我が国を占領統治したGHQは、三十項目からなる「検閲事項」を決定して我が国の言論を検閲し不適格な言論を封印した。その「検閲事項」の冒頭から第四項目までは、次の通りである。

①SCAP（Supreme Commander of the Allied Powers、連合国最高司令官、つまりマッカーサー）に対する批判、

②極東国際軍事裁判（東京裁判）に対する批判、

③SCAPが日本国憲法を起草したことに対する批判、

④検閲制度への言及

この言論の検閲と同時にGHQが実施した「戦争への罪悪感を日本国民に植え付けるプログラム」（WGIP＝War Guilt Information Program）が、戦後の日本人を洗脳して狂わせた。

その狂った一つの例を挙げれば、検閲事項の冒頭で批判を禁じられたマッカーサーに対し、多くの日本人が「マッカーサーへの手紙」を送ったのだが、そのなかに、「あなたの子供を産ませて下さい」と書いた多くの日本人女性の手紙がある。狂った例を挙げればキリがないので、この一例だけで止める。

「サンフランシスコ講和条約」第1条は、

（a）日本国と各連合国との間の戦争状態は、第23条の定めるところにより、この条約が日本国と当該連合国との間に効力を生ずる日に終了する。

（b）連合国は日本国及びその領水に対する日本国民の完全な主権を承認する。

とあり、我が国は、本条約発効の日に主権を回復した。その発効は、昭和二十七年（一九五二年）四月二十八日である。

よって、昭和二十年九月二日から同二十七年四月二十七日までの我が国に主権が無い占領期間中（戦争状態）において、日本国民にとって「占領期最大の恐怖」といわれるのが、ポツダム宣言6条

日本国民を欺いて世界征服に乗り出す過ちを犯させた勢力を永久に除去する

に基づく公職追放であった。

追放された者は、軍人、政治家、財界人、学界、言論界、教育界等の二十一万人に上った。この追放によって、我が国の政界、官界、財界、学界、言論界そして教育界では、マッカーサーとGHQに迎合する者が、追放で空白になった主要ポストを独占することとなった。そして、この時に、日本が日本でなくなる最大の危機が仕組まれたのだ。

第二次世界大戦では、ドイツ帝国、オーストリア＝ハンガリー帝国、オスマン帝国、イタリア王国が消滅した。この世界的風潮の中で、GHQは、迎合する日本人を使って、「天皇の廃止」を画策した。また、これと連動するかのように、我が国内にも戦時中右寄りだった教育者、知識人、政治家の中に、天皇制廃止を主張する者がでてきた。

この時、ＧＨＱの初代労働課長カルピンスキーという男が、イタリアの労働運動家に共和制支持者が多く、これがイタリア王政廃止につながったのに倣い、日本の松岡駒吉や西尾末廣という労働運動指導者をＧＨＱに呼び出して、「労働運動の出発には、先ず天皇を退位させよ」と迫った。

その時、西尾らは、「日本は天皇を必要とする。天皇を追放したら日本は大混乱に陥る」とキッパリ断った。彼らのこの拒絶によって、ＧＨＱの天皇廃止の妄動は止まった（梅澤昇平著『皇室を戴く社会主義』展転社）。この西尾末廣らは後に自民党より右と言われる民社党を結成してゆく。

しかし、ＧＨＱの「数世紀にわたった封建的圧政の下、日本国民を奴隷化してきた経済的桎梏を打破する」という指令が「農地改革」として実施され、日本社会の文化的な力の源泉である村落共同体の伝統的秩序が解体された。

ＧＨＱは、日本の農民を、帝政ロシアの「農奴」の如くに表現しているが、日本の農村こそ、現在に続く日本の文化伝統そして道徳を育んできた共同体であり、幕末から日本を訪れた欧米人が、奇跡を見ているように驚いた、比類無き平和で秩序がある穏やかな共同体であった。

さらに、その日本の伝統的秩序解体の最大のものが、ＳＣＡＰが書いた「日本国憲法」なのだ。前記の通り、ＣＨＱは、検閲事項の第一及び四によって、ＳＣＡＰに対する批判を禁じ、ＳＣＡＰが日本国憲法を起草したことを日本国民に知らせなかった。何故なら、その日本国憲法起草の目的は、日本を二度と再び連合国の脅威にならないように永久に弱小国に留め置くことにあったからだ。

同時に、ＧＨＱは、この「日本国憲法」を、日本人が喜んで受け入れるように、徹底的なＷＧＩＰ

を推進して日本国民を洗脳し、前記の通り「マッカーサーへの手紙」を送るまで狂わせた。

しかし、何度でも指摘するが、そもそも「降伏文書」と「サンフランシスコ講和条約」によって明らかなように、昭和二十年九月二日から同二十七年四月二十七日までの間、我が国には主権がなかったのである。主権が無い時に、国家の最高法規である「憲法」を制定することはできない。よって、我が国に主権がない時に、SCAP（マッカーサー）が、GHQ民生局の手下に書かせて、大日本帝国憲法の改正に偽装した「日本国憲法」は、我が国の憲法としては無効である。無効であるから廃棄して忘れるしかない。

石原慎太郎の明言

令和四年二月一日に亡くなった石原慎太郎は、平成二十四年六月十三日、東京都議会の本会議において、一般質問に立った土屋敬之《たかゆき》都議会議員の「石原知事の憲法無効宣言、領土と国を守る権利と憲法の条項に関してのご見解をお伺いいたします」という質問に、明確に、東京都知事という公人として初めて答えた。

今は亡き石原が、自分の言葉でざっくばらんに話した、深い叡知に裏付けられた歴史的発言を、速記録の通りに次に記しておきたい。

私の親友でありました村松剛君がカナダの客員教授で二年ほど行っておりまして、帰ってくる途中に近くのニューヨークに寄って、アメリカの代表的な新聞でありますニューヨークタイムズの、日本が降伏したときとドイツが降伏したときのエディトリアル、論説を、社説をコピーして持ってきてくれました。

ドイツの場合には、これは非常に優秀な民族なんですね。

ナチスのドイツによって道を間違ったが、彼らは必ず国を再建するだろう。

この優秀な民族の再建のため、私たちはあらゆる手だてを講じて援助をしようと。

残念ながら、戦後、ドイツは分割されましたが、やがて統一されましたが、そういうことで、アメリカを含めた連合軍はドイツの復興に協力した。

日本の場合はがらっと違うんです。全然違うんです。

漫画が添えられていまして、その漫画は、この建物の半分ぐらいあるような巨大な化け物がひっくり返っていて、ナマズに似た、クジラに近いよう大きな化け物ですが、そのあんぐりあいた巨大な口の中に、ヘルメットをかぶったアメリカの兵隊が三人入って、やっとこでそのきばを抜いている。

論説には、この醜くて危険な怪物は倒れはしたが、まだ生きている。

我々は世界の平和のために、徹底してこれを解体しなくちゃならぬということでアメリカの統治が始まった。

そのために、一つの手だてとして今の憲法がつくられた。それを私はなぜか知らぬけど、とにかく今まで墨守してきたわけでありまして、この憲法というものは間違った点、汚点、マイナスなんていうのはたくさんありますが、これを改正する必要はないんです。

改正なんかを唱えているから時間がかかるんだ。これはしっかりした政権ができれば、その最高責任者が、とにかく国民の一番の代表として、この憲法は認められないと。

ゆえに、私たちはこれをようするに捨てる、廃棄する。廃棄という言葉が強いんだったら、どうもそぐわないカップルが、このままいくと決して幸せになれないから、私はこの女性と別れます、私はこの男と別れます……この憲法から別れたらいいんですよ。その判断をすればよろしい。国民はそれを必ず是とするでしょう。いろんなマイナスがあるんですから。

「日本国憲法」は、アメリカが、日本という危険な怪物を世界の平和のために徹底してこれを解体するための、一つの手だてとしてＳＣＡＰが起草して占領している日本に「日本の憲法」として押しつけたという石原の答弁は、真実である。

そして、この押しつけられた「日本国憲法」を、洗脳された日本人が「日本の憲法」として扱い始めてから七十五年が閲していることもまた現実である。では、七十五年が経てば、その中で生きてきた人間はどうなるか。一例を示す。「戦後体制」とはこういうもんだ、と示す好例だ。

大学の教授になって学生に行政法を教えている学生時代の同級生がいる。

久しぶりに同窓会で彼に会ったので言った。

「行政法の土台に『憲法』がある。

しかし、この『憲法』は日本が占領されているときに外国人が書いたもので無効じゃろが」

彼は笑って答えた。

「そんなことは考えない。考えたら、メシの種が無くなるじゃねえか」

憲法に忍び込ませてある日本解体の装置

GHQは、日本という「危険な怪物」を徹底して解体するために、「日本国憲法」において、戦前と戦後の日本の連続性を巧妙に切断している。

例えば、前文には

「政府の行為によって再び戦争の惨禍が起ることのないようにすることを決意し」

とか、

「これは人類普遍の原理であり、この憲法はかかる原理に基づくものである。われらは、これに反する一切の憲法、法令及び詔勅を排除する」

とある。

これは、戦前の日本は、「戦争の惨禍」を起こした国であり、「人類普遍の原理」に反する邪悪な国であったという前提からの立論であり、日本を「邪悪な戦前」と「正当な戦後」に分離して、国民に自己否定を強制して、マッカーサーに占領してもらってよかったと思わせている。

また、「憲法」は、日本における一人ひとりの国民の理想的な在り方を、国や社会や家族そして歴史や伝統や習俗に影響され縛られることのない存在、則ち、国や社会や家族、そして歴史と伝統からも影響を受けない「個人」になれと命じている。憲法十三条の「総て国民は、個人として尊重される」という文言がそれだ。この害悪は計り知れない。この条文は、日本人は、日本の歴史や伝統や共同体から縛られることのない「砂粒のような存在であるべきだ」と宣言した規定である。

これこそ、日本の天皇を戴く国家共同体という生命体の要《かなめ》に注入された共同体を崩壊させる窃かな起爆装置である。

日本人とは、日本の天皇を戴く歴史と伝統と家族と地域共同体のなかで育ち「人となる」のである。周囲とは隔絶された「無菌室」で生命は生まれ育つことはできない。

このこと、さすが、イギリス人は分かっている。イギリスの法格言に、我が家は城である。

雨や風は入ることができる。

しかし、国王は入ることは出来ない。

とある。

つまり、「家」という城があってこそ「人権」が守られるのだということだ。前記、アメリカ人が書いた日本国憲法十三条と正反対ではないか。

さらに、我が日本の肇国つまり国の始まりが「天照大御神の天壌無窮の神勅」なのであるから、我が国における究極の政治、則ち、まつりごと、は「神事」なのだ。従って、憲法二十条の「政教分離」は、日本を日本でなくす謀略によって書かれた条項である。

一神教のキリスト教世界でも、アメリカの大統領就任式では聖書に右手を置いて宣誓して大統領に就任する。イギリスの国王は教会で就任し、国王の葬儀は教会で行われる。フランスのド・ゴール大統領の追悼ミサはパリのノートルダム寺院で行われた。しかし、我が日本の國體と肇国の神秘に深く関わる宮中祭祀が、皇室の私事で、国は関与できないとはおかしい。我が国の最重要の祭祀において欺瞞を続けることは亡国につながる。

そして何よりも、憲法九条の

陸海空軍その他の戦力はこれを保持しない。国の交戦権はこれを認めない。

とは、最も露骨な日本に対する敵意に満ちた条項と言わざるをえない。これ、まさに、日本を軍事占領している連合国と日本との「戦争状態」（サンフランシスコ講和条約）の中で、敵国が書いた典型的な条項と断定できる。

その上で、「日本国憲法」のGHQの草者は、日本人が絶え間なく「日本」を攻撃し続けることが出来るように違憲立法審査制度として「違憲訴訟」の条項を入れている（九十八条）。

これは、GHQが、日本を弱体化させ二度と再び脅威にならないようにするために書き込んだ条項を道具にして、「違憲訴訟」を提起できるのであるから、現実に提起された違憲訴訟の系譜は、GHQの狙い通り訴訟の名を借りた「反日運動」そのものである。次に、その例を挙げる。

○憲法第九条（戦争放棄）に関する違憲訴訟

①砂川事件第一審判決（東京地裁・１９５９年3月３０日・伊達判決）

アメリカ駐留軍は９条２項に違反する。

②長沼ナイキ基地訴訟（札幌地裁・１９７３年9月7日・福島判決）

自衛隊は９条２項に違反する。

○憲法20条３項（政教分離）に関する違憲訴訟

①津地鎮祭事件第一審判決（津地裁・1967年3月16日）＝合憲
控訴審（名古屋高裁・1971年5月14日）＝違憲
上告審（最高裁・1977年7月13日）＝合憲
②愛媛県玉串料訴訟第一審判決（1989年3月17日）＝違憲
控訴審（名古屋高裁・1992年5月12日）＝合憲
上告審（最高裁大法廷・1997年4月2日）＝違憲

他に、近年、憲法十三条（個人の尊厳）を根拠として、女同士や男同士の婚姻届が受理されないのは違憲だとする奇妙でグロテスクな訴訟が増えつつある。

以上を総合して、「日本国憲法」と題する文書そのものが、GHQの「日本解体の謀略」と断定する。さらに、この「謀略」は、ボルシェビキ革命の指導者であるレーニン主導の、文化破壊政策、則ち、伝統的価値観の破壊政策に淵源するものだ。

そして、このレーニンの伝統破壊政策が、形を変えて明確にその現在的な姿を現してきている。それは、近年、何気なく、また、新鮮な感じで耳に入る「多様性社会」また「多文化共生社会」への礼賛である。しかし、これは、現実には伝統的道徳律と宗教や家族の否定を目指す社会運動なのだ。そして、その武器が「日本国憲法第十三条の個人の尊厳」である。

次に、石原も触れていたが、ドイツ人は、その基本法の中に、「占領中に制定せられた法律は、占領解除後は無効とする」という一項を入れている。さすが、ドイツである。敗戦と占領を幾度も経験しただけのことはある。よって、七十五年が経過したとはいえ、今でも遅くはない。我が国も、「占領中に制定された憲法は無効である」と宣言しようではないか。

それを、最高責任者が、「これは憲法ではない」と明言するまで待つのではなく、石原が自ら実践したように、日本人である我ら一人ひとりが、それぞれ、世界の常識に従って、「占領中に制定された憲法は無効である」という認識を持って公言し続けなければならない。

せめて、陸海空自衛隊は、我が国の陸海空軍であり、よって、我が国は交戦権を行使する、という決意を持ち、今から高性能ミサイルの増強と空母機動部隊と強襲揚陸艦の保有を開始し、同時に国民が住む都市の対ミサイル強靱化を実施しないと、令和四年二月二十四日に勃発したウクライナ戦争で明らかなように、動乱期に入った世界情勢のなかで我が国の存立と国民の命が危うい。

第五章　太古に法源をもつ真の憲法

太古からの真の憲法

先に、ＳＣＡＰが起案した「日本国憲法」は元々無効だと確認した以上、その逐条解説は止める。何処の馬の骨か分からんＧＨＱのマッカーサーの手下が書いた無効の文書に付き合う時間はないし、非生産的で、第一、あほらしいではないか。

それよりも、今こそ、我らに求められるのは、既に太古から不文の形で存在する「我が国の真の憲法」を見つめることだ。

およそ、憲法を含む法の「存在の仕方」として、一定の手続きを経て紙に書かれた「法典」として存在するものと、そのような手続きを経た「法典」ではないが、長年の習慣や掟《おきて》として実質的に存在するものがある。

前者を「形式的意味の法」、後者を「実質的意味の法」と呼ぶ。憲法に於いては、前者は「成文憲法」もしくは「憲法典」であり、後者は「不文の憲法」である。

我が国の「成文憲法」は、明治二十二年（一八八九年）二月十一日に公布され、翌明治二十三年十一月二十九日に施行された「大日本帝国憲法」であるが、我が国の「憲法」は、この時に初めて誕生したのではない。太古からの「不文の憲法」が我が国に存在する。

井上毅というグランドデザイナー

ここで、「大日本帝国憲法」の起草者である井上毅に注目したい。彼は、天保十四年（一八四三年）に熊本藩士の子として生まれ明治二十八年（一八九五年）に五十一歳で亡くなるが、欧州留学から帰国するや日本の古典研究に没頭して「大日本帝国憲法」を起草した。

彼は、「明治国家形成のグランドデザイナー」と呼ばれた。また、徳富蘇峰は「彼はまことに国家の為に、その汗血を絞り尽くしたる也」と讃えた。彼は、「大日本帝国憲法」の主たる起案者のみならず、「皇室典範」、「教育勅語」そして「軍人勅諭」の起案に参加した。その井上の信念は、日本固有の文化と伝統の重視である。

井上毅

井上毅は、少年の時から学問に秀で、フランス語を習得してフランスとドイツに留学して学ぶが、ナポレオン法典などに心酔することなく、留学して却って日本固有の文化や習慣や伝統に注目するようになる。それ故、帰国してからは、古事記や日本書紀そして飛鳥時代から平安前期の歴史書である続日本紀や日本後紀などの六国史、さらに萬葉集、令義解、延喜式、大日本史や新論等々の学習に没頭した。この時、井上毅は、我が国の古典、則ち「不文の憲法」を学んでいたのだ。

そのうえで井上は、古事記が、国譲りの物語において、大国主の「うしはく国」と天皇の「しらす国」の二つを明確に分別していることから、「うしはく」と「しらす」の統治理念の違いに着目し、「大日本帝国憲法」の第一条を「日本は萬世一系の天皇のしらす所なり」と起案した。

しかし、あまりにも「日本固有の表現」であることから、伊藤博文らの計らいで「萬世一系の天皇之を統治す」と改められた。また井上は、当然、ナポレオン法典を翻訳して我が国の民法を作ろうとする江藤新平と対立した。

この井上毅が起案した「大日本帝国憲法」は、我が国の「不文の憲法」を文字化（法典化）したものだと言える。従って、明治神宮を編者とする「大日本帝国憲法制定史」を著した大日本帝国憲法制定史調査会の委員長である大石義雄京都大学名誉教授は、昭和五十四年三月、同書の跋文を次の通り締めくくられている。

大日本帝国憲法は、現憲法から見れば旧憲法である。
しかし、社会は刻々として変わる。占領目的達成の手段として作られた現憲法も、いつまでもつづくというわけにはゆかないのであり、いつかは変わらねばならないだろう。
その時は、大日本帝国憲法の根本精神が新憲法の名においてよみがえってくるだろう。
この意味において、大日本帝国憲法はこれからの日本の進路を示す光として今も生きているのである。

我が国には、肇国の太古から日本の根本精神である「不文の憲法」が存在する。その「不文の憲法」が、井上毅が起案した「大日本帝国憲法」に体現されている。従って、占領目的達成の手段として作られた現憲法が廃文となっても「大日本帝国憲法」は今も生きている、と大石義雄博士は言われているのだ。

その「大日本帝国憲法」の基盤であり土台である我が国の「不文の憲法」を知る為に、我らは、日本列島の二万年に及ぶ旧石器から縄文期に育まれた、「日本」という人類史における奇跡の如き肇国の歴史への探訪を開始しなければならない。その肇国の物語のなかに、現在に至る日本の国の在り方を示す規範、則ち「我が日本の真の憲法」の源泉がある。

およそ国家が存在すれば、必ず、その国家の在り方を示す根本の規範が不文の形で存在する。それを紙に書いて「憲法典」を作るのは十八世紀の後半に、暴力と無秩序のなかで、国王の首を斬って、革命だ、新たな時代の到来だ、と騒いだ近代ヨーロッパの、主にフランスから流行し始めたことにすぎない。

従って、この流行のなかで、誰かが紙に「憲法」を書いたら、その紙に書かれた通りの国が出来上がると錯覚する「危険で愚かな妄想」が必然的にでてくる。つまり、暴力革命を起こした共産主義者が「人民共和国憲法」を書き、プロレタリアート独裁の理想国家が出来上がったと宣言し、日本を軍事占領したＧＨＱの連中が、「日本国憲法」を書いて日本が永遠に自分たちの脅威にならない無害国家に留まるとしたのは、その「危険で愚かな妄想」のなせることだ。

さらに卑劣なのが、このGHQに媚びへつらったGHQ占領下の日本人エリート達だった。戦後の被占領中、エリートは、GHQに同調すればするほど出世できた。反対にGHQに刃向かったら追放された。追放された元将校達と家族の、戦禍で疲弊した日本社会のなかでの生活苦を知れば、GHQによる追放は過酷な復讐であった。従って、その復讐を免れて追放されなかった戦後のエリートは、高位高官になればなるほど、GHQと同じ心を持ったのだ。彼らを敗戦利得者という。

GHQは、主に政財界と軍人そして教育者二十一万人を追放したから、この追放を免れて残った者の多くは敗戦利得者になった。従って、GHQと敗戦利得者に運用される被占領下の戦後日本においては、我が国の戦前と戦後の連続性は切断された。そして、戦後のマッカーサー憲法（日本国憲法の別名）こそ、邪悪な戦前から日本国民を解放した真の日本の憲法であるとされ、戦前戦後の連続性、太古からの連続性を維持する萬世一系の天皇を戴く日本民族の特性を自覚させる教育は排除・封印された。

実質的意味の憲法

ここで改めて地図を見れば、我が日本は、王朝の興亡の度に殺戮を繰り返してきたユーラシアの東の中国大陸の半島から、最も近いところで二百キロの海によって隔てられた日本列島にある。また日本列島は、ユーラシアの西端のヨーロッパが経験したゲルマン諸民族の移動による混乱状態とも無縁であった。さらに、このヨーロッパで居づらくなった連中や、異教徒を奴隷として売却し、異教徒のもつ金銀を奪って大儲けを狙う連中が、十六世紀から南北アメリカ大陸やアフリカやアジアに押し寄せて荒らし回り、移り住むが、日本は遙かに遠いので、彼らに押し寄せられることはなかった。

従って、我々日本民族は、世界諸民族の中で、原始から現在に至るまで、同じ日本列島に住む民族の連続性つまり民族生命の無限流動の姿を維持していることを自覚しなければならない。これは則ち、「民族の個性」つまり「日本の不文の憲法の源泉」が今も健在であることを実感し確認することに他ならない。

よって、改めて、日本という民族と国家の根本規範を醸成する母体である旧石器時代に始まる太古の民族の姿を見つめたい。すると、我が国の一万五千年前の縄文集落遺跡の世界的に稀有な特色は、集落を囲む防御壁がないことだと気付く。これは、太古から、日本列島のなかでは、ほかの集落の人を、敵視することがなかったという証ではなかろうか。そして、このことが、現在の「日本は天皇を戴く一つの家族の国」の意識につながってくる。

まず、生涯を古事記研究に費やした江戸時代の国学者本居宣長（一七三〇年～一八〇一年）が、我が国における「国を治める」ことを表す古代の言葉が、二つあることを明らかにした。

その二つの言葉は、「うしはく」と「しらす」である。前記の通り、「大日本帝国憲法」の起草者である井上毅は、この二つの言葉の統治理念の違いに着目し、大日本帝国憲法の第一条において「日本は天皇のしらす国」と表記したのだ。

古事記によると、高天原におられる天照大御神が、御子を、豊葦原の瑞穂の国である日本に遣わされるのに先立ち、まず建御雷神《たけみかずちのかみ》を差し向けられた。

建御雷神は苦労を乗り越えて遂に出雲の海岸に上陸し、その地方を治める大国主神に面会して、国を譲れとの談判を開始するが、その冒頭に、古事記原文では、次のように言う。

「汝之《ながが》 宇志波祁流《うしはける》 葦原中国者《あしはらのなかつくには》、我御子之《あがみこの》 所知國《しらさむくにと》 言依賜《よさしたまへり》、故汝心奈何《かれながこころいかにぞ》」

あなたの「うしはいて」おられる葦原の中つ国は、我が御子の「しらす」べき国である、と天照大御神が申されているが、あなたのお考えは如何であるか、承りたい。

則ち、国譲りの物語とは、大国主神が、天照大御神の御意向に従って、自分の「うしはく国」を、天照大御神の御子が「しらす国」にすることだった。そこで、その「うしはく」と「しらす」という二つの言葉の意味は次の通りだ。

「うしはく」とは、或る地方の土地と人民を、我が私有物として、領有し支配すること。

「しらす」とは、人が外物と接する場合、則ち、見るも、聞くも、嗅ぐも、飲むも、食らうも、知るも、みな、自分以外にある物を、我が身に受け入れて、他の物と我とが一つになること、則ち、自他の区別がなくなって、一つに溶けこんでしまうこと。

この「うしはく」の言葉では、治める人と、治められる人との両々対立する二つの人格の存在が考えられるのに反し、「しらす」の言葉では、治める人と、治められる人とが、合体融合して、ここに、一つの新たな人格が形成されるのである（木下道雄著『宮中見聞録』より）。

そのうえで、縄文の集落遺跡を囲む障壁がないという世界的に稀有な特色を思い返せば、この日本における「しらす」という言葉は、一万年を超えて営まれてきた「身内」と「よそ者」の区別をしない集落の在り方、つまり、人々の生き方の中から生まれてきたのではなかろうか。則ち、「天照大御神の天壌無窮の神勅」は、日本列島における一万年を超える縄文期に醸成された意識のなかで発せられたものだ。

そこで、天照大御神の御意向を、建御雷神から伺った大国主神は決断する。

自分が領有し支配してきた豊葦原の瑞穂国の土地と人民を、天照大御神の御子の家族にして、御子と人民が自他の区別がなくなって一つに溶け込んでしまうありがたい国にしようと。

大国主神は、自分の一族と民の未来永劫の幸せの為に、自らを天皇のしらす国に委ねたのだ。従って、我が国の「国譲り」の神話は、戦国時代の「国盗り物語」が太古にもあったという次元ではない。大国主神自身も大国主神がうしはいていた人民も、等しく天照大御神の御子、則ち、萬世一系の天皇のしらす家族になり、亡びることなき幸せな民の住む、亡びることなき国になる物語である。

これが、まさに「天照大御神の天壌無窮の神勅」の実現なのだ。

天照大御神　天壌無窮の神勅
豊葦原《とよあしはら》の千五百秋《ちいほあき》の瑞穂國《みずほのくに》は、是吾《あ》が子孫《うみのこ》の王《きみ》たるべき地《くに》なり。
宜しく爾皇孫《いましすめみま》就《ゆ》きて治《しら》せ。
行矣《さきくませ》。寶祚《あまつひつぎ》の隆《さか》えまさむこと、當《まさ》に天壤《あめつち》の與窮《むたきわま》り無かるべし。

そして、この日本が「天照大御神の天壌無窮の神勅」に基づく国であるとの日本人の自覚が、危機において「神州不滅の確信」となって我が国を守ってきた。間近くは、安政六年（一八五九年）十月二十七日に江戸の小伝馬町牢屋敷内で斬首される吉田松陰が、その十六日前の十月十一日、獄中から友人に次の「神州の不滅」を確信する手紙を送っている。


天照の神勅に日嗣《ひつぎ》之隆與天壌無窮と有之候ところ、神勅相違なければ日本は未だ亡びず。

日本は未だ亡びざれば正氣重ねて発生の時は必ずあるなり。

只今の時勢に頓着するは神勅を疑ふの罪軽からざるなり。

皇神《すめかみ》の誓ひおきたる國なれば正しき道のいかで絶ゆべき
道守る人も時には埋もれどもみちしたえねばあらはれもせめ　矩方

また、遙か神護景雲三年（七六九年）の宇佐八幡神託事件は、称徳天皇に取り入って皇位を狙う弓削道鏡を、皇位につけるか排除するか、皇統の重大問題であったところ、宇佐八幡に使者にたった和気清麻呂が、決死の思いで次の神勅を都に持ち帰って、道鏡を排除し、皇統を守った。

我が国開闢以来君臣の分定まれり、臣を以て君と為すこと、未だあらざる也。
天津日嗣は必ず皇緒を立てよ、無道の人は宜しく早く掃除すべし。

以上の吉田松陰の手紙と和気清麻呂が持ち帰った神勅にある日本の國體への確信は、「天照大御神の天壌無窮の神勅」に基づいており、これは我が国の開闢以来の根本規範・根本的確信である。

昭和天皇は、この我が国の根本的確信を、昭和二十年八月十五日の正午、玉音によって

茲ニ國體ヲ護持シ得テ、
確ク神州ノ不滅ヲ信シ、
誓テ國體ノ精華ヲ發揚シ

と、三度にわたって全国民に伝達された。

そして、この詔書に副署した阿南惟幾陸軍大臣は、同日未明、絶命の直前に

神州不滅ヲ確信シツヽ

と遺書に記した。

また、大国主神を祀る出雲大社に参拝された皇后陛下（現、皇太后陛下）は、出雲大社内の碑に刻まれた次の尊い御歌を詠まれている。

国譲り祀られましし大神の奇しき御業を偲びて止まず

まことに国譲りとは、天照大御神の天壌無窮の神勅を実現して日本を誕生させる奇しき御業である。ここから「天皇のしらす国」である日本が生まれた。

そして、この日本においては、萬世一系の天皇と国民が家族のように自他の区別なく一体なのであるから、危機において、御国のために自分は死んでも生きるし、よく死ぬことがよく生きることとなる。則ち、楠木正成の「七生報国」は、我が国において真実であり、国民の根本的確信なのだ。

つまり、天皇を戴く家族である日本人は、死んでも家族の中に生きている。これが、神州不滅である。戦場で戦死してゆく兵士は、最後に「天皇陛下萬歳！」と叫ぶと言われている。これは、「不滅の神州のなかに生きる」という確信の叫びなのだと思う。

従って、我が国家と国民は、この思いを以て二十世紀の大東亜戦争を戦いぬき、欧米の植民地支配を打破してアジア・アフリカ解放への道を拓き、欧米による人種差別を撤廃させたことを知らねばならない。

則ち、我が国は、大東亜戦争における戦闘には負けたが、戦争には勝利したのだ。

まことに、「天照大御神の天壌無窮の神勅」と「国譲りの物語」は、日本民族のなかに力強く生き通してきて、二十世紀に、人類史の転換を為したと言うべきである。

その上で、私は確信する。

二十一世紀には、我が国誕生の根本規範である「天照大御神の天壌無窮の神勅」と「国譲りの物語」は、人類全体を「一つの家の一つの家族」という方向に認識を転換させることになる、と。この度の、ロシアが仕掛けた十九世紀的でユーラシア的な露骨な領土拡張欲に基づくウクライナ戦争を目の当たりにして、ますますこの思いを深くする。

従って、太古における日本の誕生は、二十一世紀に、世界の未来を指し示す人類史的事件であったと言える。

我が国の「不文の憲法」

現在、我が国とイギリスは、「不文の憲法」の国である。他に、ニュージーランドとイスラエルも「不文の憲法」の国だ。但し、イギリスは自覚して「不文の憲法」を持つが、現在の我が国は、戦後の被占領下の特殊事情のお陰で明確に自覚はしていないが、厳然と萬世一系の天皇を戴いて「不文の憲法」を保持している。従って、この両国の一致した特色は、古き伝統と歴史と文化を継承して今日に至っているということだ。

世界の歴史を大観すれば、古代は、エジプト文明、メソポタミア文明、インド文明そして支那文明があり、次にギリシャ文明とローマ文明など、さまざまな文明と国家が存在し、興亡を繰り返してきた。近現代を観ても、北・中・南のアメリカ大陸とアジア・アフリカにあった部族と国々は、欧米の侵略により、フランスとロシアと中国は革命により、ドイツ、オーストリアそしてイタリアは敗戦により、その古き国の歴史を閉じてきた。

しかし、イギリスは、一〇六六年のウイリアムⅠ世によるノルマン王朝の創設以来、二〇二二年九月八日に即位したチャールズ国王に至るまで四十一人の国王が世襲の王統を継承してきた。

そして、日本は、一万年以上続いた縄文期を母体として生まれた神武天皇による建国から、現在の皇紀二六八二年の天皇陛下に至るまで、萬世一系、百二十六代の皇統が続いてきた。

つまり、イギリスでは、「マグナ・カルタ」以来の「不文の憲法」が継承され、日本では「天照大御神の天壌無窮の神勅」以来の「不文の憲法」が継承されてきている。

イギリスにおいても我が国においても、王統と皇統の継承と「不文の憲法」の継承は不可分である。

これに対して、「革命」で王統を断絶させたフランスの例を挙げれば、一七九一年の成文憲法から一九五八年の第五共和制憲法（ド・ゴール憲法）に至るまで、敗戦やクーデターや革命による流血のなかで、王制憲法や共和制憲法が繰り返し現れては廃棄され、成文憲法の総数は十五本を超えている。

そして、この成文憲法の変遷は、敗戦や革命や内乱に伴って為されるのであるから、その度に多数の国民が殺戮されている。例えば、一八〇四年のナポレオンによる帝政憲法、一八四八年の第二共和制憲法、一八五二年のナポレオン三世の帝政憲法、一八七五年の第三共和制憲法、そして一九四〇年のヴィシー憲法（フランス製ナチス憲法）等々である。これを観れば、その度にフランスの歴史と伝統が切断されていて、その渦中に生きてきたフランス人、まことに哀れではないか。

このフランスとイギリスを対比して明らかなことは、成文憲法では、社会構造の発展や社会諸情勢の変化や流動化という歴史的な変動に対応できずに政治的混乱が生まれてきたが、「不文の憲法」であれば「不文」であるがゆえに柔軟に事態の展開に対応し得てきたということである。

また、このフランスとイギリスの例を出さずとも、我が国の「天照大御神の天壌無窮の神勅」による萬世一系の天皇は、太古から、古墳時代、飛鳥、奈良、平安、鎌倉、室町、戦国、江戸時代を経て現在に至るまで百二十六代にわたって我が国の天皇なのだ。このこと、世界諸民族の興亡の中で、現に日本だけで、奇跡の如く起こっている。

次に、我が国の「不文の憲法」の体系を説明する前に、法の「存在の仕方」に関し、既に述べたことだが、日常経験する例が分かり易いので、次に挙げておきたい。

制限速度が「時速40キロ」と表示されている道路があるとする。しかし、そこを走行する車のほぼすべてが時速50～60キロで走行している。しかし、警察は時速70キロ以上で走行した車は検挙するが

70キロ以下では検挙しない。仮に、警察が時速42～43キロ以上で直ちに速度違反として検挙すれば車の大渋滞が起こり、人々は警察が社会正義をおこなっていると見做さない。

このような道路があるとすれば、この道路の「形式的な意味の法」は表示されている「制限速度は時速40キロ」であるが、「実質的な意味の法」は表示されていないが「制限速度は時速60キロ前後」だ、ということになる。

同様に、憲法にも「形式的な意味の憲法」と「実質的な意味の憲法」があり、前者が「成文憲法」として表示され、後者が表示されていない「不文の憲法」である。そして、我が国の場合は、「成文憲法」則ち「日本国憲法」は無効なのだ。つまり、我が国には、現在、「成文憲法」は存在しない。

よって、我が国は、根底に二千六百八十三年前の初代神武天皇による建国以来、地下水の如く継承されてきた「不文の憲法」をもつ国である。

そこで、次に、小森義峯博士の論考「日英両国における不文憲法の重要性」から、我が国の「不文の憲法」の存在意義とその法源を記したい。

我が国の「不文の憲法」の意義

先ず第一に、「不文の憲法」によって、国家の根本規範則ち國體と太古からの歴史と伝統と文化が護持される。我が国の國體は、皇祖天照大御神と、血統において、また、霊において、萬世にわたってつながりをもつ「天皇」つまり「天つひつぎ」を、国の最高権威として戴き、君民一体の姿で現在に至るまで民族の歴史を展開してきたことにある。

その天照大御神と天皇の、霊的継承の最深にして最大のものが大嘗祭の厳修である。則ち、令和元年十一月、今上陛下が大嘗祭を厳修されたということは、その時、天照大御神が今上陛下と一体になって今上陛下を通して、太古から現在に生き通されているということだ。ここに、我が国における「不文の憲法」の重要性と存在意義がある。

次に、「不文の憲法」によって、法的・政治的・社会的生活の安定が確保される。既に述べたように、我が国における違憲訴訟は、反日運動の道具に使われている。これに対して、「不文の憲法」ならば、違憲訴訟はない。従って、自衛隊を違憲とする判決が出た後に合憲の判決が出たり、神社に奉納する玉串料が違憲か合憲かで騒ぎになることもない。つまり、社会的な安定が確保される。

そして、既に太古から継承されている「不文の憲法」が存在するのであるから、押しつけられたアメリカ製翻訳憲法である「日本国憲法」を廃棄し無視するだけで、之に代わる憲法を新たに書いて施行する必要がない。つまり、厄介な「成文憲法の改正問題」など、イギリスにも日本にも無いのである。

そこで、「日本国憲法」を廃棄する方法であるが、至極簡単明瞭な先例がある。

それは、昭和二十三年六月十九日の衆参各議院における「教育勅語無効決議」である。この決議は、各議院の総議員の三分の一以上の議員の出席と出席議員の過半数の賛成により行われた。

さらに、もう一つの単純明快なる実例は、「無視し、忘れること」である。

その実例は、奈良時代に大陸の帝国であった唐から我が国に導入された「律令」だ。

承久の乱（一二二一年）を治めた鎌倉幕府の執権北条泰時は、京都の六波羅探題の弟北条重時に、京には、律令というものがあるようだが、俺たちには読める者がいないので、何が書いてあるのか知らない。

従って、そんなもので裁かれれば、山に入って猟師の仕掛けた猪穴に落ちるようなものだ。

よって、俺たちは、幕府の創設者である頼朝殿の下した先例や慣習に従うことにする。

という手紙「泰時消息文」を送って、聖徳太子の定めた「十七条の憲法」の三倍の全五十一条からなる「関東御成敗式目」を書いて武蔵野守と署名した。

すると、この「御成敗式目」は、武家にとどまらず公家も含めた全日本人の守るべき先例集として明治時代に入っても国民の規範となった。現在の民法にも影響を与えていると論じる研究者もいる。

他方、奈良時代の律令など、廃止の手続きはしていないが、当時も今も誰も知らない。

従って、この御成敗式目を制定する理由を記した「泰時消息文」の先例に倣って、

日本を占領していたアメリカ人が書いた「日本国憲法」にかかわっていたら日本国そのものが、山に入って猟師の仕掛けた落とし穴に落ちるようなことになる。

よって、我らは、そんなものは忘れる。

そして、神武天皇以来の神勅や詔勅そして言い伝えや習慣に従う。
と言って済ませたらよい。

我が国の「不文の憲法」の法源

まず、小森義峯教授は、我が国の不文憲法の法源を、
（一）実質的に憲法的重要性を有する神勅や詔勅や成文の法令
（二）実質的に憲法的重要性を有する典礼や慣行
の二つに大別される。
そこで、（一）の法源は次の通りである。
（1）記紀に記された神勅や詔勅
最も貴い神勅は「天照大御神の天壌無窮の神勅」であること言うまでもない。
（2）推古天皇十二年（六〇四年）の聖徳太子の十七条憲法
（3）明治維新以後昭和二十一年元旦に至るまでの重要な詔勅
明治元年の「五箇条の御誓文」と「国威宣布の宸翰」、「教育勅語」、「戊申の詔書」（明治四十一年）、「国民精神作興に関する詔書」（大正十二年）、

「終戦の詔書」、「新日本建設に関する詔書」（昭和二十一年元旦）等々
（4）大日本帝国憲法と旧皇室典範及びその下で成立した國體法的諸法令
（5）現行の国会法、内閣法、裁判所法その他重要性を有する諸法令

次に、（二）の法源は、
実質的に憲法的重要性を有する「典礼や慣行」であるが、これは、次に述べるイギリスの不文の憲法の法源である「習律（convention）」に比すべきものだ。
さらに、イギリスよりも格段に古い歴史と伝統をもつ我が国に於いては、特に國體法の分野における古代から伝わる多くの典礼や慣行が圧倒的に多い。

参考になるのでイギリスの不文の憲法の法源も次に記しておく。

（1）議会制定法（statute）
マグナ・カルタ（Magna Carta、1215年）が最重要である。

他に、権利請願（1628年）、人身保護法（1679年）、王位継承法（1701年）など。

また、ウェストミンスター憲章（1931年）、アイルランド統治法（1920年）、英国国籍法（1948年）、摂政法（1958年）、ヨーロッパ人権規約の国内法化について定めたHuman Rights（1998年）などの多数の制定法がある。

（2）判例法（case law もしくは common law）

判例法とは、上級裁判所の判決から演繹された法であり、このなかで憲法上重要な判例法が不文の憲法の法源となる。

上位裁判所（superior courts）の下す判決に先例拘束性を与えている。

（3）習律（convention）

裁判所により強制される習律を「憲法律」という。

同時に、強制はされない習律、つまり、了解、習慣、慣行からなる「憲法的習律」がある。

例えば、「国王は、庶民院において多数党の党首を、首相として任命しなければならない」は憲法的習律である。この度の、亡くなる二日前のエリザベス女王による英国新首相の任命は、この強制されない convention によって行われた。

強制されない憲法的習律が、守られるのは、「それを守らなければ世論の敵意により政治的後退を余儀なくされるから」である。

また、政府にとっては、「それに従わなければ、政府の終焉を招くから」である。

その憲法的習律の例は次の通り。

①国王は両院によって可決された法案に総て同意しなければならない。
②国王は大臣の助言に従って行動しなければならない。
③国王は庶民院における多数党の党首を首相として任命しなければならない。
④大臣は国会に対して連帯して、かつ、個々にも責任を負う。
⑤大臣は庶民院または貴族院の一員でなければならない。
⑥法案が可決されて国王の同意を受ける前に、各院とも三読会を経なければならない。
⑦裁判官は政党政治に身をおいてはならない。
⑧法律貴族（Law lords）に任命されていない貴族院議員は、貴族院の司法的機能に関与してはならない。

そこで、まず、同じ「不文の憲法」の国であるイギリスと対比して、我が国の際立つ特色は、「不文の憲法」の法源に、太古からの神話そして神勅があることだと指摘したい。

これは、イギリスと日本の違いというより、フランスの著名な文化人類学者であるクロード・レヴィ＝ストロース（一九〇八〜二〇〇九年）が、次のように言う西洋の「一神教のキリスト教圏」と「神々の世界である日本」の違いであろう（同人著『月の裏側　日本文化への視角』）。

……かくかくの影響を外部から受ける前から、あなた方は一個の文明を持っておられた。即ち、「縄文文明」を。

それを他の何に比較しようとしても出来るものではない。

ここから私はこう言いたい。

日本的特殊性なるものがあり、それは根源からしてあったのだ。

そして、それが外部からの諸要素を精錬して、つねに独創的な何物かを創りあげてきたのだ、と。

……われわれ西洋人にとっては、神話と歴史の間に、ぽっかりと深淵が開いている。

日本の最大の魅力の一つは、これとは反対に、そこでは誰もが歴史とも神話とも密接な絆を結んでいられるという点にあるのだ。

國體の隠れた最大の危機が切支丹伴天連の来航であった

西暦三九二年に、キリスト教がローマ帝国の国教となった。すると、その翌年には、神々の祭典であるオリンピアードが廃止された。西洋の歴史家は、この時を以て、ギリシャ・ローマ文明の終焉としている。

そして同時に、多神教の世界であるギリシャ・ローマ文明とその神話を伝えるローマ帝国内の膨大な数の図書館が封鎖され神々の神殿も廃墟となった。この結果、現在のヨーロッパに住む人々の記憶から多神教世界の神話が奪われたのだ（以上、関野通夫著『一神教が戦争を起こす理由』）。

そこで、このキリスト教が、ローマ帝国の国教になってから約一千百五十年後、遂に、戦国時代の我が国に、キリスト教の宣教師が上陸してきた。つまり、鹿児島に一五四九年、イエズス会宣教師フランシスコ・ザビエルが来航した。以後、次々と宣教師が来日してきたが、彼らの任務は、そこを「キリスト教の地」とすること、具体的には、日本をスペイン領かポルトガル領かローマ教皇領にすることであった。

従って、来日したキリスト教宣教師は、武器商人及び奴隷商人と一体となって戦国期の日本の大名に取り入った。そして、宣教師は、キリシタン大名の領地内の神社や寺を取り潰し、武器商人と奴隷商人は、領地内の乙女五十人を受け取り、その対価として一樽の火薬を大名に渡した。日本の少女は、聡明で従順なため、欧州の奴隷市場に連れて行けば高値で売れたという。

時は、戦国時代。日本は欧州よりも優秀な鉄砲を直ちに量産することが出来た。しかし、日本には、弾を撃ち出す火薬がなかったのだ。我が国の戦国期に、このようにして火薬と交換されて奴隷としてヨーロッパやインドの奴隷市場に売られていった日本の少女たちの総数は約五十万人と言われている。

実に、この戦国期の日本における、一五四九年のキリスト教宣教師ザビエル来航から一六三八年の島原の乱終結までの約九十年間が、日本の隠れた大きな危機であった。

このこと、ヴァスコ・ダ・ガマがアフリカ南端の喜望峰を廻って南インドに到着した一四九八年、また、コロンブスがアメリカ大陸に到着した一四九二年から、四百年間の世界史を眺めれば、戦慄するほど分かる。この四百年間で、アフリカやインドや今のアセアン地域はすべて欧米の植民地になっていた。

また、コロンブスがアメリカ大陸に到着したとき、南米大陸には最大推計一億一千万人、最小推計四千万人のインディオがいて、北米大陸には二百万から五百万のインディアンがいた。

しかし、インカ帝国が滅亡した一五七〇年頃には、欧州人による殺戮と欧州人のもたらした伝染病によって南米大陸のインディオは一千万人に激減していた。同じく、北米大陸のインディアンは、十九世紀後半には三十五万人になっていた。

また、アフリカ大陸から南北アメリカ大陸に、奴隷として売られた黒人は、十六世紀に九十万人、十七世紀に三百万人、十八世紀に七百万人、十九世紀に四百万人である。

我が国は、この欧州の白人種による世界的規模の現地人の拉致と殺戮のなかで、戦国時代を迎えていたのだ。そして、この危機を克服したのが、太古から現在に継承されている我が日本の「不文の憲法」であったこと、そして、強力な我が国の軍事力であったこと、を知らねばならない。

我が国は、天照大御神の天壌無窮の神勅によって「天皇のしらす国」となった。それ故、聖徳太子の十七条の憲法に、篤く三宝を敬え、詔を承れば必ず謹め、と記され、御成敗式目の冒頭には、神社を修理し祭祀を専らにすべき事、寺塔を修造し仏事等を勤行すべき事、と定められていた。同時に、その時、我が国は、全欧州が保持する鉄砲よりも多くの鉄砲を保有していた。

従って、欧州によるアジア侵略の情報将校の役割をしていたキリスト教の宣教師は、日本を観察して本国の皇帝に次のように報告している。「日本人は、聡明で勇敢な戦士であり、常に軍事訓練をしているので征服が可能な国土ではない」と。ちなみに、宣教師達は、街角の立札の前に民衆が集まっているのを見て驚いた。民衆が字を読めるとは思っていなかったからだ。その当時、ヨーロッパでは民はほとんど文盲だった。

それ故、宣教師達は、武力ではなく布教によって日本に勢力を広めようとした。従って、彼らは、キリシタン大名の領地において伝統的な神社仏閣を取り潰して教会を建てていた。また、奴隷商人と武器商人は少女を買って奴隷として欧州に運んでいた。しかし、これらは、我が国の「不文の憲法」に背くことであった。

まさにこの時、北九州に於いて切支丹大名の領地を、豊臣秀吉が検分したのだ。そして、神社仏閣の破壊と少女の奴隷売買を知る。よって、豊臣秀吉は、直ちに天正十五年（一五八七年）、筑前箱崎において、冒頭に次のように記した「切支丹伴天連追放令」を発した。

日本は神国たる處、きりしたん国より邪法を授候儀　太以不可然候事

則ち、「日本は神国であるのに、キリスト教という邪法を広めるとは、まことに以てけしからん」と。この一語は、キリスト教圏に対する日本の「不文の憲法」則ち「我が國體」の宣言である。

この時、仮に伴天連追放令がなく、我が国にキリスト教が浸透し蔓延していたら、我が国土には、

神社仏閣がなくなり、我が国は「日本」でなくなっていた。この時代、アジア・アフリカの多くの部族や国々の酋長や王達のなかで、神国の自覚に基づいてキリスト教を「邪法」と断言した為政者は、日本の秀吉のみである。我々は、秀吉の慧眼に敬意を表し感謝しなければならない。

この「日本は神国である」との確信は、「天照大御神の天壌無窮の神勅」に発し、萬葉集に歌われ、秀吉の伴天連追放令の二百五十年前に、北畠親房によって書かれた神皇正統記の冒頭において「大日本者神國也（おほやまとは神國なり）」と宣言され、現在に継承されている。つまり、我が国の不文の憲法の法源のなかで、最も大切なものは、「天照大御神の天壌無窮の神勅」で、ここに我が国の國體が示されている。

萬葉集・和歌が示す日本の姿と皇位継承のあり方

加えて、私は、井上毅が研究した「萬葉集」も、深く大きな法源だと思う。何故なら、萬葉集は、古墳時代の太古から天平宝字三年（七五九年）までに詠まれた、天皇および貴族から下級官吏そして防人さらに農民や庶民そして詠み人知らずの多くの人々の四千五百首余りの歌を一つの歌集に収録した世界的に稀有なものであるからだ。

皇帝と貴族と農民・庶民・貧民の歌を同じ歌集に並べて収録して掲載する国が、当時から現在に至るまで、日本以外の何処にあろうか。この萬葉集の存在自体が、日本という国が「天皇を戴く一つの家族の国」である証《あかし》ではないか。天皇と庶民の歌が一つの歌集に編纂されているのだ。このようなことは、君臨する国王の絶対専制と身分制度が徹底していたヨーロッパでは考えられない。それ故、萬葉集には、君民一体の国に生きる日本人の生活や習慣そして感性と情感が湛えられている。

しかも、このことは単に萬葉集だけのことではなく、その後の平安時代から鎌倉そして室町時代にかけての勅撰和歌集である「古今和歌集」（九〇五年）、「新古今和歌集」（一二〇五年）そして「新続古今和歌集」（一四三九年）に関しても言えることである。

まことに日本は、天皇と国民が「歌によって結ばれ、歌によって対話する家族」の国である。「歌によって結ばれ、対話する」とは、「天皇と国民が同じ情感で結ばれている」ということだ。間近くは、明治天皇や昭和天皇も、御生涯に実に多くの歌を、国民に向けて謳われている。

さらに、大東亜戦争に於いて約二万人の将兵が玉砕した硫黄島に、平成六年二月十二日に行幸啓された天皇皇后両陛下は、最高指揮官の栗林忠道中将が昭和二十年三月十六日十六時に大本営に打電した訣別電報で伝えた辞世に、御製と御歌を以て応答された。則ち、辞世にある「散るぞ悲しき」に対し、御製は「島は悲しき」と、そして御歌は「み魂かなしき」と。

辞世　國の為重き努めを果たし得で矢弾尽き果て散るぞ悲しき
御製　精魂を込め戦ひし人未だ地下に眠りて島は悲しき
御歌　銀ネムの木木茂りゐるこの島に五十年眠るみ魂かなしき

御歌　慰霊地は今安らかに水をたたふ如何ばかり君ら水を欲りけむ

この天皇皇后両陛下の行幸啓までは、島に駐屯する自衛官の間では、色々な怪奇現象が語り伝えられてきた。例えば、島では喉の渇いた戦歿者の霊が水を求めて彷徨っており、自衛官達は、寝るときには水を入れたコップを枕元に置いて眠れば、うなされないで熟睡できるとか。

しかし、この行幸啓のあと、怪奇現象はピタリとなくなった、と言われている。天皇皇后両陛下が島に来られて慰霊されたので御霊が安らかになられたのではなかろうか。まこと、皇后陛下に、「如何ばかり君ら　水を欲りけむ」と優しく呼びかけられれば、鬼も泣くであろう。

世界的な数学者であった岡潔先生（明治三十四年生まれ）は、最晩年に、「日本人は情の人であることを自覚しなければならない」と幾度も言われていた。日本人の情と日本の國體つまり不文の憲法は不可分一体なのだ。

さて、萬葉集の編者は、公家で歌人の大伴家持（従三位、中納言、七一六年～七八五年）と言われている。天皇のしらす国における、当時の最高の知識人とみてよい。そして、この貴族である家持が編纂した萬葉集の最後の歌は、家持自身の次の歌である。

新しき年の始めの初春の今日降る雪のいやしけ吉事

これは、新年を寿ぎ、天皇を戴く御代の永世を願う歌だ。

では、萬葉集の最後に自身の歌を位置づけた大伴家持は、最初の第一巻の冒頭に、如何なる歌を掲げたのか。則ち、萬葉集第一巻冒頭の歌は御製である。それも、何と、第二十一代雄略天皇の、春の丘で籠を持ちヘラで若菜を摘む乙女に対する、求愛の歌なのだ。しかも、後の巻十三には、この求愛を受けた乙女の歌がいれられている。

では、巻の最後に、御代の永世を願う自身の歌を掲げた編者が、萬葉集第一巻冒頭に、天皇の求愛の歌を載せた真意と配慮は何か。しかも、その相手は、高貴な家の娘ではなく、春の野で農作業に励む農家の娘なのだ。

私は、この最も素朴な歌の中に、「天皇のしらす国」、つまり、「天皇と国民が一つの家族の国」における「皇位継承の在り方」が示されていると思う。それを結論から端的に言うならば、「天皇のしらす国」である日本における、皇位の男系の皇位継承とは、「日本のすべての女性が天皇の母になる体制」であるということだ。

このことを、編者大伴家持は、萬葉集第一巻の冒頭に、遙か一千四百年前の天皇の、菜を摘む乙女に対する求愛の御製歌を掲載することによって、現在の我らに示しているのだ。この素朴な雄略天皇の求愛の御製歌と、この求愛を受けた乙女の歌を次に掲げる。この乙女の歌は、現在に於いても、夜、父母に内緒でこっそり家の外に出て、そこで待っている男に会おうとする娘が歌いそうである。

なお、この歌の詠まれた古代日本では、「名」は、その人の魂、あるいは命をあらわすものと思われていた。つまり、名を知ることは、その人の魂を知り、魂をつかむことだ。それ故、未婚の乙女は、男に名を知られることを避けねばならない。
そのうえで、雄略天皇は、春の丘で菜を摘む乙女に、ずばり「名を告げよ」と呼びかけ、明確に求婚の意思を伝えている。そして、乙女は、家と名を、天皇に告げた。

泊瀬《はつせ》朝倉宮に天《あめ》の下《した》知らしめしし天皇《すめらみこと》の代《みよ》
　天皇の御製歌《おほみうた》
籠《こ》もよ　み籠持ち　掘串《ふくし》もよ　み掘串持ち　この岳《おか》に　菜摘ます兒《こ》
家聞かな　告《の》らさね
そらみつ大和《やまと》の國は　おしなべて　われこそ居《お》れ　しきなべて　われこそ座《ま》せ
われにこそは　告らめ　家をも名をも

隠《こもり》口《く》の　泊瀬小國に　よばひ為《せ》す　わが天皇《すめろぎ》よ
奥床《おくとこ》に　母は寝《い》ねたり　外床に　父は寝たり
起き立たば　母知りぬべし　出で行かば　父知りぬべし
ぬばたまの　夜は明け行きぬ
幾許《ここだく》も　思ふ如ならむ　隠妻《こもりづま》かも

雄略天皇（皇紀一〇七八年、西暦四一八年～一一三九年、四七九年）は、允恭天皇の第五皇子で、先帝・安康天皇の同母弟である。しかし、先帝の譲位によってではなく、自分の身内である皇統の皇子を、次々と殺害し、恐怖の中で自ら即位された天皇である。

しかし、この冷酷で豪胆なる雄略天皇といえども、丘で菜を摘む娘に、敬語を使って「菜摘ます兒」と呼びかけて求愛し、娘の同意がないので娘の家に入ることもできず、娘の家の前で、夜が明ける頃まで、ボーッと待っている。また、娘の家でも、奥床には母が寝て、外床に父が寝ている。天皇と国民が一つの家族の国である日本は、太古も今も女性が強い社会なのだ。

さて、こういういきさつで、雄略天皇と娘は交際を始め、確かに交わったであろう。では、この菜を摘む娘が産んだ子が男子ならば、どうなるか。

これが、大伴家持が、我らに伝えている我が国の、おおらかな皇位継承の鉄則だ。その男子は、天壌無窮の神勅にある「吾《あ》が子孫《うみのこ》」である。よって、皇位を継承して天皇になられる。

これが日本における男系による皇位の継承の、おおらかなあり方だ。つまり、これ、「日本の総ての女性が天皇の母になる体制」であり、これが「萬世一系」を確実にしてきた。

事実、明治天皇の御代までは、天皇には皇后以外に女御や妃が複数おられた。平安朝期に書かれた源氏物語の冒頭は、「いずれの御時にか、女御、更衣あまた候ひ給ひける中に、いとやむごとなき際にはあらぬが、すぐれて時めき給ふありけり」とある。この日本が誇る世界最古の長編小説は、天皇と複数の女達の物語なのだ。

そして、現在に於いても、未来に於いても、天皇には、萬世一系を確保するために、「御側室」が必要である。萬世一系の皇位の継承という國體の核心を護り通す為には、天皇と皇族は、この分野における一般国民の法律には拘束されない。

昭和三十五年二月二十三日、今上陛下である浩宮徳仁《なるひと》親王がお生まれになった。

この時、母となられた皇太子妃美智子様は、

あづかれる宝にも似てあるときは吾子《わこ》ながらかひな畏《おそ》れつつ抱《いだ》く

と詠まれた。

この御歌の通りに、これからも、日本の女性に「あづかれる宝」を身籠もって戴き、萬世一系の皇統が続くことを確信する。

法源としての仁徳天皇の詔勅と事績

第十六代仁徳天皇御陵の近くで育った者として、仁徳天皇の詔の、世界政治思想史上における奇跡のような凄さを指摘しておきたい。

ある時、仁徳天皇は、現在の大阪市中央区高津付近の高殿から国中を眺められ、民の竈から烟が昇っ

ていないのを確認され、課役（租税）を三年間免除することを命じられた。そして、三年後、天皇は高殿から、民の竈から上がる烟りが国中に満ちていることを確認され、「朕、既に富めり」と喜ばれた。すると、横で見ていた皇后が、天皇に言われた。貴方の衣服はボロボロで、私たちの住む家の壁は壊れ、屋根も破れて、風が吹き抜け雨が漏れるのに修理も出来ない。それで何故、「我、富めり」と言われるのですか、と。
天皇は、次のように答えられた。

其れ天《あめ》の君を立つることは、是百姓《おほみたから》の為なり。
然らば則ち君は百姓を以て本と為す。
是を以て古の聖王《ひじりのきみ》は、一人も飢ゑ寒《こご》えれば顧みて身を責む。
今百姓貧しきは則ち朕が貧しきなり。百姓富めるは則ち朕が富めるなり。
未だ百姓富みて君の貧しきこと有らず。

この仁徳天皇の言葉は、世界政治史上、「天皇のしらす国」である日本でしか発し得ないものではなかろうか。欧州の国々においては、「統治する主体としての王」と「統治される客体としての民」が一つの国内に二分された形で存在する。その上で、例えばフランスでは、主権の所在が王にあるのか民にあるのかの争いが起こり、遂に民が王の首を斬って成った主権在民が、「コペルニクス的転換」

となる。これが欧州の国々の近現代史である。

しかし、日本に於いては、太古から天皇と民（百姓）は八紘為宇の理念の基で不可分一体なのだ。

それ故、仁徳天皇が、自分は百姓の為にあると言われ、百姓が豊になれば、自分がボロを着て廃屋に住んでいても豊になったと言われる。

また、この詔で仁徳天皇が言われた、「一人も飢え寒れば顧みて身を責む」と同じ言葉を、明治天皇が、明治元年三月十四日に「五箇条の御誓文」と同時に発せられた「國威宣布の宸翰」のなかで言われている。


今般朝政一新の時に膺《あた》り、天下億兆、一人も其處を得ざる時は、皆朕が罪なれば、今日の事、朕、自《みづから》身骨を労し心志を苦しめ、艱難の先に立、古《いにしへ》列祖の盡させ給ひし蹤《あと》を履み、治蹟を勤めてこそ、始めて天職を奉《ほう》して、億兆の君たる所に背かさるへし。

また、昭和天皇は、昭和二十年八月十五日に、玉音によって国民に伝達された「大東亜戦争終結の詔書」によって、

帝国臣民にして、戦陣に死し、職域に殉じ、非命に斃れたる者及其の遺族に想を致せば、五内為《ごだい》に裂く。

とまで言われ嘆かれている。この民に対する仁徳天皇の思い、明治天皇の思い、そして昭和天皇の思い、太古から総て同じではないか。これが、まさに萬世一系の尊さであろうかと、ありがたさ心に沁みる。

大阪府堺市の三国ヶ丘にある仁徳天皇の御陵は、世界最大の前方後円墳で、その構築には、ある試算によると毎日二千人が御陵の造営に従事して十五年八ヶ月の歳月を要するという。延べ六百八十万人が造営に従事したことになる。しかも、そこに、奴隷労働の痕跡は皆無である。これが、太古からの日本の土木工事の最大の特徴であろう。つまり、人々の自主的で計画的な参加によって世界最大の前方後円墳が造営され、一千六百年後の現在にその姿を遺している。

そして、この民衆の自主的な土木工事への参加の伝統は、現在も、伊勢神宮の式年遷宮において、多くの国民が、用材の運搬や拝殿の廻りに御白石を敷き詰める作業に参加して続いている。

現在の大阪府内の中河内地域と大阪市内は、仁徳天皇による大土木工事によって出来上がった土地である。それまで、この地域は、東から西に流れて定期的に氾濫する北の淀川と、南の大和川そして西の海に囲まれた湿地帯だった。仁徳天皇は、北の淀川には堤を造営して水の南への流入を防ぎ、南には堀江を掘削して水を西の海に流して、乾いた肥沃な大地、則ち、現在の大阪平野の中心部を造成されたのだ。これ、現代流に言えば、免税による民の可処分所得の増大と、大土木事業による総需要の飛躍的拡大策である。

十七条の憲法、以和為貴

推古天皇十二年（六〇四年）、摂政の聖徳太子は、朝廷に仕える臣つまり公務員の守るべき法《のり》を定めた十七条の憲法を発せられた。これは、我が国の不文の憲法の中核であり世界最古の憲法といえる。則ち、治者が強制力ではなく精神的感化力によって国家を統治する為の根本規範を定めたものだ。従って、朝廷に仕える臣に、命令し、法によって強制するのではなく、道理や道徳を説き示している。その深さと偉大さは、冒頭にある。

則ち、一に曰く「以和為貴」（和を以て貴しとする）と。

その為の手段として「三宝」と「詔勅」が掲げられる。その二に曰く「篤敬三宝」（篤く三宝を敬え）、三に曰く（第三条）、「承詔必謹」（詔を承れば必ず謹め）と。

また、この十七条の憲法の、一に曰く（第一条）、以和為貴（和を以て貴しとなす）の「和」は、神武天皇の発せられた「八紘為宇」則ち「皆は、一つの家のなかにいる一つの家族」という理念そのものの聖徳太子時代の現在的表現であり、最終項、十七に曰く（第十七条）、夫事不可獨断　必與衆宜論（独断すること不可なり　必ず衆議せよ）とともに、我々が生きる現在日本の民主主義国家の在り方を指し示したものである。近現代において、欧米諸国は、自分たちが民主主義の発祥の地のように思っているが、西暦六〇四年に、その民主主義を国家の根本的原則として明らかに宣言した国が、日本以外のどこにあろうか。

さらに、既に触れたその二に曰く（第二条）には、篤敬三宝　三宝佛法僧也（篤く三宝を敬え　三宝とは佛法僧なり）とあり、続けて太子は「人尤《はなは》だ悪しきもの鮮《すくな》し。能く教えるをもて従ふ」と説かれている。この能く教えるために、仏教を普遍の原理とすべしとされたもので、聖徳太子の卓越した識見である。

そして、三に曰く（第三条）承詔必謹（詔を承りては必ず謹め）は、君臣の義、則ち國體法の根幹を指摘したもので、十五に曰く（第十五条）背私向公　是臣之道矣（私に背き、公に向くは、是れ、臣の道なり）と共に、天皇のしらす国における国家統治のあり方の基本を定めたものだ。

さらに、例えば、五に曰く「人民からの訴訟は公正に裁け」、十一に曰く「賞罰を明らかにせよ」、十二に曰く「人民から租税を勝手に取り立ててはならぬ」、十六に曰く「春より秋にかけての農繁期に人民を使ってはならぬ」等、我が国の在り方を示す規範である。

先に、共に不文の憲法の国であるイギリスと我が国の、大きな違いは、我が国の不文の憲法は、太古の神話に発しているが、イギリスは一二一五年のマグナ・カルタに発していると記した。そこで、さらに、イギリスの不文の憲法の中核であるマグナ・カルタと、我が国の十七条の憲法を比較して、我が国の特色を明らかにしたい。

十七条の憲法は、聖徳太子が、六〇四年に制定したものであるが、マグナ・カルタは、一二一五年六月十五日、イギリスの封建貴族達が、専制君主であるジョン王に対して、王権の行使に制限を加えて、主として封建貴族の諸権利を再確認させた六十三ヵ条の特許状（Charter）である。

その内容は、例えば、イングランド教会の自由と自由人の自由の確認（1条）、一般評議会の同意による課税（12条）、証人なき裁判の禁止（38条）、同輩による裁判と人身の自由（39条）などだ。

よって、ここで明らかなことは、イギリスのマグナ・カルタも、フランスの人権宣言やアメリカの独立宣言と同様の、専制君主の覇権的統治（うしはく）に対抗するために生まれた「権利闘争宣言」であるということだ。

これに対して、我が国の十七条の憲法は、権利闘争宣言ではなく、まさに、天皇による和を以て貴しと為す王道的統治（しらす）を説くものである。

また、前記の通り、明治維新以降昭和二十一年元旦に至るまでの重要詔勅、つまり五箇条の御誓文、国威宣布の宸翰、教育勅語、戊申の詔書（明治四十一年十月十三日）、國民精神作興に関する詔書（大正十二年十一月十日）、終戦の詔書そして新日本建設に関する詔書（昭和二十一年元旦）などは我が国の不文の憲法である。

そして、大日本帝国憲法と旧皇室典範及びその下で成立した國體法的諸法令そして、現行の国会法・内閣法・裁判所法その他の実質憲法的重要性を有する諸法令が我が国の不文の憲法である。さらに、太古から、皇室および一般社会に伝わる実質的憲法的重要性を有する典礼や慣行も日本不文憲法の法源である。

以上、我が日本の國體である「不文の憲法」を語った上で、さらに最後のダメ押し、則ち、昭和二十七年四月二十八日のサンフランシスコ講和条約発効による我が国の主権回復の前に、我が国を占領下に置いていた占領軍によって制定された「日本国憲法と題する文書」が、「我が国の憲法」ではないと如何に確定するか記しておきたい。

実は、それは石原慎太郎が為したように、簡単で単純なことだ。つまり、読者諸兄姉が、一人ひとり、「あれは、我が国の憲法ではない」と思い、「陸海空自衛隊は陸軍、海軍、空軍である」と思い、「天皇は天照大御神の天壌無窮の神勅によって天皇なのだ」と思うことだ。

西洋では、難問と思われる課題を、あっさりと意表を突いた方法で解決することを、「ゴルディアスの結び目を斬る。To cut the Gordian Knot!」と呼んでいる。これは次の伝説から生まれた諺だ。

太古に、今のトルコ地方にあった国の王ゴルディアスが、自分の荷馬車を宮殿の柱に紐で固く結びつけてから、「この結び目を解いた者は、アジアの王になるであろう」と予言した。それから、何世紀もの間、各地から色々な男が、その結び目を解こうとやって来たが、誰も解いた者はいなかった。そこにある日、マケドニアのアレキサンダーがやって来て、やにわに、刀を抜いて結び目を切断した。そして、アレキサンダーは、予言通り、アジアの王になった。

これは、発想を変えて難問を解いた物語だ。

従って、我々も、発想を変えよう。

「無効なもの」を「改正」できないのだから、「憲法改正」などと論理矛盾を真面目に唱えて、あたかも、敵が仕掛けた「蟻地獄」に墜ちるようなことを止めて、「無効だから廃棄する」の一声《ひとこえ》で済まそうではないか。

第六章　日本民族の原始無限流動の源泉

日本列島の豊かな生物多様性と過酷な自然条件

ユーラシア大陸の東端の地殻変動と、その東に広がる海洋の底の地殻変動によって、日本列島が生まれた。この日本列島が生まれなければ、現在の我らの「日本」は、誕生しなかった。

アメリカの政治学者サムエル・ハンチントンが、一九九六年に書いた『文明の衝突』という本の原題は、「The Clash of Civilizations and the Remaking of World Order」則ち「文明の衝突と世界秩序の再創造」であり、世界を次の八つの文明圏に分けている。

中華文明、ヒンドゥー文明、イスラム文明、日本文明、東方正教会文明、西欧文明、ラテンアメリカ文明、アフリカ文明。

グレートブリテン島にあるイギリスは、ユーラシアの西端のフランスから幅約三十キロのドーバー海峡を隔てた海上にあり、日本列島にある我が日本は、ユーラシアの東端の朝鮮半島から約二百キロの玄界灘と対馬海峡を隔てた海上にある。この海峡の幅の違いが、イギリスは大陸の西欧文明に含まれるが、我が国は大陸とは異なる単独で独自の日本文明を形成するという違いを生みだした。

則ち、日本列島は、東の二つの海のプレートが西のユーラシア大陸の二つのプレートの下に沈み込んで岩盤が盛り上がって五千六百万年前から三千四百万年前に山脈のような原形が生まれ、その原形の西側に海水が流れ込んで、二千三百万年前から五百三十万年前にできた日本海によって大陸から切り離されて出来上がった。

現在の南アメリカ大陸の西岸を南北に走るアンデス山脈が西に動き、次に東側に海水が流れ込んで大陸と切り離されて南太平洋に浮かんだと思えば、日本列島の形成が実感できる。このように、この日本列島は、南北に続く山脈の頂上部が海面上に出ている状態で出来上がった。従って、この我らの日本列島は面積の七十五%が山岳地帯で平地が少ない。しかし、山と森林と川のある大地と暖流と寒流が流れる周囲の海のもたらす豊かな生物多様性に恵まれている。

同時に、日本列島は地球の全陸地面積の〇・二五%に過ぎないにも拘わらず、その底では、ぶつかり合って日本列島を生みだし、今も地震と津波を生みだす「ユーラシア東端のプレート」と「北アメリカプレートの西南端」と海底の「太平洋プレート」と「フィリピンプレート」という四本のプレートがひしめき押しあっている。また、地球上の活火山の十%が、地球の全陸地面積の〇・二五%に過ぎない日本列島に集中的に存在するのだ。

アメリカ大陸やヨーロッパ大陸の下には一本のプレートがあるだけで、その上にあるニューヨークやロンドンやパリやベルリンという大都会が、将来、プレートの押し合いによる関東大震災クラスの地震に見舞われる可能性は無いし、その百キロ圏内にかつて大爆発した火山もない。

しかし、我が国の東京や大阪などのほとんどの大都市は、総て何時も地震と火山爆発に襲われる大地の上にある。このような、まるで日本列島全体が火山の噴火口の上のような大地に、一億二千万の人口を抱えて大都市を造っている近代国家は、世界で日本だけだろう。

従って、ほぼ、総ての日本人は、小さな地震の揺れなら感じた体験がある。しかし、欧米人の多くはその体験が無い。大正時代の末期に日本の東京に来て、戦後に上智大学の学長を勤めたドイツ人宣教師ヘルマン・ホイベルス師の随筆『日本で四十年』を読んだとき、初めて来日して数日が経った時に、関東大震災に遭遇した時の次の体験談が書いてあった。

横浜港について、教えられた通りに、桜木町の駅から電車に乗って東京の指定された教会の宿舎に着いた。二、三日後に突然大地が揺れた。ああこれが、日本では時々地震があるとドイツにいた時に教わった地震か、と思っていた。しかし、先輩の神父の顔が恐怖に引きつっていたので大変だ、と思った。そして、その日の晩、教会の前の道を、荷物を持って避難していく人々の列が深夜まで続いた。皆、騒ぐことなく黙々と静かに歩いて行った。その姿を見て、私は日本人が好きになった。

我が国では、太古以来、火山の爆発と地震と津波が繰り返し大地を襲ってきた。しかも、この列島の形は太平洋から吹き抜け、吹き上がる偏西風に沿うよう南北に弓のような形で細長く、列島そのものが、その偏西風にのって襲来する台風（熱帯低気圧）の通り道になっている。

しかし、この自然条件が「日本」を生みだしたのだ。つまり、日本の大地は、地震と火山爆発と津波と台風と洪水という巨大な、計り知れない自然の猛威を人々に与え続けながら、同時に豊かな生物多様性の恵を人々に与えている。まことに、神秘の感に打たれる。

従って、この大地に育まれた人々が生みだした日本文明の特色は、海と山々と一切の山川草木に、神々が宿ると感じること、そして、その思いが今も活き活きと続いているということだ。

令和元年に践祚された天皇が臨まれた一世に一度の大嘗祭は、令和元年十一月十四日夕刻から翌日夜明け前まで行われた。この大嘗祭は、「天壌無窮の神勅」を発せられた天照大御神が、新しい天皇と二人っきりで食事をされ寝床を共にされて一夜を過ごされることにより、神と人が一体となる宮中最重要の秘儀である。この大嘗祭によって、天皇は天照大御神と一体となる。則ち、「現人神」となられる。海と山々と一切の山川草木に神々が宿ると感じる日本人にとって、天皇が天照大御神と一体となると確信することは自然のことではないか。

よって、天照大御神は、萬世一系百二十六代の天皇を通じて現在まで生き通しておられる。これが、日本の國體だ。それ故、関東大震災の時にフランスの駐日大使を務めた詩人ポール・クローデル（一八六八年～一九五五年）が、

日本においては、超自然は、自然と何ら異なるものではない。
日本の天皇は、魂の如く現存している。……
根源の時と、歴史の有為転変とを貫いて、国民に恒久不滅を印づける存在なのだ。

と言った。

このようにして太古から現在に至る我らの日本は、従来の世界の諸文明とは違う独自の文明を太古から育んできて、十九世紀後半に、世界への門戸を開き、二十世紀に初めてプレイヤーとして世界史に登場した。そして、数百年にわたる「欧米諸国による世界秩序」に終焉をもたらしたのだ。

さらに、これからの日本は、二十一世紀に、ハンチントンの本の原題にある、「Remaking of World Order」・「世界秩序の再創造」に関わって、人類の未来を開く。このような、人為を超えた神秘で壮大な巡り合わせになっている

甦った縄文の時代

昭和三十年代（一九五五～六五年）までに生まれた人は、子供時代に、古くは江戸時代そして明治から昭和初期まで続いていた我が国の昔の町並みや里山の風景を覚えているだろう。それは、唱歌や叙情詩に歌われた風景であり情景であった。しかし、同じ昭和三十年代の後半から、我が国は高度経済成長による列島改造期に入り、都会はビル群に変貌し、全国津々浦々における道路建設や宅地造成や住宅団地および工業団地造成によって、我が国の全国土が掘り返され、かつての町並みと里山は無くなり、我が国の風景は一変した。

ところが、この時、同時に、我が国の太古すなわち「日本の源像」が土の下から静かに姿を顕し始めたのだ。つまり、全国津々浦々の国土が掘り返されると、そこから打製石器の使用が始まった旧石

器時代から続く一万五千年前から二千三百年前までの縄文時代が姿を顕し始めた。

正確に年代的裏付けができる「関東ローム層地域」で三万二千年前から三万年前の世界最古の磨製石器（石斧）が多数発見され、その分布は東北地方から南九州に及んでいる。これは、世界の旧石器文化に類例がないことである。

また、青森県大平山元遺跡から一万六千五百年から一万五千五百年前の世界最古級の土器が発見され、北海道函館市の垣ノ島遺跡から世界最古の漆製品が発見された。さらに、福井県鳥浜貝塚から、一万二千六百年前の世界最古級の赤色漆塗櫛が発見された。そして、各地から縄文期の漆を塗った食器や赤い漆を塗った糸で編んだポーチ、櫛、髪飾り、ネックレス、腕輪（ブレスレット）などの漆の装飾品が続々と発見されている。これらの漆塗り製品は、高度な技術の賜で、現在の高級デパートの女性用装飾品売り場に陳列できる。

また、その集落にある人々の住居は、底は一つの丸い竪穴の土間で、その土間の上の天井を土屋根で覆い、広さは、夫婦と子供そして祖父母の三世代がやっと入れるつつましいものだ。豪邸は見当たらない。

そして、人々の寿命は、昭和四十年代後半に、二百五十体の埋葬人骨の死亡年齢をもとに推定すると、十五歳まで生きた縄文人の推定余命は十六年という結論が出たという。つまり、平均的な縄文人は、三十歳過ぎに死亡するということだ。しかし、その後、発掘作業の進展により縄文人骨の資料数が増え、それをより精度の高い方法で再調査したところ、六十五歳以上が三十二・五％もいたという結論

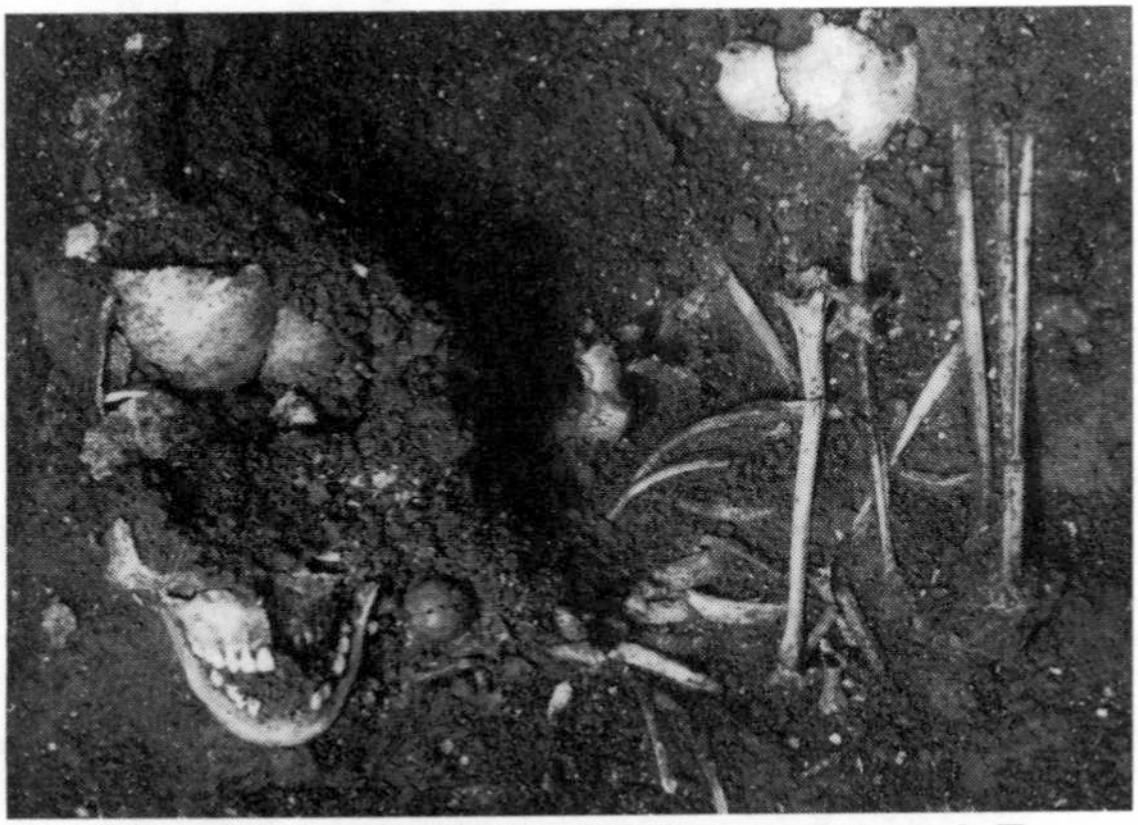

入江貝塚　筋委縮症に罹患した成人の人骨
(JOMON　ARCHIVES　洞爺湖町教育委員会撮影)

がでた。つまり、この結論は、三世代が住める縄文住居の広さと辻褄が合う。このことは、縄文時代は、知識や技術や知恵を、日常生活の中で、祖父母から孫へと、世代を超えて伝達できる社会であったことを示している。

高度経済成長時代に、発見された旧石器時代遺跡は、一万四千五百ヶ所、続く縄文時代の集落跡は、内陸部だけでも八万八千ヶ所にのぼるとてつもない数だ。そして、約一万六千年前の世界最古級の土器が縄文集落から発見されたということは、人々がそこに「定住」していたことを示している。土器は、持ち運びが困難だから、定住生活を示す証拠物件なのだ。しかも、その土器や漆器に付着していた植物の実の皮に、発酵に最適な麹が大量に発生するものがあり、縄文人は酒造りをしていたことが明らかになった。

また、北海道洞爺湖町の入江貝塚で発見された埋葬人骨は、ポリオ（小児麻痺）もしくは筋委縮症によって四肢骨が極端に細く、自分の力では、到底起つこともできない成人女性のものだった。彼女は、長い歳月、家族や周りの人々の介護を受けて生活し、丁寧に埋葬された。同様のポリオの人の骨は、栃木県の前期・大谷寺洞穴遺跡や岩手県の晩期・中沢浜貝塚でも見つかっている。そして、彼等は、慈愛に満ちた人々の介護によって生きたことを我々に伝えてくれている。我が国は、縄文時代の早い時期に福祉社会になっていたのだ。

つまり、太古の縄文期の日本は、世界最古の磨製石器を使い、世界最古の漆製品と世界最古級の土器で食事をして、酒をたしなむ、世界の最先端技術を持つ世界最長寿の人々が住む、相互扶助の慈愛に満ちた比類無き定住社会であった。

そして、令和三年に、北海道・北東北の十九ヶ所の縄文遺跡群が、「顕著な普遍的価値」を有するものとしてユネスコの世界文化遺産に決定された。その評価は次の通りだ。

北海道・北東北の縄文遺跡群は、一万年以上もの長期間継続した狩猟・漁労・採集を基盤とした世界的にも希有な定住社会と、足形付土版、遮光器土偶の考古遺物や、墓、捨て場、盛土、環状列石等の考古資料で明らかなように、そこで育まれた精緻で優雅な精神文化を伝える類いなき物証である。北海道・北東北の縄文遺跡群は、定住の開始から、その発展、最終的な成熟に至る迄の集落の定住の在り方と土地利用の顕著な見本である。

縄文人は農耕社会に見られるように、土地を大きく改変することなく、変化する気候に適応することで、永続的な狩猟・漁労・採集の生活の在り方を維持した。食料を安定的に確保するため、サケが遡上し捕獲できる河川の近くや、貝類を得やすい干潟近く、あるいはブナやクリの群生地など、集落

垣ノ島遺跡足形付土版
（JOMON　ARCHIVES　函館市教育委員会所蔵）

の選地には多様性が見られた。それぞれの立地に応じて、食料を獲得するための技術や道具類も発達した。

現存しているか、消滅しているかにかかわらず、ある文化的伝統または文明の存在を伝承する物証として無二の存在、少なくとも希有な存在である。

ある一つの文化、または複数の文化を特徴づけるような伝統的居住形態もしくは陸上・海上の土地利用形態を代表する顕著な見本、または人類と環境のふれあいを代表する顕著な見本である。

「足形付土版」とは、世界最古の漆製品が出土した北海道函館市の垣ノ島遺跡の合葬墓と見られる複数の墓に副葬されていた。それは、乳幼児の死亡率の高かった当時、幼くして亡くなったわが子の足形を粘土にとったもので、子を亡くした親の我らと変わらぬ悲しみと「哀惜の情」が伝わってくる。

以上の十万ヶ所に近い我が日本列島の旧石器時代と縄文時代の遺跡を、土の中から発掘する作業は、前記の通り、昭和三十年代後半から始まった高度経済成長期、そして列島改造期に、さまざまな土木工事の合間に行われた。

この日本を甦らせる貴重な作業は、多数の考古学の研究者および発掘にあたる膨大な人数の方々によって担われた。この多くの人々の努力とご苦労に、敬意を表し深く感謝しなければならない。

そのうえで、小学校三年生から縄文文化が好きで、多年、考古学研究と三内丸山遺跡など多くの縄文遺跡の発掘保存の仕事に携わり、縄文人に憧れて名刺の肩書きに「杉並の縄文人」と印刷している岡村道雄氏が、次のように書いておられることに注目したい（同氏著『縄文の列島文化』山川出版社）。


学問的な時代区分である縄文時代は終わっても、縄文的生活文化は、地域や都市と村、海や山などでの違いがあって、変質の程度もさまざまであるが、昭和三十年代からの高度経済成長、列島改造などまでは色濃く保たれていたことを強調したい。


つまり、高度経済成長期・列島改造期の我が国は、我々の瞼に今も甦る縄文的生活文化を色濃く保っていた古い町並みや懐かしい里山の風景を、土地造成による「近代化」で潰しながら、その縄文的生活文化の源像である一万五千年前の縄文の遺跡を掘り当てていたのだ。

この「縄文の甦り」という僥倖に感謝して、縄文期から今に続く我が国の、普遍的で根源的なものの探究をしようではないか。

大阪側から見た二上山

日本の原像　世界に希有な防御壁のない一万五千年の定住生活……八紘為宇の世界

私は、青森県の三内丸山遺跡と鹿児島県の上野原縄文遺跡を歩きまわり、八戸では是川縄文館を訪れた。また、郷里大阪の藤井寺市にある旧石器時代から中世に至る多くの埋葬人骨とサヌカイト製石器群が発見された国府の複合遺跡に佇んで、東にその石器の原材料サヌカイトが埋る二上山を眺め、これぞ現在の我々と同じように、縄文人が一万年前に毎日眺めた風景そのものだと感じた。

スコットランドに生まれ育ち、ケルト系かつスコットランド系日本人となった作家のC・W・ニコルは、ある時、縄文時代の遺跡を訪ねて、そこに佇んでいた。すると、横に立っていた同行の日本人が、「これを造った人々は、何処に行ったのでしょうか?」

三内丸山遺跡　全景
（JOMON ARCHIVES）

と呟いたのでC・W・ニコルは、

「あなた方の血の中にいるよ」

と応えた。

私は、晩秋の三内丸山遺跡を歩きまわり、夕方、巨大な木の塔の前で呆然と佇んでいたとき、目の前を、漆の櫛で綺麗に整えた黒髪を風になびかせ、赤い漆の首飾りと漆を塗った赤い糸で編んだポーチをもつ縄文の乙女達が、楽しげに颯爽と歩いている幻想に囚われた。

それから、新幹線に乗って大阪への帰路につき、車窓から東北の見渡す限りの暗い落葉広葉樹林を眺めたとき、一万年以上、この森の恵みを受けて定住生活をしていた人々は、今、「俺の血の中にいる」、と感じた。これが、縄文の遺跡を目の当たりにした直後の私の、強い情感であった。

さて、ほんの数ヶ所の遺跡しか歩いてはいないが、一万年を超える定住社会の縄文時代を観て得心できたことは何か。それは、第一に、この縄文時代は日本列島のなかでしか生まれなかったということだ。隔てるもののない広大なユーラシアの草原と森林を、充分な食と快適な気候を求めて移動する諸民族の、確執と興亡が繰り返される大陸では、「日本」は決して生まれなかった。

ユーラシアの西の欧州は、原住民族を駆逐して移動するゲルマン民族の大移動の地、そして広大な乾燥地帯とステップと森林の大地の東の中国大陸は、諸民族の興亡と易姓革命が繰り返され、その度に一つの民族が根絶やしにされる地。このようなユーラシアでは、先に記した縄文遺跡の世界遺産登録理由にある「一万年以上もの長期間継続した狩猟・漁労・採集を基盤とした世界的にも希有な定住社会」である縄文期は生まれない。

では、この日本列島でしか生まれない縄文時代の最大の特色は何か。それは縄文集落を囲んで外部から集落を守る「防御壁がない」ということだ。

これは、同時期の日本列島以外の地域では、いや、現在の日本以外の地域でも考えられない「とてつもない」ことだ。長年、縄文遺跡を発掘し、縄文研究を続けてこられた前記の岡村道雄氏も、次のように書いておられる（同氏著『縄文人からの伝言』集英社新書）。

縄文集落では石や土を大規模に動かす土木工事がすでに行われていました。

彼らは土屋根の竪穴住居や掘立柱建物に住み、大型建物、貯蔵穴も設置し、集団墓地や盛土遺構・遺物包含層・貝塚などと呼ぶ送り場・捨て場などのインフラ整備も行っていました。

そして、通常はやや離れた場所に水場、粘土採掘穴などがあり、それらと集落をつなぐ道が存在したのです。

ただし、土堤や溝で墓地などを囲う場合もありましたが、集落全体を囲い・区画する施設をもたなかったのが、世界的に見ても縄文集落の特徴です。

自然と調和的に暮らし、他集落とも連携して平和に暮らしていた日本的定住集落だったと言えます。


縄文時代、人々は集落をつくって定住生活をしていた。しかし、その集落を外部から守るための集落を囲む壁をつくる発想がなかった。つまり、日本列島に於いては、縄文の昔から、集落を壁で囲う歴史的必要性も歴史的経験もなかったのだ。

壁を造って守る発想が無いから、遺跡からは、人の殺傷の為に使う武器は発見されない。従って、これは、集落の人々が、森の中からひょっこり現れた人、海から上がってきた人を、「侵入者」および「敵」とはみなさなかったということを示している。腹をすかしていれば食べ物を与えたであろうし、渇いていれば水を与え、怪我をしていれば手当をしてやったであろう。つまり家族同様の扱いをしたであろう。これは、集落の外の人と、自然に意思疎通ができていたことを意味する。これが、「情」と「和」を尊ぶ日本国家形成の土台である。

しかし、西の海の向こうのユーラシアでは、東のアジアから西のヨーロッパまで、人々が住む集落は、壁で囲まれているのが当たり前だ。ある地域では、集落ではなく、万里の長城のように、国全体を壁で囲もうとする歴史的必要性があった。

この日本列島とユーラシアの正反対の歴史的伝統の下で、この度のコロナ・ウイルス対策に関し、日本とユーラシアとの間に顕著な違いが明らかになっている。

ヨーロッパでも中国でも、ウイルス対策としてすぐに「都市封鎖」が検討され実施された。それは、昔から防御壁に囲まれた中に住んでいたから「封鎖の発想」が先ず生まれるからだ。しかし、日本では、防御壁に囲まれて住む歴史的記憶がないから「封鎖の発想」は生まれない。

では、どちらがウイルス蔓延阻止に効果的なのか。その答えが出るのは、もうすぐであろう。少なくとも、日本に於いては、歴史的経験がないので強権的都市封鎖はしないが、多分、古くからの習慣による目に見えない、また意識もしていない他者への配慮やマスクの着用、手洗いの励行などの要因によって、現実に物理的強権的な都市封鎖をしている国々よりもウイルス蔓延は防止されている。

つまり、ウイルス対策とは、集団的免疫力ができるか否かである。一度「はしか」に罹患すれば、二度と「はしか」に罹患しない。これは、「はしか」に対する免疫力ができたからだ。人と人の交流接触を禁じる都市封鎖の発想よりも、日本の、都市封鎖はしないが、マスクをする、大声を出さないという「思いやり」に依存する発想の方が、集団免疫力獲得に有効だということだ。ウイルスに対する免疫力は、人と人の接触のなかで生まれる。

また、日本の能や歌舞伎の舞台と、西洋のオペラや中国の京劇の舞台を想起されたい。前者は、口ごもるような低音だが、後者は人間の頭や身体全体を共鳴体にした絶叫である。舞台でなくとも、人と人が向き合って日常使う言語によって、唾の飛沫量が違う。日本語は、他の言語より唾の飛沫量が少ないと思う。従って、感染力に差が出る。

国分上野原縄文の森の物語

昭和六十一年に工業団地の造成工事に入った鹿児島の霧島市国分上野原で、土の中から九千五百年前の縄文早期前葉から近世までの複合遺跡が見つかった。

ここは、三万年前の始良カルデラの大爆発で厚さ三十メートルの岩塊が堆積した場所だ。この時、関東地方でも始良カルデラの爆発により厚さ十センチの火山灰が堆積している。そして、二万六千年前に、近くの海中で大爆発が起こって桜島が誕生した。さらに七千三百年前には南方六十キロの大隅海峡の海底で、喜界カルデラの大爆発が起こった。このように、人々にとって極めて過酷な場所で十七層の土層が確認され、第一層から九層目までの土層で遺跡が見つかったのだ。その九層目に九千五百年前の日本列島最古の大規模定住集落が埋まっていた。

この極めて過酷な三万年前からカルデラの爆発が続くなかで、人々が定住していた縄文集落の森に建てられた資料センターの「上野原縄文の森」では、来訪者に最初に紹介ビデオを見せる。そのビデオの内容は、火山の爆発と津波によって潰滅した集落から、たった一人生き残り、流木に乗り他の集

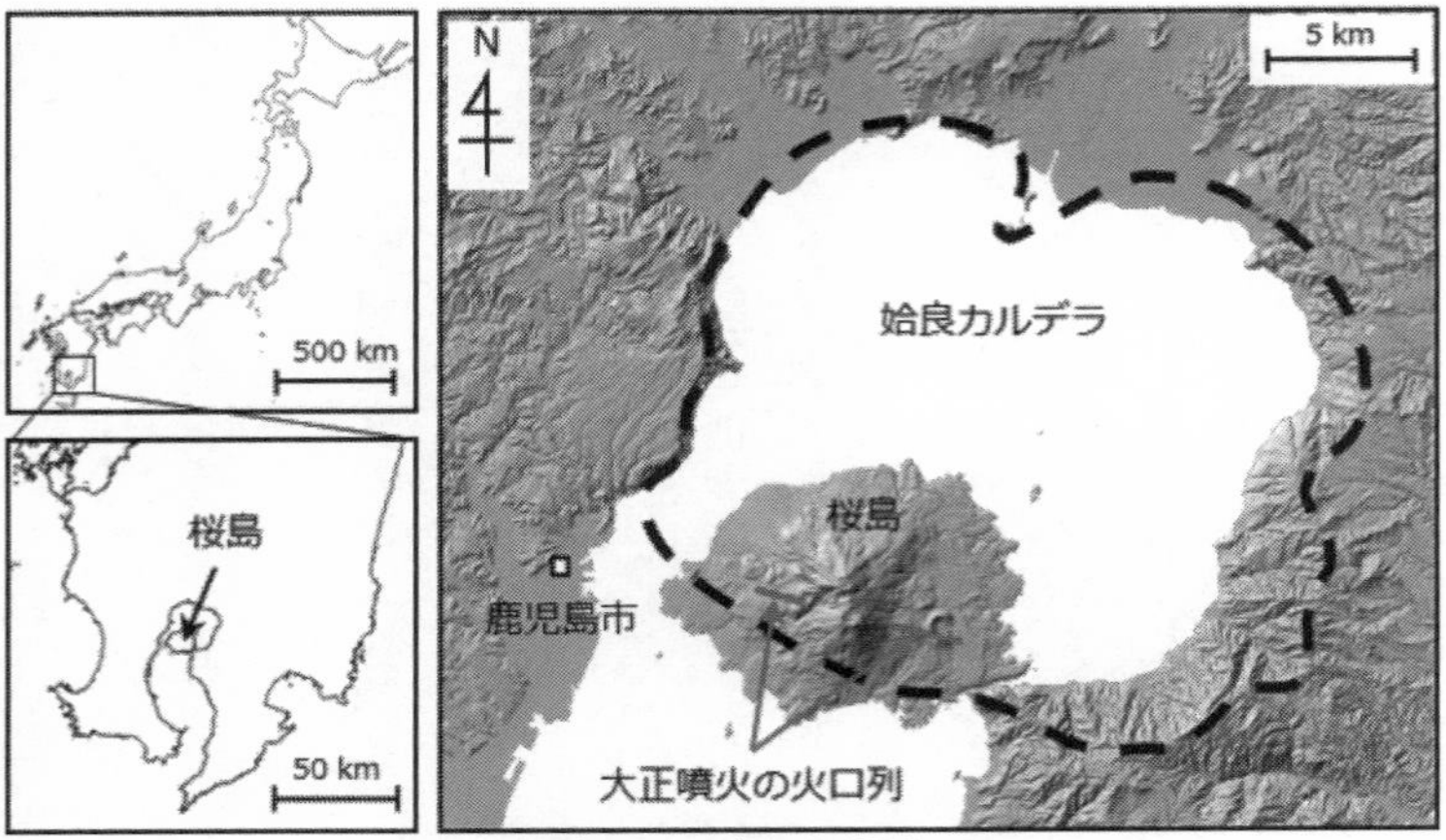

姶良カルデラと桜島
（国立研究開発法人　産業技術総合研究所公開）

落に流れ着いた傷を負った若い男が、手厚い看護を受けて健康を取り戻し、その集落の娘と家庭をもち子どもを育て逞しく幸せに暮らしていく、という物語だ。

火山の噴火口の上に乗っているような霧島の上野原周辺では、こういうことは、極めて現実味のある話だ。しかし、これは上野原に限らない縄文時代の日本全域における物語である。前記のように、日本列島全体が火山爆発と地震と津波と台風などの大災害に襲われる地域であるからだ。

従って、平成二十三年（二〇一一年）三月十一日の東日本大震災の際、日本人は一つの家族のように秩序を保って助け合って世界を驚かせた。日本列島では縄文時代も災害に襲われたとき、人々は一つの家族になったように助け合っていたのだ。

天皇と八紘為宇の母体

縄文の集落に防御壁がなく、お互いにオープンであるということは、人と物の交通と流通がスムーズで頻繁であったことを意味する。海辺の集落の人は「海のもの」を、山の集落の人は「山のもの」を、それぞれ持ち寄り交換した。大阪府と奈良県の境にある二上山は、鋭利な石器の原材料のサヌカイトの産地だ。そして、この二上山のサヌカイトで造った石器は、遙か遠くの遺跡からも見つかっている。新潟県の糸魚川で採取される翡翠も同じく離島を含む全国に分布している。

この人々の長年にわたる物資の往来と交流は、必ず、それぞれ遠く離れた集落に育った、若い男と若い女の出会いと結合つまり婚姻につながり、子供達が生まれ、集落を越えて姻戚関係のネットワークが広がる。日本列島で、こういう交流が一万五千年も続けば、日本列島に住む人々は総て同じ言葉で会話ができる親戚身内になるではないか。これが、縄文時代だ。このことは、一万年以上続く縄文時代を生きた人々、つまり、我々の先祖は、共通の「ことば」である「やまとことば」を用いて、日本列島全域で生活していたことを意味する。しかも、その縄文時代の言葉「やまとことば」は、現在の我々が話す言葉である日本語の母語である。

そして、現在の我々が話す日本語によるコミュニケーションの特色は、「主語」を明確にして話す必要が無く、「以心伝心」を当然の前提としていることだ。例えば、五、六人の仲間で猟をして多くの獲物を得た後で眠りにつくとき、「幸せだなあ」と誰かが言えば、それは、他の人のことは知らないが「私が」幸せだ、と言っているのではなく、当然、「みんなが幸せだ」という趣旨なのだ。つまり、我らの話す日本語は、「情」を伝え合う言葉として生まれてきた。

全員が同質で同じ情感を持っていれば、主語を明確にして話す必要は無い。これが日本語の特色だとすれば、この特色は、村落に防御壁がないまま一万数千年を豊かに争い無く過ごした縄文期から受け継がれたものだ。これに対して、異種の種族同士、または移民同士が城壁を出入りして出会い、取引し、また確執を繰り返すユーラシアで育つ言語においては、現在の各国の出入国管理の如く、各々が何者かを明確に伝え合わねばならない。よって、「主語」を明確にして話すことは死活的に重要である。

さらに、日本語の特色は、敬語が発達しているということだ。それは、つまり、尊い人がいる社会であったということを意味する。そして、使われた敬語によって、誰のことを言っているのか固有名詞を明示しなくても分かるということだ。

例えば、すぐ思いつく源氏物語の冒頭は、「いずれの御時《おんとき》にか、女房更衣あまた候ひける中に、いとやむごとなき際にはあらぬが、すぐれて時めき給ふありけり」そして、続いて「……いよいよあかずあはれなるものに思《おも》ほして、人のそしりをえ憚《はばか》らせ給《たま》はず、世のためしにもなりぬべき御《おん》もてなしなり」とあるが、ここで傍線を引いた箇所は、主語がないが、使われている敬語によって、「天皇」のことを言っているのが分かるのだ。

さらに、この時、物資の広域の流通が盛んであったということは、長さを測る単位にも、日本列島全域で均一な「縄文尺」が存在したことを推測させる。つまり、度量衡の統一があったであろう。

言葉に敬語が発達していたことと、日本全域で長さの単位が一致していたということは、日本列島の津々浦々の集落に住む人々にとって、何らかの求心力のある「尊い権威のある中心的存在」があったと思われるではないか。およそ、人が家族として、また、仲間として、多人数で生活しているとき、その集団には家長や親分という「長《おさ》」が存在する。その人の集団が、数個の集落がまとまった部族と言われるものであれば、その「長」は、部族長則ち酋長だ。猿や犬の「群れ」にも必ず群れのリーダーがいるのだから、人間の「群れ」に酋長がいるのは当たり前のことだ。

そこで、確信を以って言う。日本の天皇は、この縄文時代の部族の「酋長」であり、神々と一体となって部族の安泰を念じる「求心力のある権威」として生まれてきた。従って、「天照大御神の天壌無窮の神勅」による皇孫にして初代の天皇となった神武天皇が掲げた創業の志である「八紘為宇」は、集落に防御壁がない生活を一万年以上続けてきた世界に希有な縄文文明から生み出されたのだ。

「世界は、一つの家で、人々は一つの家族」則ち「八紘為宇」は、集落に防御壁を必要としない日本列島の一万五千年以上におよぶ縄文時代そのものの姿なのだ。

つまり、縄文時代とは「八紘為宇」が実現されていた世界だ。従って、その「八紘為宇」を、掲げられた神武天皇は、縄文文明が生みだした酋長（部族長）である。つまり、「天皇を戴く日本」は一万五千年の縄文文化、縄文文明から生まれてきた。

また、数学者の岡潔先生（一九〇一～七八年）は、亡くなる六年前に奈良のご自宅で、集まった人に、

日本人は情の人であるということを自覚しなければならない

と言われた（岡潔口述『情と日本人』編者 岡潔思想研究会 横山賢二 発行所 株式会社まほろば）。この「日本人の情」も、縄文時代に育まれ、八紘為宇と不可分である。情の無い八紘為宇はあり得ない。

歴代天皇の詔書も萬葉集も古今和歌集も、平家物語も、情の世界の賜であり、間近くは、楠木正成、吉田松陰、西郷隆盛そして三島由紀夫は、理屈ではなく、「情」そのものに命を懸けて生を全うした日本人だ。

とはいえ、ここで、神武天皇を酋長（部族長）と書いたことの説明をしなければ、不敬の誹りを免れない。その訳は、我が国の天皇は、ユーラシアの「城壁に囲まれた国家」に君臨するエンペラーではないことを明確にするためだ。

このこと、フィリピンのミンダナオの二十歳そこそこの女子が、海上自衛隊の特殊部隊である「特別警備隊」の創設に関わった伊藤祐靖中佐（二等海佐）に教え、伊藤中佐から私が教わった（同氏著『国のために死ねるか』文春新書）。ミンダナオの彼女は、既に亡くなっているようなので、追悼の意味も込めて、ここに彼女と伊藤中佐の会話を再現しておく。

伊藤祐靖さんは、ミンダナオで、彼女を水中格闘訓練のパートナーにしていた。ある日彼女が水深六十メートルの海底に沈む日本の軍艦から銅板を外してきて伊藤さんに見せ、日本語で何が書いてあるか質問した。見るとそれは大正天皇の関東大震災の社会的混乱を鎮めるための詔書だった。そこで、伊藤さんは、一日かけて、それを英語に翻訳して彼女に見せた。読み終えた彼女が、伊藤さんに質問してきた。以下は、その会話である。

「この時、日本の人口は何人？」

「六千万弱かな」

「これ、本当にエンペラーが書いたの？」

「そうだよ。エンペラーというか、ＴＥＮＮＯＵ・ＨＥＩＫＡ」

「ああ、ＨＩＲＯＨＩＴＯね」

「違う、先代だ」

「すごいね、本当にすごい」

「何が、すごいんだ？」

「あなたの国は、すごい」

「だから何が、すごいんだ？」

「あなたは、これは、エンペラーが書いた命令文書だと言った。でも違うわよ」

「何を言ってんだ。これは確かにエンペラーが書いたものだ。」

「でも、命令なんかしていないじゃない。

願っているだけじゃない。〝こいねがう〟としか言ってないわよ」

「そういう言葉を使う習慣があるんだよ」

「エンペラーは、願うんじゃなくて、命令するのよ。

エンペラーが願っても、何も変わらないでしょ。

願うだけで変えられるのは、部族長だけよ」

「部族長？　天皇陛下は、部族長だって言うのか？」

「〝こいねがう〟と言っているんだから、これを書いた人は部族長なの。

これは、部族長が書いた、リクエストなのよ」

「部族長か……、願うだけで変えられるか……」

「六千万人全部が一つの部族で、
それに部族長がリクエストを出すっていうのがすごい。

私のところとは、規模が違う」


この会話の後に、伊藤さんは次のように書いている。


あまりのショックで、私はしばらくしゃべれなかった。……すべてが腑に落ちた。

同時に、激しい自己嫌悪を感じた。なんで、ミンダナオ島の二十歳そこそこの奴から、詔書の真意と日本という国の本質を教えられてしまうんだ。


そして、私も、伊藤さんと同じように、ミンダナオの二十歳そこそこの娘が、天皇が詔書で国民に対して「庶幾《こいねが》う」と言われていたことから、天皇は、国民に対して命令するエンペラーとは違う、天皇は、部族長つまり酋長だと見抜いたことに、なるほどなあ、と思った。従って、私も、ミンダナオで直接この娘に言われたら、しばらくしゃべれなかっただろう。

我が国の一万五千年に及ぶ縄文という時代には、日本列島に八紘為宇が実現していた。

そこから天皇が生まれ、八紘為宇を掲げられた。従って、天皇は、ユーラシア大陸の皇帝（エンペラー）ではない。神々の国である日本の天皇（テンノウ）はエンペラーではない部族長であり酋長である。

神話と古語から明らかになる我が國體と天皇と民の絆

現在の戦後に生きる伊藤さんと私は、ミンダナオの二十歳そこそこの女子から、天皇はエンペラーではなく部族長（酋長）だと云われて「本質を突かれた」思いがする。

しかし、これは、我が国が、明治維新以降、意識するしないに拘わらず、常に欧米諸国をモデルとして近代化を目指していたが故に、欧州の諸帝国に君臨する「エンペラー」に対比される存在が、我らの国では「天皇」だと思い込んでいたからだ。

従って、今一度、我々自身の言葉と神話を見つめ、そこから「天皇と民の絆」と「天皇を戴く国の形」を確認しておく必要がある。その為に、前に「我が国の不文の憲法」として記した「国譲りの神話」こそ、我が国の本質が現れた最も重要な物語であるから、再度観てみたい。

天照大御神の使いである建御雷神《たてみかずちのかみ》が大国主神《おおくにぬしのかみ》に面会して、汝が「うしはいている葦原の中つ国」は、わが御子の「しらすべき国」だと、天照大御神が仰っておられるが、汝は如何に考えるか？と、問うのだが、これは「日本」を造るか否かの決定的問いかけである。

「うしはく」と「しらす」という言葉は、共に「国を治める」という意味を有するが、「うしはく」では「日本」が生まれず、「しらす」で「日本」が生まれた。

そして、大国主神は、自分がうしはく葦原の中国を、天照大御神の御子のしらす国にすることに同意する。

これこそ、「日本」をつくり二十世紀の世界を変えた「奇しき御業」である。

　国譲り祀られましし大神の奇しき御業を偲びて止まず

まさに、人類史上、これほどの御業はない。

「天皇と民が一体となった人格」が我が国家日本の主権なのだ。

従って、日本では「主権」が、君主にあるのか人民にあるのか決める必要は無いのだ。それ故、革命期フランスのように、ルイ十六世の首を斬って主権在民を宣言するなど、我が国から見れば精神分裂国家の狂気の沙汰であり、国を滅ぼす所業である。

第十六代仁徳天皇の詔に顕れた世界政治思想史上の奇跡

ここで、第十六代仁徳天皇御陵の側で育った私は、仁徳天皇の民の竈の故事から、仁徳天皇の御代に象徴的に顕れた、縄文文明を源とする「天皇と民は、一つの家の下の一つの家族」であるという八紘為宇の具現化した姿を観てみたい。

現在の世界は、未だキリスト教に基づく欧州を文明世界の中心としているが、この欧州にあるフランスが、王党派を鏖し、国王の首を刎ねる「暴力と殺戮」のなかから一七八九年に発した「人権宣言（人間と市民の権利宣言）」の理念を、太古において御自ら平和のなかで鮮明に宣言されたのが第十六代仁徳天皇である。

しかも、欧州の「人権宣言」は、白人だけのもので奴隷やアジア・アフリカの有色人種を人間として含めていないが、我が国には太古から奴隷はなく、仁徳天皇の宣言に人民を差別する意識は微塵も無い。

仁徳天皇の御陵（百舌鳥耳原中陵）は、南に向いた前方後円墳で、大阪府堺市の、三国が丘という丘にある。丘から南に和泉国、北に摂津国、東に河内国を見渡せるから「三国が丘」という。この丘の西には茅渟の海（大阪湾）が迫っている。御陵の最大長は南北八百四十メートル、最大幅は東西六百五十四メートルで、周囲は二千八百五十メートルだ。

この造営は、ある試算によると一日二千人が働き十五年八ヶ月の年月を要するという。これは、延べ六百八十万人が従事して造営されたということだ。そして、特筆すべきは、奴隷による造営の痕跡は皆無であるということだ。我が国には、太古から奴隷はいない。これは、縄文時代を観れば明らかである。

では、如何にして延べ六百八十万人が造営に従事したのか。それは、実は、現在も行われている。私は、伊勢神宮の式年遷宮において、宮殿の柱に使う木材を五十鈴川に浮かべ、大勢が水につかって曳く作業に参加し、また、本殿の周りに「御白石」を敷く作業に参加した。おびただしい人々が炎天下に五十鈴川に入って用材を曳き、また、新しい拝殿の周囲にただ一つの「御白石」をもつ何千人もの人々が静かに列をなして、数時間待ったあとで一つ一つ「御白石」を置いてゆく。

また、人々は、皇居の清掃を行う皇居勤労奉仕に順番を待って参加している。この皇居勤労奉仕に参加するために、人々は奉仕団を造って団員の名簿を宮内庁に提出して奉仕を申し出で、宮内庁は抽選で奉仕団を決定して参加日程を奉仕団に通知する。この抽選にはなかなかあたらない。それだけ、皇居勤労奉仕の希望者は多いのだ。我が国太古の仁徳天皇御陵の造営も、斯くの如くであったのではなかろうか。則ち、毎日二千人が入れ替わり立ち替わり十五年八ヶ月働き続けて仁徳天皇の御陵を造営したのだ。

ここで、思い起こすのが、聖武天皇の「盧舎那佛金銅の大像を造り給ふの詔」（天平十五年十月十五日）である。聖武天皇は大仏造営に庶民の参加を促し、詔によって次の如く呼びかけられている。

如《も》し更《さら》に人の一枝《いっし》の草一把《いちは》の土を持ちて、造像を助けむと情願する者有らば、悉《ほしいまま》に之を聴《ゆる》せ

日本書紀によると、仁徳天皇六十七年十月五日に、天皇は現在地に行幸されて陵地を定められ、早速、その十三日後から造営工事が開始された。そして、前記試算によれば十五年八ヶ月後の仁徳天皇八十二年六月に御陵が完成する。そして、御陵の完成から五年後の仁徳天皇八十七年正月、天皇は崩御され同年十月七日、御陵に葬られた。

なお、御陵の造営が始まった直後、鹿が野原から狂ったように工事現場に駆け込んできて人々の前で倒れた。すると鹿の耳から百舌鳥《もず》が飛び出した。鹿の耳を見ると内部が食いちぎられていた。それで御陵が「百舌鳥耳原中陵」と呼ばれるようになったという。仁徳天皇御陵の周辺の地には、今も「百舌鳥」そして「耳原」という地名が残っている。

現在は、この御陵の百メートル東を天王寺から和歌山に走るＪＲ阪和線が御陵に沿って南北に走ってい

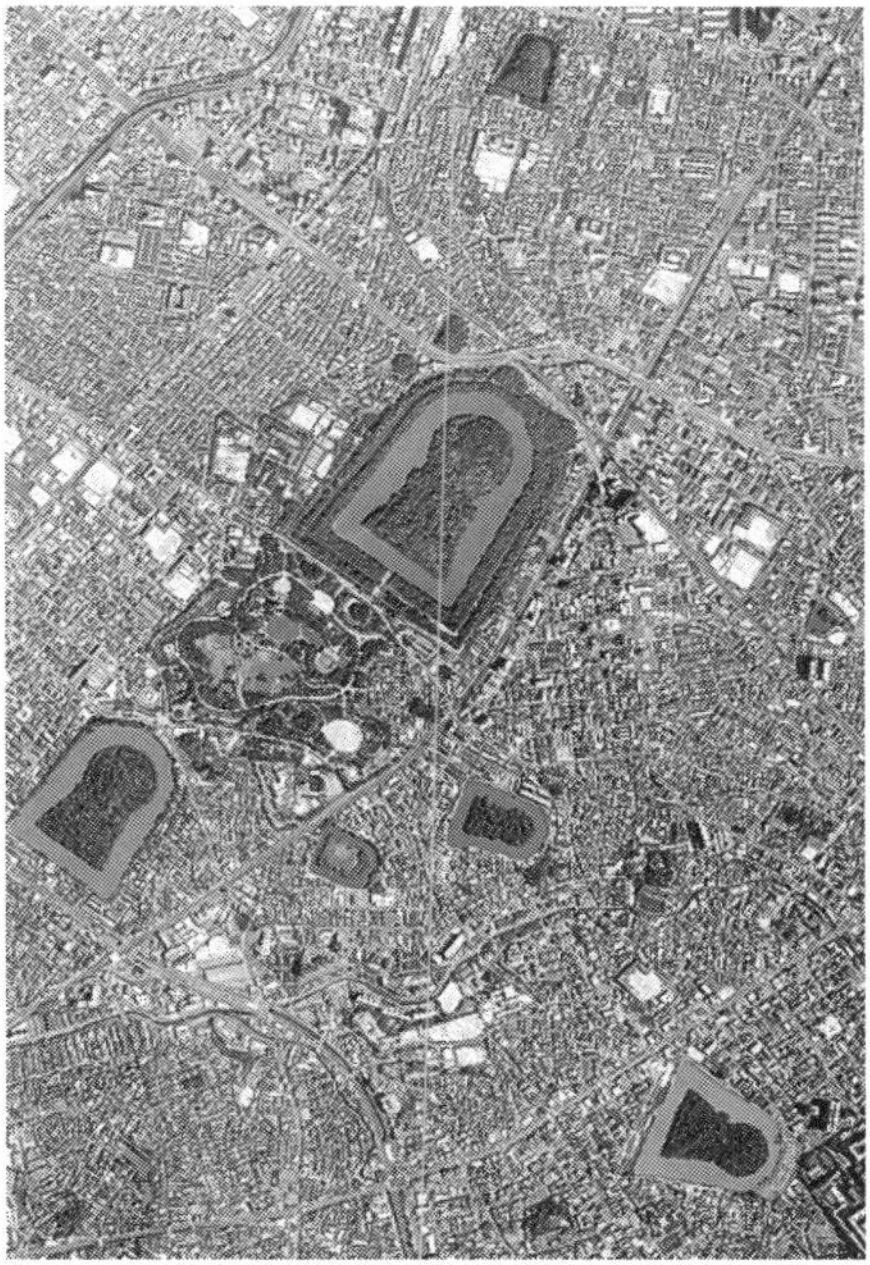
百舌鳥古市古墳群
（国土地理院撮影航空写真）

る。その阪和線の三国が丘駅の地点が御陵の北の後円部で、次の百舌鳥駅の地点が御陵の南の前方部である。

仁徳天皇御陵の南には皇子の第十七代履中天皇御陵（百舌鳥耳原南陵）があり、北には同じく皇子の第十八代反正天皇御陵（百舌鳥耳原北陵）がある。この三国が丘は、我が国黎明期の「皇陵の丘」だ。

さて、応神天皇の第四皇子である仁徳天皇は、皇紀九七三年に即位され都を難波高津（現、大阪市中央区高津）に置かれた。父君応神天皇が崩御されてから三年が経っていた。その訳は、異母弟の皇太子兎道稚郎子《うじのわきいらつこ》が、「徳の高い兄を差し置いて即位はできない」と云われ、兄は「先帝がお決めになったことを翻すとは畏れ多い」と双方即位を固辞されたからだ。そして、弟の兎道稚郎子が「これ以上生きて天下を煩わせることは忍びない」と自害して薨去された末の御即位だった。この御即位に至る経緯と自害された弟君兎道稚郎子への哀惜の思いを、仁徳天皇は御心の中に生涯秘めておられたと思う。

仁徳天皇は、仁徳天皇四年、高津宮の高殿から、民の竈から煙が昇っていないのを眺められ、民が煮炊きするものがなく貧しいのを確認された。

そして、現在の言葉で言えば、大胆な減税と、さらに続く大土木工事により民を豊かにされた。減税による民の可処分所得の増大と、次の大土木工事による総需要の増大が民を豊かにさせ国富を増大させたのだ。現在の大阪という大都会は、この大土木工事によって生まれた。

仁徳天皇が減税を決断された時の詔は、次の通り。

百姓《おほみたから》の窮乏を察し群臣に下し給へる詔（四年二月六日）

朕高臺《あれたかどの》に登りて以て遠く望むに、烟氣《けぶり》域中《くにのうち》に起たず。
以為《おも》ふに百姓《おほみたから》既に貧しくして、家に炊《いひかし》く者無きか。
朕聞く、古の聖王《ひじりのきみ》の世には、人々詠徳之音《えほむるこえ》を誦《あ》げて、家々康哉之歌《やすらかなりといふうた》有り。
今朕億兆《おほみたから》に臨みて、於茲三年。
頌音《ほむるこえ》聆《きこ》えず、炊烟《いひかしぐけぶり》轉《いよいよ》疎《おろそか》なり。
即ち五穀《いつつのたなつもの》登《みの》らず、百姓窮乏《とぼせり》しからむを知りぬ。
封畿之内《うちつくに》すら尚給《なほつ》がざる者有り。況や畿外諸國《とつくにぐに》をや。

三年の間課役を除き給ふの詔（四年三月廿一日）

今より以後《ゆくさき》、三載《とせ》に至るまで、悉く課役《えつき》を除《や》めて、百姓の苦《くるしみ》を息《いこ》へよ。

そして、三年後に、仁徳天皇は、高殿に登られて民の竈から烟が昇るのを眺められ、次の詔を発せられる。これこそ、「世界政治思想史上の奇跡」であり、皇后との会話が詔となっている。

百姓の富めるを喜び給ふの詔（七年四月一日）

朕既に富めり。豈愁有らむや。
皇后《きさき》對《こた》へて諮《まを》さく、何をか富めりと謂《のたま》ふ。天皇《すめらみこと》曰《のたま》はく、烟氣《けぶり》國に満てり、百姓自《おのづか》ら富めるか。
皇后且言《またまを》さく、
宮垣《みかき》壊れて修《をさ》むることを得ず、殿屋《おほとの》破れて衣被《ふすま》露にうるほふ。何ぞ富めりと謂《のたま》ふや。
天皇曰はく、
其れ天の君を立つることは、是れ百姓の為なり。
然らば則ち君は百姓を以て本と為す。
是を以て古の聖王《ひじりのきみ》は、一人も飢ゑ寒《こごゆ》れば顧みて身《おのれ》を責《せ》む。
今百姓貧しきは則ち朕《あ》が貧しきなり。
百姓富めるは則ち朕が富めるなり。
未だ百姓富みて君の貧しきこと有らず。

この詔によって、表明されたことは、まさに神武天皇御創業のお志である八紘為宇の具現化であり、則ち、我が国建国の理念だ。従って、現在に至る迄、この理念は我が国のまつりごとのなかに貫かれてきた。

明治維新における「五箇条の御誓文」の末尾は「萬民保全ノ道ヲ立ントス」とあり、同日に発せられた若き明治天皇の「國威宣布ノ宸翰」には今般朝政一新の時に膺り、天下億兆、一人も其處を得ざる時は、皆朕が罪なれば、今日の事、朕、自身骨を労し心志を苦しめ、艱難の先に立、古列祖の盡させ給ひし蹤を履み、治蹟を勤めてこそ、始て天職を奉して、億兆の君たる所に背かさるへし。

とあり、

昭和二十年八月十四日の昭和天皇の「大東亜戦争終結の詔書」には、

帝国臣民ニシテ、戦陣ニ死シ、職域ニ殉シ、非命ニ斃レタル者及其ノ遺族ニ想ヲ致セハ、五内為ニ裂ク。

とある。

これらの詔は、我が国は、神武創業以来、今日に至るまで、天皇と国民が、「一つの家族」であるという「根本規範」則ち「不文の憲法」に基づいていることをあきらかにしている。これが、「我が国の憲法」と云わずして、何が憲法なのであろうか。

仁徳天皇の治世に戻るが、天皇は結局、六年間、課税を禁止されてから、ようやく宮室を造られる。この六年間で民は豊かになり、天皇のお住まいの皇居は、雨が漏り風が吹き抜ける廃屋になり、天皇のめされている着物はボロボロになっていた。そこで、民は、昼夜を分かたず、進んで皇居造営の為に働き、新しい宮殿が完成した。

さらに、天皇は、「難波の堀江を開鑿し給うの詔」（十一年）を発せられ、肥沃で安全な国土を造る大土木工事を開始された。当時の大阪の平野部は、北の淀川と南の大和川の氾濫で見渡す限りの広大な湿地帯で田圃は少なく、茅渟の海の潮流は陸に上がり路は泥に埋まった。

そこで天皇は、溢れた水は海に流し、海からの逆流は防げと詔された。そして、人々は、高津宮の北に溢れる水を海に流す為に、野を掘って水を西の大阪湾に入れる「堀江」を掘り（これが現在の大阪市内の長堀）、淀川の氾濫を防ぐために茨田堤（現在の寝屋川市付近）の築造を行った。そして、大阪の大湿地帯が肥沃で広大な平野に生まれ変わったのだ。この、日本最初の大土木工事における多くの民の参加は、高津宮の十キロ南にある百舌鳥耳原に仁徳天皇の御陵を造営するに際し、民の大奉仕として再現された。

以上の通り、神武天皇御創業の「八紘為宇の詔」、仁徳天皇の「百姓の富めるを喜び給ふの詔」、そして、明治天皇の「国威宣布ノ宸翰」、昭和天皇の「大東亜戦争終結の詔書」は、日本は一つの家で、天皇と国民は一つの家族という我が国の根本規範、則ち、國體を鮮明に示すものである。

なお、江戸中期の米澤藩藩主上杉鷹山は、隠居するに当たり次の藩主に左の通り誡めを与えた。

伝国の辞

一、国家は先祖より子孫に伝え候国家にして、我私すべき物にはこれ無く候

一、人民は国家に属したる人民にして、我私すべき物にはこれ無く候
一、国家人民の為に立たる君にして、君の為に立たる国家人民にはこれ無く候
天明五年二月七日　　　治憲　花押
治広　殿

この「伝国の辞」が発せられた天明五年は西暦一七八五年であり、一七八九年のフランス革命における「人権宣言（人間と市民の権利宣言）」に先立つこと四年であることから、アメリカのケネディ大統領が、最も尊敬する日本の政治家として上杉鷹山を挙げたと思われる。

しかし、上杉鷹山の「伝国の辞」は、我が国における神武天皇の掲げられた「八紘為宇」の根本規範に基づき、仁徳天皇が詔で鮮明にされた理念の確認なのだ。則ち、人類史上、日本でのみ太古に実践しえた理念を上杉鷹山が江戸中期に確認したということだ。

なお、人民の疲弊と国家財政窮乏の時に、如何なる施策を断行するかに関し、仁徳天皇は、先ず第一に人民を豊かにする為に減税を断行された。

これが我が国の伝統だとするならば、幕末の備中松山藩の山田方谷が、藩財政窮乏の時に、まず民を豊かにする減税を実践し、薩摩の西郷隆盛も「租税を薄くして民を裕にするは、即ち國力を養成する也」（西郷南洲遺訓）と減税を提唱したのは、まさに我が国の仁徳天皇以来の伝統に従ったことと言える。

但し、平成から令和の御代の我が国の政治と官僚組織だけは、この伝統に無知無学で、西郷さんの警告通り「曲知小慧の俗吏を用ひ、巧みに収斂して一時の欠乏に給するを、理財に長ぜる良臣となし」ている（南洲遺訓）。これ、我が国の歴史と尊い伝統に無関心な戦後政治の大きな欠落である。

第七章　近現代の日本の八紘為宇実践の系譜

十九世紀も後半に入った時、我が国は明治維新によって世界史に乗り出した。その時以来の「近代化」は、欧米の文物を吸収し、欧米の思想を学ぶことに集中した如く教えられているが、それとは反対に、我が国のもつ伝統的価値観つまり「不文の憲法」を、世界に示し実践する時代の幕開けでもあったのだ。

従って、明治天皇の御代に始まる、現在日本による「世界のなかでの八紘為宇実践」の系譜を知らねばならない。実はこのこと、戦後教育では、無視されている。

近現代における世界史に刻んだ八紘為宇実践の営為を観るならば、まず挙げねばならないのは、最も無視されているところの、昭和十六年十二月八日の大東亜戦争開戦時に発した「帝国政府声明」と、戦争遂行中の昭和十八年十一月五日に、我が国会議事堂で開会された世界史上初めての有色人種による国際会議である大東亜会議にて、十一月六日に発せられた「大東亜共同宣言」に掲げられた「人種差別撤廃」と「諸民族の共存共栄」の理念の世界に対する宣言である。

この「帝國政府声明」と「大東亜共同宣言」は、既に触れた（本書56頁）ので、その文言を繰り返さないが、今や世界の文明の理念となったではないか。この「帝國政府声明」と「大東亜共同宣言」の因って来たるところを振り返ったとき、神武天皇が御創業の際に掲げられた「八紘為宇」の志に行き着く。

その上で、明治維新とは何かと振り返れば、それは、慶応三年十二月九日の「王政復古の大号令」による「神武創業之始ニ原キ」との号令に始った。その神武創業とは則ち、「八紘為宇の志」ではないか。

よって、明治元年三月十四日の「五箇条の御誓文」の末尾には「万民保全ノ道ヲ立ントス」と記され、同日の「國威宣布の宸翰」では「天下億兆、一人も其處を得ざる時は、皆朕が罪なれは」と宣言されている。

同時に、日本は、明治維新によって世界史に参入したのであるから、我が国は、一貫して世界史の舞台において八紘為宇の理念の実践者であったことを知らねばならない。よって、まず明治天皇の貴い御製を掲げたうえで、その実践の系譜を記しておきたい。

國のためあたなす仇はくだくともいつくしむべき事な忘れそ

（一）明治三年、西郷隆盛は遙か東北の庄内藩から南の薩摩に来た酒井忠篤ら庄内藩士に言った（南洲翁遺訓より）

文明とは道の普く行はるゝを賞賛する言にして、
宮室の荘厳、衣服の美麗、外観の浮華をいふには非ず。
世人の唱ふる所、何が文明やら、何が野蛮やら些とも分からぬぞ。
予嘗て或人と議論せしこと有り、
西洋は野蛮ぢやと云ひしかば、否な文明ぞと争ふ。
否な野蛮ぢやと畳みかけしに、何とてそれ程に申すにやと推せしゆゑ、実に文明ならば、未開の国に対しなば、慈愛を本とし、懇々説諭して開明に導く可きに、左は無くして未開蒙昧の国に対する程むごく残忍の事を致し己を利するは野蛮ぢやと申せしかば、

其の人口を窄めて言無かりき、とて笑はれける。

つまり西郷は、我が国の八紘為宇の志は、ただ日本に留まらず他民族にも及ぶと言っている。そして、この八紘為宇の志から西洋を観れば、有色人種を人間と思わず植民地にして当たり前としている西洋は野蛮と断定せざるを得ないのだ。

この西郷の思いを基に、三年後のいわゆる征韓論に関する政争を観れば、その真相は、世評とは異なり、西郷は軍を朝鮮に出さずに、自分が一人で朝鮮に出向き、誠心誠意の我が真意を伝える努力を尽くす所存であったと思われる。しかし、西郷の死後、西郷は朝鮮武力侵攻の急先鋒の如く伝えられたのは、栄達した軽薄な者達のずるい作為であろう。

さらに、明治三年に、何故、はるばる東北から薩摩に庄内藩士が来ていたのであろうか。

その訳は、戊辰戦争で、明治元年九月に庄内藩は新政府軍に降伏したところ、新政府軍参謀の薩摩藩の黒田清隆が、驚くほど優しくゆるやかな降伏条件を示し、談判がなると、直ちに庄内藩主の下座にまわり、藩主に「役目のためとはいえ、ご無礼を致しましたが、お許し下さい」という言葉を発し、庄内藩士はその黒田の武士道をわきまえた立派な態度に感激したからだ。

そして、明治二年、庄内藩代表が東京に出て黒田清隆に面談し、お礼を申しでたところ、黒田は
「あれは西郷先生の指示でやったことです」

と答え、西郷先生が言った次の言葉を伝えた。

「戦いは……勝てば、もうそれでいいよ。あとは、同じ日本人……。

新しい日本をつくる同志じゃないか。もう敵でも味方でもないよ。」

この西郷の言葉に感激した庄内藩士達は、明治三年に薩摩にいる西郷に教えを請いにきた。さらに庄内藩主自らも七十六名の武士を率いて西郷の教えを請いに薩摩にきたのだ。

後、明治十年、西南の役勃発の時も、庄内藩士達は薩摩に滞在していた。西郷は、彼らに故郷の庄内に帰れと言ったが、彼らは帰らず、庄内の二名の少年が西郷軍兵士として戦死した。

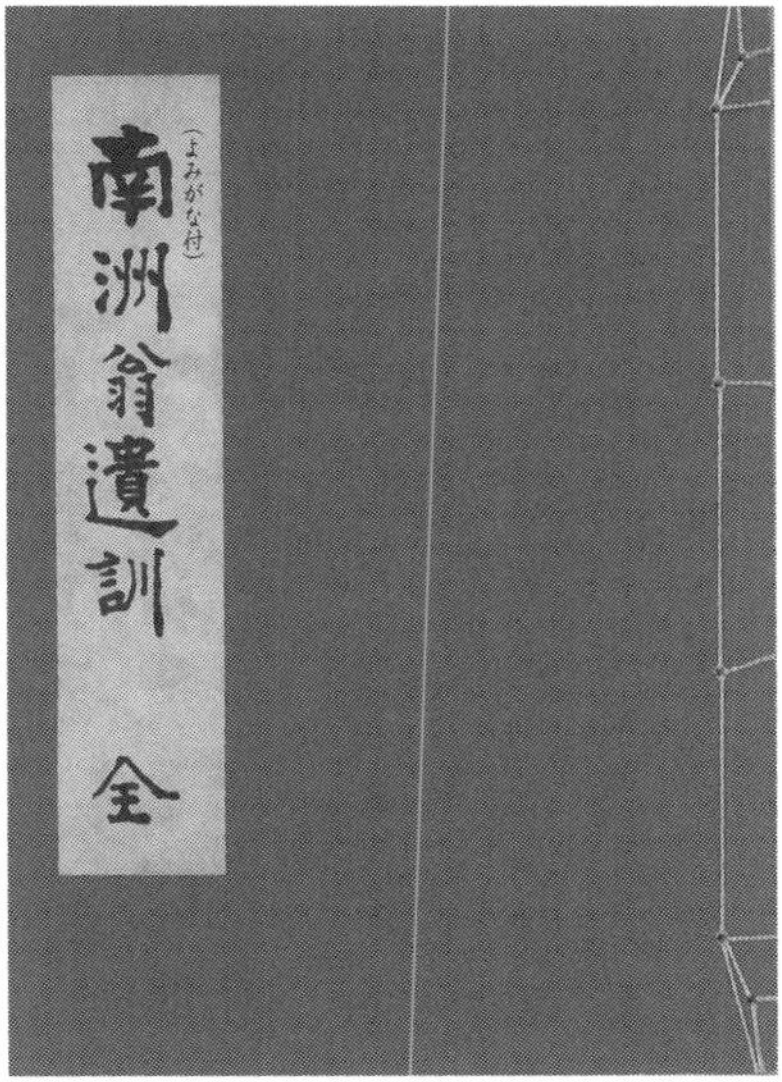

南洲翁遺訓

その二人は、伴兼之享年十八歳、榊原政治享年十六歳。

明治二十二年、明治天皇は、「大日本帝國憲法」の発布にちなんで西郷の「逆賊」の汚名を除き、西郷に正三位という名誉を与えられた。それを切掛けにして旧庄内藩士達は、西郷の発言の記録や記憶を集めて「南洲翁遺

訓」を編纂することを企画し、明治政府の妨害のなかで、明治二十三年一月、遂に発行にこぎつけた。副島種臣が、その庄内藩士達が纏めた「南洲翁遺訓」が世に出るとき、序文を書いた。

これが、今に伝わる「南洲翁遺訓」だ。冒頭の西郷の言葉は、この遺訓に収録されている。なお、現在、山形県の庄内には「南洲神社」があり、財団法人庄内南洲会があって、「南洲翁遺訓」を発行している。次に、西郷の志に応じた我が国の世界史に於ける八紘為宇の実践を記す。

（二）マリア・ルス号事件

ペルー船籍マリア・ルス号は、明治五年七月、マカオから二百三十一人の清国人奴隷を乗せて横浜港に入港した。その時、数人の奴隷が脱走して救助を求めた。

それを察知した外務卿副島種臣は、人道主義と日本の主権を主張して、神奈川県令の大江卓に清国人救助を命じた。大江県令は、まずマリア・ルス号の出港を停止し、清国人奴隷解放を条件にマリア・ルス号に出港許可を与えた。

この事件は、後にロシア帝国による国際仲裁裁判所に持ち込まれ、我が国は始めて国際裁判の当事者となった。全権公使は榎本武揚。裁判長となったロシア皇帝アレキサンドル二世は、ペルーの日本に対する奴隷解放の補償金の支払い要求を退けた。この事件は、奴隷を当然とする西洋文明に対する人道主義を掲げた日本の画期的な異議申し立てである。

この時、岩倉具視を代表として大久保利通や木戸孝允等さらに若輩の伊藤博文、則ち新政府首脳達は、百九名の訪欧使節団を編成して、約二年間、米国と欧州を回っており、日本政府の事実上の首班は西郷隆盛であった。

岩倉訪欧団は、全国約三百の藩を県にして、それを現在の都道府県に編成して日本を中央集権的近代国家へと大変革する廃藩置県の大切な時期に、約二年間日本を離れて欧米を回っていたのだ。その時、実質的に廃藩置県という歴史的な難事業を遂行したのは、西郷隆盛である。これが、却って日本の為によかったのであろう。無私無欲の人でなければ、この難事業は遂行できないからである。

帰国後、彼ら岩倉訪欧団は、庶民に次のように謳われた。

「条約は　結び損ない　金は捨て　世間に対し　何といわくら」

なお、外務卿副島種臣は、気骨のある武士であり、当時、欧米外交団が、清国皇帝の前で三跪九拝の礼（跪いて三回頭を下げる動作を三回繰り返す）をしていたのに対し、平然と、直立して礼をする動作を一回するだけで済ました誇り高い男であった。それ故、欧米外交団から賞賛された。

（三）シベリアからロシア人少年少女八百名の救出

第一次世界大戦中の一九一七年（大正六年）、ロシアのサンクトペテルブルクでロシア革命が勃発しボルシェビキの赤軍と反ボルシェビキの白軍の武力衝突が始まり、これが内戦となって全土に広がりはじめた。この時、日本は、内戦で孤立したロシアの子供達八百人と、ポーランドの孤児達七百六十五名を、ウラジオストックから船に乗せてそれぞれの郷里に送り届けたのだ。

まず一九一八年（大正七年）五月、内戦の坩堝となったペテルスブルクから八百九十五人のロシア人少年少女が、ウラルに疎開した。しかし、内戦の広がりにより、ウラルに疎開したペテルスブルクの子供達も孤立して、「ウラル山中をさ迷う子供達」となってしまった。しかし、アメリカ人を中心とする救援組織によって、翌一九一九年九月、彼らはウラルからシベリアを横断して六千キロ東のウラジオストックに運ばれ、安全な施設に収容された。

その後、ロシア人の子供達をウラジオストックから祖国に帰すためには、内戦のユーラシアを陸路横断することは不可能であり、また海路では、第一次世界大戦で多くの機雷が敷設された危険な海域を通ることになる。それ故、アメリカを含む世界各国の船会社が悉くロシアの子供達のサンクトペテルブルクへの輸送を断るなかで、遂に、日本の勝田銀治郎（後の神戸市長）が所有する陽明丸（船長、茅原基治）だけが、敢然とロシアの子供達を祖国に帰す任務を引き受けてウラジオストックに入港した。

そして、八百名のロシアの少年少女を乗せて、まず室蘭に寄港して食料と物資を積み込み、太平洋を横断してパナマ運河を経てニューヨークに寄港してから大西洋を渡って、多くの機雷が浮かぶバルト海域に入り、一九二〇年十月十日、フィンランドのコイスビスト港（現ロシア領）に到着して、子供達は陸路で郷里のサンクトペテルブルクの父母の元に帰っていった。

この壮挙は、不思議にも日本側では茅原基治船長の遺した手記「赤色革命余話　露西亜小児団輸送記」しかない。ウラジオストックを発ったロシアの子供達は、陽明丸に乗船したまま室蘭で食料の補給を受けて、日本国内に入らずに太平洋を横断していったので、日本国民の関心が集まる機会がなかったのだ。

しかし、ロシアでは、助かった子供達の孫が「ウラルの子供達の子孫の会」をつくり、その代表の孫のオルガ・モルキナさんが、近年、判明した岡山県笠岡市の茅原基治船長の墓に参っている。

オルガ・モルキナさんは、幼い頃から、共に陽明丸によってシベリアから救出された祖父母から、子供時代に経験した驚くべき冒険譚を、いつも聞かされ、そのなかで、深い感謝の念をもって語られる「カヤハラ船長」を、驚くべき冒険譚の凜々しい英雄のように思っていた。

そして、「ヨウメイマル」と「カヤハラ船長」という二つの手がかりでこの冒険譚の真実を探していた。その時、ペテルブルクに個展開催の為に訪れていた日本人の北室南苑さんに巡り会い、日本の「ヨウメイマル」と「カヤハラ船長」を探して欲しいと頼んだ。すると、一年半後に、北室南苑さんから、「カヤハラ船長発見」の知らせを受け、岡山県笠岡市にある「茅原基治船長」のお墓に参ることができたのだ。

この英雄譚は、北室南苑編著『陽明丸と800人の子供達・日露米をつなぐ奇跡の救出作戦』（並木書房）で、近年、明らかにされている。

(四) シベリアを彷徨うポーランド孤児七百六十五名の救出
嘉永五年（一八五二年）に信州松本に生まれた我が国の情報将校の卓越した魁《さきがけ》となるドイツ駐在武官福島安正中佐（後に大将）は、明治二十五年（一八九二年）帰国命令を受けた際、ドイツから一万八千キロ東方にある日本へ、単騎でシベリアを横断して帰国することを決意した。

西から東に膨張してくるロシアによるシベリア経営とシベリア鉄道敷設状況、そしてシベリアの過酷な自然と地理を検分し体験する為だ。福島中佐は、一年四ヶ月をかけて単騎シベリアを横断して帰国し、日本のみならずドイツで彼を見送った欧州諸国の軍人から賞賛された。

その福島中佐の、陸軍への帰国報告の中に次のような一節がある。

ドイツを過ぎて東方に向かい、数日進むと、雪が降りだし寒さが深まり、淋しい荒廃した里にでた。そして、そこに佇む老夫に「ここは何処か？」と尋ねると、老夫は「昔、ポーランドという国があったところです」と答えた。

この話は大国に挟まれた国の悲話として日本人の心をうった。日本人も、明治維新以来、大国に支配される亡国の境遇に陥らないように必死の努力をしてきたからだ。そして、ポーランドに対する同情の念から、「ポーランド懐古」とい軍歌も作られた。その歌詞に曰く、

「ドイツの国もゆき過ぎて、ロシアの境に入りしが、寒さはいよいよまさり来て、降らぬ日もなし雪あられ、さびしき里に、いでたれば、ここはいずこと、たずねしに、聞くもあはれやその昔、亡ぼされたるポーランド」

ポーランドは十九世紀から一九二一年三月に独立するまで、百二十年間、帝政ロシアに支配されていたのだった。そして、シベリアには十九世紀から帝政ロシアによって流刑にされ、また、強制移住させられて開発に使役されていた二十万人ほどのポーランド人がいた。そして、彼らもボルシェビキ

の革命による内戦で、荒野を彷徨い、餓死、病死そして凍死していった。

赤軍の捕虜になったポーランド人は、その場で射殺されるか牢獄に入れられた。幸い逃げ延びた人々も雪のなかで極寒に襲われ、凍死していった。また、脱出しようとした六百人のポーランド人婦女子を乗せた列車が燃料不足で立ち往生し、全員そのまま列車内で凍死した事件は、欧米の新聞も戦争の悲劇として報じた。このようななかで、シベリア各地に、孤立した多数のポーランドの孤児が残された。親と死別した子供達は、飢餓と極寒のなかで、次々と斃れていった。

この時、シベリアに出兵していた欧米の部隊は既に撤収し、日本軍だけが残留して赤軍から街を守っていた。また、ウラジオストック在住のポーランド人は、窮状にある同胞を救出する為に「ポーランド救済委員会」を結成し、アンナ・ビエルケビッチ女史を代表者に選び、新生ポーランドの将来を担う子供達の救出を活動の中心におき、東京に派遣して日本政府にポーランド孤児の救出を懇願することになった。

そして、このビエルケビッチ女史が単身来日して我が国の外務省を訪れたのは一九二〇年（大正九年）六月十八日で、応対したのは作家の武者小路実篤の実兄の外交官武者小路公共だった。

武者小路公共は、ビエルケルビッチ女史から事情を聞き取った後、女史に、日本国外務大臣宛に、シベリアにおけるポーランド人の惨状を文書にして提出することを勧めた。女史は、横浜のホテルで徹夜し、フランス語でタイプした嘆願書を書き上げ、翌日外務大臣に提出した。この嘆願書は現在も、外務省外交史料館に保管されている。

その嘆願書に書かれた状況説明には、シベリアにおけるポーランド人の惨憺たる窮状が記されていた。赤軍から逃れるためにシベリア鉄道には、チェコ軍やイタリア軍などの連合軍兵士が殺到し、列車が不足していた為、多くの避難民は兵士達によって列車から雪の中に投げ捨てられて凍死していった。ある列車のなかを覗くと、冷たくなった母親の死体に覆い被さるように凍死している数人の幼児達がいた。母親は、子供を暖めるためまず自分の衣服を被せ、次いで残った食べ物を与えてから息絶えたのであろう。子供達の中にはまだ生きているように見える者もいて、その蒼ざめた両頬には涙が凍っていた。

このビエルケビッチ女史の状況説明を読んだ日本政府と外務省は、あまりの悲惨さに驚き、そして同情し、日本赤十字社にポーランド孤児救出事業の引き受けを要請した。そして、日本赤十字社は原敬内閣の陸軍大臣田中義一、海軍大臣の加藤友三郎の認可を受けて外務大臣内田康哉に次の通り伝えた。

「本件は国交上並びに人道上まことに重要な事件にして救助の必要を認め候につき、本社において児童達を収容して給養いたすべく候」

日本赤十字社と在シベリア日本軍部隊は、シベリア各地で孤立していたポーランドの孤児達合計七百六十五人をウラジオストックに集めて保護した。そして孤児達は、ウラジオストックから、合計五回にわたって陸軍輸送船に乗せられて日本の敦賀港に着き、敦賀港から汽車に乗って東京の渋谷の日赤本社病院に隣接した福田《ふくでん》会育児院には三百七十五人の孤児達、大阪の天王寺の大阪市立公民病院

ポーランド孤児と日赤看護婦

（現在は大阪市立大学医学部付属病院）看護婦宿舎には三百九十人の孤児達が収容され、それぞれ赤十字の医師と看護婦の献身的な治療を受け、また全員たっぷりと食べて体力を回復した。

看護婦さん達は、「この子の姉さんになる」と決めて献身的に子供達に接した。そして、多くの日本人は、衣類やおもちゃや菓子を差し入れ、シベリアで親を失った子供達を、我が子や弟や妹と同じ家族として接したのだった。看護婦さんは、幼い孤児達を抱いて添い寝を続けたという。

東京に来た子供達（四歳～十六歳）は、行啓された貞明皇后に優しく頭をなでられ激励された。そして、手品や音楽などの余興、動物園や博物館の見学、そして多摩川公園への遠足。さらに日光への一泊旅行などが行われた。

大阪に来た子供達（一歳〜十五歳）も大歓迎された。活動写真と呼ばれた映画の上映や余興、そして大阪城の見学があったが、特に子供達は、近くの天王寺動物園で遊んだことを生涯忘れなかった。

動物園の園長は、象を初めて見た子供達に特別の計らいをした。象を檻から出して、その背に子供達を乗せてあげたのだ。動物園から帰るとき、子供達はたどたどしい日本語で園長に「アリガト」、「アリガト」と口々に言って感謝の思いを伝えた。子供達のそのたどたどしい心からの感謝の言葉を聞いていた園長は、涙をこらえきれなくなっておいおいと泣いた。園長は、シベリアで両親と死別して彷徨っていた子供達のけなげさに触れて、泣かずにはいれなかったのだ。

東京と大阪で、このような日々を送った子供達ではあるが、やはり過酷なシベリアでは殆どが栄養失調になっていたのが祟って、抵抗力が弱くすぐに風邪をひいた。特に一九二一年（大正十年）春、腸チフスが蔓延し、医師と看護婦が必死になって看護し、子供達は全員回復したが、昼夜の別なく看護にあたった看護婦松沢フミ（二十三歳）は、腸チフスに罹患して殉職した。松沢フミは、周りがどれだけ休ませようとしても休まなかった。そして、言った。

「この子たちには、両親も兄弟姉妹もいないのです。誰かが、その代わりにならなければ、なりません。私は決めました。この子達の姉さんになると」

松沢フミの死を知らされた子供達は号泣した。彼らは、シベリアの荒野しか知らず、日本で始めて暖かい家族の情に包まれたのだった。

日本赤十字社は、子供達全員の寸法をとって洋服を一着ずつ支給した。子供達は、その服を着て横浜港と神戸港から船に乗りポーランドのダンチヒ（グダニスク）に向けて帰ることになった。その帰国の日には、東京でも大阪でも大勢の群集が見送りに詰めかけた。その時、子供達は、「もっと、日本にいたい」と泣いた。すると、大阪の群集のあちこちから、「帰らんでもええ、日本におれ！」とか「わいが育てたるから、日本におれ！」という叫びが起こった。

しかし、子供達は船に乗った。そして、出航前に、見送りの群集のなかから、突然、万歳の大合唱が始まった。ポーランド万歳！　日本万歳！　日赤万歳！　万歳、万歳……万歳！

すると、船上から子供達の美しい声が聞こえ始めた。それは、子供達による「君が代」の合唱だった（以上、作家、秋月達郎氏の論考より）。

孤児達がポーランドに帰った時、第一次世界大戦は終わり、ポーランドは百二十年ぶりに独立した。しかし、彼らは孤児でありポーランドに抱きしめてくれる父母も帰る家もなかった。ポーランド語を充分に話せない子もいた。そこで、ウラジオストックから日本の外務省に来てポーランド孤児のシベリアからの救出を頼んだアンナ・ビエルケビッチ女史らは、バルト海に近いブェイヘローボという地の施設を譲り受け、そこに孤児達を集めた。

そこで彼らは、独立した祖国「ポーランド」を学ぶと共に、「日本への感謝を忘れるな」を合い言葉にして「日本の歌」を歌い継いだ。そして、成長した孤児達は「極東青年会」を設立した。その会長になった元孤児は、後のナチスドイツに対するワルシャワ蜂起の指導者となるイェジ・ストシャウコフスキであった。

一九三九年九月一日、ドイツが西から突如ポーランドに侵攻し、九月二十七日にワルシャワは陥落した。同時にドイツとポーランド分割の密約をしていたソ連が、抜け目なく東から侵攻して独ソでポーランドを分割した。ここに、百二十年ぶりに独立し祖国を取り戻したポーランド国民は暴虐なナチス・ドイツとソ連の支配下に入り、独立ポーランドは十八年間で消滅したのだ。

そして、ナチスが、孤児達にレジスタン運動の嫌疑をかけてドイツ軍が孤児院の捜索に入ってきた。

その時、日本大使館から領事が駆けつけ、

「ここは日本国が管理し面倒を見ている施設である！」

とドイツ軍に毅然として告げた。

すると、孤児達は、整列して、日本の国歌「君が代」を大声で合唱した。ドイツ軍の指揮官は、呆気にとられて部隊を引き上げていった。

また、ポーランド政府はドイツへの降伏を拒否して脱出し、当初はパリ、パリ陥落後はロンドンを拠点とする亡命政府を組織し、精強なポーランド軍兵士も祖国から脱出して亡命政府の指揮下に入った。

とはいえ、ワルシャワのポーランド政府が無くなったので、日本大使館も一九四一年に十月に閉鎖され、日本はポーランドの元孤児達との接点を失った。同時に、日本はドイツ、イタリアの枢軸国側で、ポーランド亡命政府は連合国側に別れた。しかし、この日本とポーランドの接点が無くなった時期に起こったことも、記しておかねばならない。

諜報分野における日本とポーランドの協力、驚愕の「ヤルタ密約」の日本への伝達

ポーランドは、西のドイツと東のロシアという軍事大国に夾まれた国の悲哀を経験してきた。従って、当然、生き残るためのインテリジェンス（諜報）の分野に長けていて、同時に、礼節と誇りを大切にする誠実な民族性を保っている。

また、ポーランドは、二十世紀の初頭の日露戦争で、大国ロシアを打ち破った極東の日本に、「偉大なるサムライ」として尊敬の念を抱いていた。従って、ポーランド軍と日本軍は、日本軍によるシベリアからのポーランド孤児救出を切掛けとして、強固な友情と協力関係を築いた。そして、ポーランド軍は、長けているインテリジェンスの分野、特に暗号解読の技術を日本軍に伝授し指導した。日本軍は、特にソ連暗号解読を欲していたからだ。この関係は、枢軸国と連合国に別れても変わらなかった。

一九四一年（昭和十六年）一月、ストックホルムに駐在武官として赴任した陸軍少将小野寺信《まこと》は、武官室で白系ロシア人として働いていたピーター・イワノフ、本名ミハール・リビコフスキーというポーランド人と知り合い、固い友情で結ばれた。彼こそ、ロンドンの亡命ポーランド政府きっての大物情報士官であり、ナチス親衛隊指導者ハインリヒ・ヒムラーが、「世界で最も危険な密偵」と言った男であった。

従って、ナチスはリビコフスキーを殺そうと必死になり、三国同盟を締結しているベルリンの日本

大使館も、彼をドイツに引き渡そうと狙っていた。この時、ストックホルムの小野寺は、武官室の通訳としてリビコフスキーを雇い、「岩延平太」という名義の日本国パスポートを与えて彼を守った。

しかし、一九四四年一月、スエーデン政府は、遂にドイツに屈服し、リビコフスキーに国外退去を命じた。そこで、リビコフスキーは、小野寺に「ロンドンからも、引き続き日本の為に情報を送る」と約束してロンドンの亡命政府のもとに移った。そして、一九四五年（昭和二十年）二月半ばの夕食前、夜陰に乗じるが如く、ロンドン亡命政府からの手紙が小野寺の自宅ポストに入れられた。

この手紙こそ、一九四五年二月四日から十一日の間、クリミア半島ヤルタに集まったアメリカのルーズベルト、イギリスのチャーチル、そしてソ連のスターリンの米英ソ首脳が合意した「ヤルタ密約」の内容を、リビコフスキーが入手し、ポーランドのインテリジェンスの責任者であるガノ参謀本部情報部長をして正式に日本政府に伝達したものであった。

手紙の封を切った小野寺は、「ヤルタ密約」に驚愕した。その内容は、ソ連はドイツ降伏の三ヶ月後に、日ソ中立条約を破って日本に参戦すること、その参戦の代償として、日本領の南樺太と全千島列島をソ連に割譲することを米英ソ首脳が密約したものであった。

当然、駐在武官小野寺信少将は、この驚愕の「ヤルタ密約」の情報を、まさにその時に、東京の陸軍参謀本部に打電し、日本政府と大本営は、それを知り得たであろう。その時は昭和二十年二月、我が国は、小磯内閣の時期である。そして、小磯内閣は同年四月五日に総辞職した。しかし、この小磯内閣から、次の終戦を目的として組閣された鈴木貫太郎内閣に、この「ヤルタ密約」の情報が伝達された形跡はないし、新しく鈴木内閣の陸軍大臣となった阿南惟幾大将も、それを知っていた痕跡はない。

従って、鈴木内閣は、「ヤルタ密約」を知らずに、日ソ中立条約によってソ連は「中立国」であるという前提で、ソ連政府に日本と連合国との和平交渉開始の仲介を依頼していたのだ。

この「ヤルタ密約」というストックフォルム駐在武官小野寺信少将から伝達された情報を、何故、鈴木内閣は知らなかったのか、小磯内閣が握りつぶしたのか否かは、重大な「昭和の謎」であり真相究明を要する重大事項である。

なお、この時、ドイツの敗北は決定的であり、同時にポーランドがソ連の支配下に入ることも決定的であった。一九三九年九月、前記の通り、独ソ両国は、ポーランド分割の密約によって、ドイツは西からソ連は東からポーランドに侵入した。そして、ソ連は、ポーランド内の自由主義的な傾向を根絶やしにするために、翌一九四〇年三月からスモレンスク近郊のカチンの森で、ポーランド軍将校や警察官そして聖職者など指導的立場の人々合計二万二千人を殺戮して死体を地下に埋めた。さらに、一九四四年八月一日、ワルシャワを支配しているドイツ軍に対して、ポーランドの五万の国内軍と殆どのワルシャワ市民が参加して決行された「ワルシャワ蜂起」の敗北によってポーランド軍兵士一万八千人、市民十八万人がドイツ軍によって殺戮されワルシャワの街は徹底的に破壊された。そして、翌年の一九四五年一月、ソ連は、ワルシャワの崩壊とドイツ軍の弱体化を見届けた上で、ワルシャワに侵攻してドイツ軍を駆逐してポーランドを占領した。

ロンドンの亡命ポーランド政府の情報将校のリビコフスキーとガノ参謀本部情報部長は、母国のポーランド全土がソ連の支配下に入ること必然の状況の中で、日本に対する親愛の情黙しがたく、「日本だけは、ソ連の狡智にしてやられるな」と祈る思いで「ヤルタ密約」の情報を小野寺信少将に知らせたのであろう。

戦後の昭和二十一年一月、小野寺はナポリから日本に引き揚げる。その小野寺に、亡命ポーランド政府の参謀本部情報部長ガノは、次の手紙を渡した。

「あなたは真のポーランドの友人です。長い間の協力と信頼に感謝し、もしも帰国して新生日本の体制があなたと合わなければ、どうか家族と共に全員で、ポーランド亡命政府に身を寄せてください。われわれは経済的保障のみならず身体保護を喜んで行います」

その後、日本はソ連軍の占領統治を受けることはなく、小野寺は日本に住みつづけることができた。しかし、ポーランドにはソ連隷属下の共産主義体制が誕生し、西側亡命政府のミハール・リビコフスキーは、遂に祖国に帰ることは出来ずカナダのモントリオールで後半の人生を過ごした。

このように、日本とモントリオールとに離れたが、二人の友情は続き、二人は戦後二度会っている。一度目は日本の大阪万博の時、リビコフスキー夫妻が日本に来た。その四年後に小野寺夫妻がモントリオールに行った。そして、二人の友情は家族ぐるみになった。

小野寺は、昭和六十二年（一九八七年）に亡くなった。その四年後にリビコフスキーが亡くなった。そして、リビコフスキーの妻ソフィアは、小野寺の家族に次のような手紙を送った。

「ミハールは、最愛なる大親友マコトのところへ逝きました。きっと二人はもっと良い世界で戦略について引き続き議論しているでしょう。ただし、戦争についてではなく人類愛について」（以上、産経新聞社論説委員　岡部伸氏の談話を纏めた「歴史街道」誌から）。

「ワルシャワ蜂起」の無名の勇者達

一九四四年八月一日午後五時、ポーランドの首都ワルシャワで、五万のポーランド軍兵士とワルシャワ市民の殆どが、首都を占領するドイツ軍に対して一斉蜂起した。そして、六十三日間、果敢に戦い、刀折れ矢尽きて壊滅した。戦死者、兵士一万八千人、市民十八万人。生き残った多くの市民はアウシュビッツなどの強制収容所に送られ衰弱して亡くなっていった。

その時、ソ連軍は東からワルシャワに迫っていた。そして、モスクワ放送はポーランド語で「ポーランド人よ、武器を取れ」とドイツ軍に対する蜂起を盛んに促していた。ソ連は、ワルシャワ市民に、ソ連軍が加勢に駆けつけると思い込ませたのだ。しかし、これはソ連の狡智であり、ソ連は「ワルシャワ蜂起」に加勢せずに傍観して、武器を取れるポーランド人のほとんどが、ドイツ軍に殺されるのを待っていたのだ。

現在、ワルシャワでは、八月一日午後五時に、サイレンが鳴り響き、市民は、ワルシャワ蜂起で戦い死亡していった同胞に黙祷を捧げる。ワルシャワ市民は、少ない武器で果敢に戦った。小さな子供まで、また女性達も、武器を取ってドイツ軍と戦った。その少年兵の中核となったのが、かつてシベリアで日本軍に救出され日本の大阪天王寺の施設で保護された孤児イエジ・ストシャウコフスキ（一九一一年〜一九九一年）が率いるイエジキ部隊だった。

一九三九年九月一日、ドイツ軍はポーランドに侵攻し、第二次世界大戦が始まる。その時、イエジは、二十八歳でポーランド軍の予備役少尉だった。そして、動員されポーランド西南地域で歩兵部隊の小隊長としてドイツ軍との戦闘に入った。しかし、部隊は敗れ、イエジは、ワルシャワ陥落後に軍服を脱いでワルシャワ市内に潜伏した。そして、シベリアから日本に救出された孤児達で造った極東青年会の仲間と連絡を取り、「俺たちがシベリアで体験したようなことを再び許してはならない」と、仲間と共に浮浪する子供達の為の孤児院を設けた。

そのうえで、イエジは、その頃結成された「国内地下武力抵抗司令部」と連絡を取り、「特別蜂起部隊イエジキ」という部隊を結成した。「イエジキ」とは「イエジさんの子供達」という意味だ。このイエジキ部隊の規模は、「ワルシャワ蜂起」の時にはポーランド全国で一万五千人を超え、ワルシャワでは四千人を超えていたという。そして、イエジ司令官の直接指揮の下には、常時、十二歳から二十二歳までの若者が二百名ほどいた。

一九四四年八月一日の「ワルシャワ蜂起」では、イエジキ部隊は果敢に戦うが、蜂起司令部の命令で一般市民を保護しながらワルシャワから脱出する。イエジキ部隊と保護した一般市民総勢六百人は地下水道に降りて、そこを八時間にわたる音を立てない沈黙の行進の末にワルシャワ郊外の森に脱出した。その後、イエジキ部隊はドイツ軍との戦闘を続け、多くの戦死者を出しながら、一九四五年五月の終戦を迎えた。イエジは生き残った。

ポーランドの映画監督アンジェイ・ワイダ（一九二六年〜二〇一六年）は、ポーランド軍大尉だった父を「カチンの森」でソ連に殺され、自身も戦時中レジスタン活動を続けた。そして、戦後、「ワルシャワ蜂起」の時代を描いた映画「世代」（一九五五年）、「地下水道」（一九五七年）そして「灰とダイヤモンド」（一九五八年）の抵抗三部作を発表した。その中の、「地下水道」は、「ワルシャワ蜂起」の際の、地下水道によるワルシャワからの脱出を描いた実写に近い映画である。イエジ達が生き残ったのは、奇跡的だった。

ポーランド在住の日本人ジャーナリスト松本照男さんは、一九七五年頃、ワルシャワで初老の婦人から「私、日本にいたことがあるのですよ。五十年ほど前に」と話しかけられた。その方はヘレーナさんというシベリア孤児だった。彼女は、一九二〇年（大正九年）にシベリアから日本の敦賀に来て、敦賀から東京経由で祖国ポーランドに帰国できたと松本さんに言った。これを切掛けにして松本さんはワルシャワに住む十数名の孤児達と知り合った。さらにそれから三年ほどかけて、ポーランド全土で消息を追ったところ、新たに三十人ほどの元孤児の方々と直接会うことができたという。

その中には、前記の特別蜂起部隊イエジキ隊の指揮官で生き残ったイエジ・ストシャウコフスキさん、アウシュビッツ収容所の地獄を生き抜いたイノツェンティ・プロタリンスキさん、ナチスの迫害からユダヤ人の子供を匿い、イスラエル政府から「諸国民の中の正義の人賞」を授与されたアントニナ・

リロ女史などがいた。そして、松本さんは、その頃、六十歳代から七十歳代になられる孤児達の幼年時代に体験した日本との出会いが、心の奥深く日本への愛着として活き活きと残っているのを知った。松本さんは、「人は歳を重ねると幼年時代のことを強く思い起こすといわれるが、そうした記憶の中で、何も気遣うことのない日本滞在は、あたかも天国の楽園にいるようだったと、皆、口を揃えて語るのが印象的だった」と書いている。

一九八一年（昭和五十六年）十二月、ポーランドの共産政権が、「連帯」の民主化運動を武力で押しつぶし、全土に戒厳令を敷く暗い時代に突入した時期、松本さんはイエジさんとしばしば会っていた。その時、孤児達は、戦前の一九三九年に、日本へ謝恩旅行をする計画を立てて資金を積み立てていたことを知った。そして松本さんは、祖国の戒厳令に浮かない顔をしているイエジさんを見て、「貴方の日本への謝恩旅行をなんとか実現しましょう」と言った。それから、松本さんは資金を集め日赤とも連絡を取り合い、一九八三年（昭和五十八年）十月、イエジさんの日本旅行を実現し、自分もイエジさんに同行して日本に帰国した。

同月十七日、イエジさんは東京の日赤本部において、ポーランド孤児を代表して林敬三社長に、「アリガト」と深く頭を下げた。さらに、懐かしい大阪の日本赤十字大阪府支部を訪問して、「全孤児を代表してお礼を言うために来ました」と述べ、感謝の思いを伝えた。そして、支部に残された当時の日誌を見ながら「動物園にも行きました」と言った。また、六十一年ぶりに孤児として三百九十人の仲間と共に滞在した天王寺にある看護婦宿舎跡を訪れた。その場所は、現在、大阪市立大学医学部付属病院になっていて、イエジさんが抱いていた森のなかの寄宿舎のイメージは全く無くなっていた。当時は、この寄宿舎からは東に生駒山、西に大阪湾が見えたが、今は、周りのビルに隠れて見えなかった。しかし、イエジさんは病院裏側に出たときに立ち止まり、昔の面影を見いだしたように「ここです、ここです」と言った。さらに、寄宿舎で見た活動写真を思い出し、イエジさんは「カツドウ、シャシン、もう一度、見たいね」と言った（ワルシャワ在住ジャーナリスト松本照男氏筆「シベリアの悲劇の再来は許さない……元孤児達の戦い、そしてアリガト」「歴史街道」誌より）。

天皇皇后両陛下のポーランド行幸啓

一九八九年（平成元年）、ポーランドは政治体制が転換され、民主主義国家に生まれ変わった。そこで、日本政府はポーランドとの新しい接点を求め、日本赤十字と日本軍によるシベリアのポーランド孤児救出に関心を持ち、駐ポーランド日本大使館は、先の松本照男氏にシベリア孤児救出についてのレクチャーを依頼した。そして、一九九五年（平成七年）、兵藤長雄駐ポーランド大使は、在任中に三度、大使公邸にシベリア孤児を招いて宴《うたげ》を設けた。兵藤大使が、最初の宴に来訪した八名の元孤児の皆さんに、

「ようこそ、お越しくださいました。国際法という法律では、日本国大使館と日本国大使公邸は小さな日本領土とも考えてよい場所です。ここに皆さまをお迎えできたことを、ほんとうに嬉しく思い

ます。」

と挨拶をすると、八十歳を越えた元孤児の皆さんは、「ああ、私たちは日本の領土に戻ったんだ」と感激し、その場に跪いて泣き崩れられた。

そして、やっとのことで公邸に来られたご婦人が言った。

「私は生きているうちに、もう一度日本に行くことが生涯の夢でした。そして、日本の方々に直接お礼をいいたかった。しかし、もうそれは叶えられません。ですから大使から公邸にお招きいただいたと聞いた時、這ってでも伺いたいと思いました。しかも、この地が、小さな日本の領土だと聞きました。今日、日本の方に、この場所で私の長年の感謝の気持ちをお伝えできれば、もう死んでも思い残すことはありません。」

ポーランド政府は、平成七年と八年、阪神淡路大震災の日本の被災児童を、ポーランドに招待してくれた。その時、かつてシベリアから救出され老人となった四人の元孤児達が日本の震災孤児を、慰め、激励するために会いに来てくれた。

兄弟で日本に助けられた方は、弟を二日前に亡くしたばかりだった。しかし、「私と弟がかつて日本人からもらった温かな心を、今、被災して悲しんでいる日本の子供達に伝えたい」と駆けつけてくれた。そして、自分が体験した日本人からの親切や好意を日本の被災児童たちに語ってくれた。

最後にポーランドの元孤児の皆さんから、バラの花が一輪づつ日本の被災児童に手渡されたとき、集まった人々から万雷の拍手が起こった。その時、八十歳を越えた元孤児の皆さんの目に涙が光っていた。

彼らはこのようにして、「七十五年前の日本人の善意を、日本の被災した子供達に返してくださったのです」（以上、元駐ポーランド大使　兵藤長雄氏の手記「歴史街道」誌より）。

平成十四年（二〇〇二年）七月十二日、ワルシャワの日本国大使公邸でレセプションが行われた。天皇皇后両陛下は、ポーランドとハンガリーに行幸啓されており、この日がポーランドでの最終日程であるため、これまでのポーランドにおける歓迎に対する答礼としてレセプションが催されたのだ。

従って、この日の日本国大使公邸には、ポーランド大統領夫妻をはじめ両国の関係者数百人が招かれて、大広間で天皇皇后両陛下のご到着を待っていた。

そして、しばらくして到着された、天皇皇后両陛下は、大広間に入られると、正面をまっすぐに見つめられ、そこに座っている三人の老人のところに歩み寄られた。三人は、足が不自由で立ってお待ちすることができず、座って両陛下をお待ちしていた。彼らは、九十二歳と九十一歳と八十六歳のシベリアの元孤児だった。

両陛下は、大広間にお入りになる直前に、駐ポーランド大使から、「シベリアの孤児達三人は、大広間入り口の正面におります」と告げられていたのであろう。それで、孤児が来てくれていることに心打たれた両陛下は、メインゲストであるポーランド大統領夫妻に挨拶される前に、入り口正面にいるこの三人の元孤児達に、まっすぐに歩み寄られたのだ。そして、立ち上がった三人に、座るように促され、腰を落として顔を近づけられ、一人ひとりの手を取られて、ゆっくりといたわるように、「お元気でしたか」と、お声をかけられた。

彼ら三人の元孤児は、大広間入り口の正面で待つように指示され、緊張して両陛下をお待ちしていた。しかし、両陛下が現れると、彼らの表情は晴れやかに輝いた。何故なら、彼ら三人は、日本に助けられた少年少女時代のことを忘れず、いつも「日本は素晴らしい」と語り、「日本は天国だった」と語る人達であり、集まると何時も「君が代」を歌う人達であったからだ。

そして、今、シベリアから日本に救出されてから八十年後、眼の前にその懐かしい日本の、天皇と皇后がおられるのだ。彼らの表情が、瞬時に生きてきた喜びを見つけたように晴れやかに輝いたのも当然であった。

ここで、天皇皇后両陛下に会われた彼ら三人を紹介する。このような体験を経た人は、日本人では滅多に見つけられないだろう。それほど、欧州そしてユーラシアの歴史は酷かったのだ。

招かれた一人目は、ブァツワフ・ダニレビッチ氏、一九一〇年八月十九日生まれ。彼の両親は第一次世界大戦でシベリアに流浪することになった。両親は子供だけでも逃がそうとして、兄弟四人は、一九二二年八月、ウラジオストックから敦賀経由で大阪に着いた。動物園を見学したこと、「君が代」と童謡を歌ったことを覚えている。シベリアに残った父は、一九三四年、ボルシェビキに殺害され、母は戦後ラトビアに戻ったが、子供達に再会できないまま一九四七年に亡くなった。

祖国に帰還後は、ワルシャワ大学獣医科を卒業して、獣医としての人生を歩んできた。彼は職場の同僚に、何時も「日本は素晴らしいところ」と語った。

二人目は、ハリーナ・ノビィッカ女史。一九一〇年五月二十八日にロシアのオムスクで生まれた。父はロシア人で母はシベリアに流刑されたポーランド人の子孫だった。ロシア革命で父親はコサック部隊に徴兵されて革命軍と戦って戦死。母親と二人の子供はウラジオストックを目指して避難した。半年もの道中は苛酷で、母親は幾度も強盗や逃亡兵から乱暴された。

一九二〇年七月、弟と共に敦賀に来て東京に向かった。日本での日々は天国で遊んでいるようだった。孤児達を憐れんで親しく行啓された貞明皇后にも拝謁できた。ノブィッカ女史は、八十年の時を経て二人の日本の皇后に拝謁することとなった。

帰国して成長した彼女は結婚したが、夫はワルシャワ蜂起で戦死した。シベリアに残った母は、戦後、ポーランドに帰国できたが衰弱が激しく、帰国してすぐに亡くなった。その後、ノビィッカ女史は、女手一つで娘を育て、娘は医師となった。

三人目は、アントニナ・リロ女史。一九一六年三月十日にシベリアのアレクセーエフスク（現、スブォボードヌイ）に生まれた。一九二二年に姉と兄と三人でウラジオストックから敦賀を経て大阪に来た。来日当初は皮膚病を患っており包帯でぐるぐる巻きになっていたが、看護婦さんたちが「可愛い、可愛い」と頭を撫でてくれて優しくキスしてくれた。

「それまで、人に優しくされたこともなく、ましてやキスなんてされたことがなかった。日本で過ごした日々は決して忘れない」彼女は、ことあるごとにそう語った。

ダニレビッチ氏やノビィツカ女史と同じように彼女も極東青年会で活動した。最初の結婚では夫と死別し、戦後に再婚して息子二人と娘一人をもうけた。

彼女は戦時中、親しい知人から一人のユダヤ人の少年を匿って欲しいと頼まれた。当時、ナチスドイツはユダヤ人絶滅政策を進めており、ユダヤ人を匿ったポーランド人も殺された。しかし、彼女は快諾した。瞬時に、次のように決意したからだ。

「かつて孤児として苦しんだ私を、日本人が救ってくれた。今度は私がユダヤ人を助けてお返しをする」

彼女は匿っているユダヤ人の少年に、キリスト教のカトリックの祈祷文を教えた。ナチスに疑われたときに、それが言えなければ、ユダヤ人だと露見するからだ。幸い、摘発されることもなく、彼女はユダヤ人少年を守り通すことが出来た。

前述の通り（本書277頁）、彼女は一九九九年に「諸国民の中の正義の人賞」をイスラエル政府から贈られた。この賞は、日本人では、「命のビザ」を発行して数千人のユダヤ人を救った杉原千畝が受賞している。

それから、二十一年が過ぎた現在、ワルシャワの日本国大使公邸で、平成十四年（二〇〇二年）七月十二日、天皇皇后両陛下に拝謁した日本をこよなく慕う三人のポーランド人元孤児は、現在、全員天に帰っている。

ノブィツカ女史は、一年後の二〇〇三年三月二十九日に、

ダレニビッチ氏は、二〇〇三年七月十七日に、
そしてリロ女史は、二〇〇六年七月九日に、
それぞれ帰天され、両親と再会された（以上、「歴史街道」誌、2014、3より）。
そして、現在、令和五年（二〇二三年）、百三年前の一九二〇年前後に、シベリアから日本に救出された七百六十五名のポーランド孤児の少年少女は、全員、帰天している。
しかし、彼らが生涯をかけて日本に対して捧げてくれた感謝の思いは、永遠にポーランドと日本民族の魂に刻まれてゆく。

（五）樋口季一郎ハルピン特務機関長と関東軍と満鉄、二万人のユダヤ人を救出せり！

一九二五年（大正十四年）、樋口季一郎少佐は、ポーランド公使館付武官としてワルシャワに赴任した。そして、西欧各国武官との社交の場で、特にソ連の武官と親しくなった。西欧各国の武官達は貴族の出身であるが、ソ連武官は職人出身でつまはじきにされていたところ、樋口はそれを不当と感じ、ソ連武官を私邸に招いたりしていたのだ。その結果、樋口は、スターリンの許可まで得て、外国人の入境を禁じているクリミアを含むソ連の要衝の視察が許された。ソ連の公式招待であった。ワルシャワにおける社交生活の成果である。

そこで、樋口は、一九二八年（昭和三年）二月の極寒の早春、ロシア駐在補佐官の秦彦三郎大尉（終戦時の関東軍総参謀長）とともに、南ロシア、コーカサスの高原を行く一ヶ月に及ぶ視察旅行を実施した。

樋口は、まずワルシャワから鉄道で東方に一千三百キロ移動してモスクワに着き、モスクワから鉄道で二千六百二十七キロ移動してバクーに着いた。そこから四百七十六キロ離れたグルジアの首都チフリスに移動した。さらに、コーカサスの高原を三百七十六キロ移動してアルメニアの首都エレヴァンに向かった。もはや鉄道はなく騎馬での移動である。

その旅の途中、グルジアの首都チフリスから黒海沿岸に向かっていると、荒涼とした岩山の続く道の両側に、白い土壁をかためた貧しい集落が在り、そこを通加した。その時、小さな玩具店から痩せた老人が飛び出してきた。そして、樋口らを見て、

「あなたたちは、中国人か」といった。

樋口はロシア語で

「いや、われわれは日本人である」と答えた。

すると、老人の目が生き生きと輝きだした。

「日本人とは驚いた。日本人を見るのははじめてだ。お茶をご馳走するから寄っていってくれ」

と言った老人は、樋口らを暗い店内に引き入れ、濃いコーヒーを沸かして、ふるまってくれた。

そして、老人は「私はユダヤ人だ」と言った。

それから、樋口らに向かって次のように語り続けた。

私たちユダヤ人は、世界で一番不幸な民族である。

どこへいっても苛められ、冷たい仕打ちにあわされてきた。

でも、私たちはその暴虐に刃向かうことは許されないのだ。

私たちに許されること……

それは暴虐の前にただぬかづいて祈ることしかないのである。

だれも恨んだり、憎んだりしてはならないのだ。

ただ、一生懸命、神に祈るのだ。

そうすれば、かならず、地上の君、メッシアが助けてくれる……

旧約聖書は、私たちにそうおしえている。

日本は東方の国である。太陽が昇る国であり、その陽いずる国に天皇という方がいる。

その天皇こそが、メッシアなのだと思う。

あなたたち日本人は、われわれユダヤ人が悲しい目にあったときや、困っているときに、いつかどこかで、きっと助けてくれるにちがいない。

あなたたちが、そのメッシアなのだ。いや、そうにちがいない。


深い皺のきざまれた老人の目尻から、涙がしたたりおちるが、老人は涙をぬぐおうともせず、両手を組んで胸に当て、三人にむかって敬虔な祈りを捧げるのだった。

樋口は、老人の祈祷の姿をみつめながら、流亡三千年の歴史を持つ民族の嘆きと悲哀に、深く胸をうたれた。

では、何故、この荒涼としたコーカサスの寒村の老人が、どうして東方の日本の天皇を知っていたのか。そして、「天皇こそがメッシアなのだ」と言えるのか。

その訳は、コーカサス出身のユダヤ人イアン・トランペルドールによるものと確信する。

樋口が、この老ユダヤ人に会ったときから、遡ること二十四年前の一九〇四年に始まる日露戦争において、コーカサスのユダヤ人ヨセフ・トランペルドールは、ロシア兵として激戦の旅順要塞に立て籠って日本軍と戦っていた。彼は、日本軍の砲弾によって左腕を吹き飛ばされても戦い続けた。

しかし、旅順のロシア軍は一九〇五年元旦に、乃木希典大将が率いる日本の第三軍に降伏した。この時、明治天皇は、降伏したステッセル司令官をはじめとするロシア軍将兵の「軍人としての名誉」を保たしめよとの御指示を、第三軍司令官乃木希典に発せられた。そして、トランペルドールを含む約二万のロシア兵は、日本軍の捕虜となって日本に運ばれ、大阪の現在堺市と高石市にまたがる大阪湾に面した浜寺公園に造られた浜寺ロシア兵捕虜収容所に収容された。

トランペルドールは、捕虜となって日本に上陸してから浜寺に来るまでの間、日本の風景と町並みと日本の人々を眺めてきた。浜寺の捕虜収容所には夜には電気がついたが、周辺の村々には電気はなかった。そして、トランペルドールは思った。何故、このアジアの小さな貧しい国が、ヨーロッパ最強の陸軍大国ロシアを打ち負かすことができたのか、と。

思い悩むトランペルドールに、一人の無名の日本兵が言った。

「祖国の為に死ぬことほど名誉なことはない」

祖国を持たないユダヤ人であるトランペルドールは、その日本兵の言葉に衝撃を受けた。そして、「ユダヤ人の祖国」を建設すると、神に誓った。

その時の九月、アメリカのポーツマスで日露講和が成り、トランペルドールは「ユダヤ人国家建設の誓い」を胸に秘め、明治天皇から下賜された義手を左に付けて、日本の浜寺から郷里のコーカサスに帰った。そして、コーカサスのユダヤ人達に「ユダヤ人国家建設」の夢を語り、彼らを奮い立たせた。

彼は言った。

「このユーラシアの大地の遙か一万数千キロ東の果てから、さらに海の向こうに、天皇を戴いた日本という小さな国がある。

日本人は死を恐れず国の為に戦い、大国ロシアを打ち破った。

俺たちは日本軍の捕虜になったが、日本人はユダヤ人を差別せず大切にしてくれた。

ユダヤ人が食べるパンを焼く機械も取り寄せてユダヤ人のパンを俺たちに食べさせてくれた。

日本の天皇は慈愛溢れる方だ。俺が左腕に付けている義手は、

日本の天皇陛下に戴いたのだ。

みんな！

俺たちユダヤ人の国は、二千年前にローマに滅ぼされたが、

ユダヤ民族も日本民族と同じ誇り高い民族ではないか。

トランペルドール

日本民族のように、立ち上がって力を合わせ、
ユダヤ人国家、俺たちユダヤ人の祖国を造ろうではないか！」
コーカサスの荒涼とした道を通りかかった樋口季一郎少佐に、涙して語ったあのユダヤの老人は、二十三年前に、片腕になって日本から復員してきたトランペルドールの話を聞いていたのではないだろうか。

丁度その頃、一九一四年、第一次世界大戦が勃発し、トランペルドールは二千年振りに「ユダヤ人の軍隊」を結成しようと決意して輸送部隊「シモン騾馬隊」を組織し、イギリス軍の隷下に入ってダーダネルス作戦に参戦する。このダーダネルス作戦の総司令官はイギリス軍のイアン・ハミルトン大将であり、十年前の日露戦争の観戦武官としてトランペルドールが戦う旅順要塞攻防戦を観察していた軍人であった。
実戦におけるシモン騾馬隊は、銃弾飛び交う戦場で勇敢に友軍に弾薬や食料を運んだ。塹壕戦においては、塹壕にいる兵は隠れているが、物資を輸送する部隊は身を敵に晒さねばならない。トランペルドール率いるシモン騾馬隊は、銃弾飛び交う中を敢然として物資を友軍に運び続けた。よって、イアン・ハミルトン大将は、戦後、シモン騾馬隊の勇気と勝利への貢献を讃えて彼らを表彰した。

戦後、トランペルドールは、現在のイスラエルの北部にあるテルハイに入植し農地を拡大していたとき、アラブ人の放った銃弾に斃れた。駆け寄った友に彼は言った。「俺にかまうな」と。そして、日本の浜寺で無名の日本兵が彼に言った言葉、「祖国の為に死ぬことほど名誉なことはない」と言って瞑目した。

現在、イスラエルでは、トランペルドールを「イスラエル建国の英雄」また「片腕の英雄」と呼んでいる。老人から子供まで、全イスラエル人がトランペルドールを知っている。

彼がテルハイの入植地で書いていたノートには、来たるべきユダヤ人のイスラエル国家は、「明治の日本のような国」になるべきだと書かれている。

彼の墓は、テルハイの彼が倒れた場所にある。その墓には巨大なライオンの石像が建てられており、その台座には、日本の浜寺で無名の日本兵が彼に言った言葉そして彼が最後に言った言葉、則ち、「祖国の為に死ぬことほど名誉なことはない」とヘブライ語で刻まれている。

樋口少佐が、コーカサスの黒海沿岸に向かう旅の途上で会った老ユダヤ人は、トランペルドールに魂を揺すられた一人だったと思われる。そして、この老ユダヤ人が、一九二八年二月、樋口少佐の魂を揺さぶったのだ。その魂が、その十年後に、ユダヤ人救出の実践行動を促した。

ユダヤ人救出

昭和十三年一月、ハルピンでユダヤ人会のカウフマン博士等が企画した第一回極東ユダヤ人大会が開催され、二千人のユダヤ人が集まった。その演壇に立った樋口季一郎少将ハルピン特務機関長は、

「ドイツがユダヤ人を追放せんとするならば、その行き先を明示し、予めそれを準備せよ。それをせずして追放するとは、刃をくわえざる虐殺に等しい」

と演説し、後日、記者の質問に答えて、

「日本人は昔から、義を以て弱きを助ける気質をもっているのだ」と言った。

そして、二ヶ月後の同年三月八日、樋口特務機関長は、カウフマン博士から、

「ソ満国境の駅オトポールで欧州のナチスドイツの迫害から逃げてきた、毛布ももたない着の身着のままのユダヤ人が満洲に入れず立ち往生をしている。このまま放置すれば全員凍死する。助けて欲しい。」

との懇願を受ける。

これに対して、樋口特務機関長は、直ちに決断し、まず満鉄の松岡洋右総裁に会い、特別列車と毛布と食料の用意を頼み、松岡総裁は快諾した。

そして、三月十二日、ハルピン駅にオトポール駅から大勢のユダヤ難民を乗せた特別列車が到着して商工クラブや学校に収容され炊き出しをうけた。凍死者十数名、凍傷者二十数名に止まった。もし、

極寒の満洲のオトポール駅に立ち往生していたユダヤ人救出が、さらに数日遅れたならば、ユダヤ人全員が凍死していたであろう。

この日本の関東軍と満鉄によるユダヤ人救出に対し、ドイツのリッペントロップ外相から日本政府に対して抗議があった。これに対して、東條英機関東軍参謀長は、

「人道上当然のことである。我が国はドイツの属国ではない」

と言い放ち、我が国の閣議も「八紘為宇の精神に基づくこと」とした。

現在に於いても、人の基本的人権の思想はヨーロッパから生まれたと言われている。また、キリスト教は博愛の教えを説くと言われている。しかし、この時、国家としてユダヤ人を救出したのは日本国だけである。バチカンもキリスト教会も、救出していない。

なお、当時日本はドイツと同盟関係にあったので、オトポールから何人のユダヤ人を救出したのかはドイツに配慮して公表されていない。しかし、ヨーロッパのユダヤ人界では、ナチスからの脱出ルートとしての「ヒグチ・ルート」の名は普く知られていた。よって、「ヒグチ・ルート」によって救出されたユダヤ人の総数は二万人と思われる。イスラエル政府が公式に二万人と表明した。

私は、十年前にイスラエルのエルサレムで、七歳の時に両親と共に「ヒグチ・ルート」でナチスの迫害を逃れた女性に会った。マサドのアドモニ元長官の奥さんでニーナさんという美しい老婦人だった。

彼女は、両親と共に船に乗って日本の敦賀港に着き、神戸に移動して暖かく保護された、と語り始

めた。

日本の人々に親切にしてもらった、と語り続ける彼女の美しい目に涙が溜まっていた。

なお、近年、「ヒグチ・ルート」でナチスの魔の手から脱出したユダヤ人の多くが、満鉄の準備した臨時列車で「上海のイギリス租界」に入ったことを以て、「ユダヤ人を救出したのは、中国である」と中共政府が言い始めた。そして、繰り返し国際社会で吹聴するようになった時、イスラエル政府が、敢然として、ぴしゃりと断言した。

「それは、違う。中共ではない。ユダヤ人を救出してくれたのは、日本である！」と。

以後、中共政府は沈黙した。

（六）大田實海軍中将の沖縄小禄の海軍豪から発した訣別電
海軍沖縄方面根拠地隊司令官大田實海軍中将は、沖縄小禄の海軍地下壕から、昭和二十年六月六日十七時三十二分、訣別電報と辞世の句を海軍次官宛て打電した。さらに大田實中将は、同日二十時十六分、異例の電報を海軍次官宛て打電した。その電報には、ただひたすら、住民を巻き込んだ戦闘となった沖縄戦における沖縄県民の献身的な姿が記され、本国に対して後世、県民に対して特別の配慮を要請したもので、その貴高さは世界戦史上不朽である。
辞世　大君の　御はたのもとに　ししてこそ

人と生まれし　甲斐でありけり

異例の電報の概要は次の通り（原文カタカナ）。
沖縄県民の実情に関しては、県知事より報告せらるべきも
県には既に通信力なく、三十二軍司令部又通信の余力無しと認めらるるに付、
本職県知事の依頼を受けたるに非ざるも、現状を看過するに忍びず、
ここに代はって緊急御通知申し上ぐ……
県民は青壮年の全部を防衛招集に捧げ、残る老幼婦女子は……
軍の作戦に差し支へなき場所の小防空壕に
避難尚、
砲爆撃下風雨に曝されつつ乏しき生活を甘
んじありたり……
而も若き婦人は率先軍に身を捧げ
看護婦烹炊婦はもとより砲弾運び挺身斬込
隊すら申し出るものあり……
勤労奉仕物資節約を強要せられつつ
只管日本人としての御奉公の護りを胸に抱

大田実海軍中将

きつつ
本戦闘の末期と、沖縄島は実情形（以下、不明……）
一木一草焦土と化せん。
糧食六月一杯を支ふるのみなりと謂ふ。
沖縄県民斯く戦へり
県民に対し後世特別の御高配を
賜らんことを。

同六月十二日十三時三十五分、大田中将は、

「刀を以て戦ひ得る者は孰れも敵に当たり、然らざる者は自決しあり」

との戦況電報を打電し、同十六時十九分　沖縄根拠地隊、通信を絶つ。

同六月十三日〇一時
大田實中将、豪内で幕僚六人とともに自決。享年五十四歳。


以上の大田實中将の電報は、沖縄の戦闘最末期に打電されたものであり、その一通は、自軍の戦況を打電したものではなく、同胞の沖縄県民の状況を打電する部署既に皆無の事態を確認し、このままでは、この同胞の気高い姿が誰にも知られずに戦場に葬られることになるを憂い、毅然として、本国

に緊急打電したものである。

則ち、この電報は、大田中将の、沖縄の激戦下における同胞の姿を知って欲しい、忘れないで欲しいという気高い心情から発したもので、まさに「八紘為宇の精神」に基づく世界戦史上、高貴にして不朽の電報であり民族の誇りである。

私は、沖縄小禄の海軍豪を幾度も訪れ、大田中将の自決した司令官室を拝し、隣の幕僚室に佇んだ。司令官室には花が供えられており幕僚室の壁には自決に使った手榴弾の破片が突き刺さっている。

昭和天皇の偉大さ

以上の通り、明治から戦前期における日本の「八紘為宇の系譜」を観てきたが、ここにおいて、大日本帝国の終焉に当たり、昭和天皇が、まさしく「世界の人類を一つの家族」とした上で、この家族の惨害を回避するために終戦の詔書を発せられたことを、我ら日本人は、確認しなければならない。

それは「大東亜戦争終結の詔書」（昭和二十年八月十四日）にある次の一節である。

加之《しかのみならず》敵ハ新ニ残虐ナル爆弾ヲ使用シテ頻ニ無辜ヲ殺傷シ、惨害ノ及フ所眞《まこと》ニ測ルヘカラサルニ至ル。

而《しか》モ尚交戦ヲ継続セムカ、終ニ我カ民族ノ滅亡ヲ招来スルノミナラス、延《ひい》テ人類ノ文明ヲモ破却スヘシ。
斯ノ如クムハ、朕何ヲ以テカ億兆ノ赤子ヲ保シ、皇祖皇宗ノ神霊ニ謝セムヤ。
是レ朕カ帝国政府ヲシテ、共同宣言ニ應セシムルニ至レル所以ナリ。

昭和天皇は、人類を一つの家族とし、アメリカが広島と長崎に投下した原子爆弾の本質を、直ちに「人類の文明を破却するもの」と認識され、その人類の惨害を回避するために戦を止めると宣言されたのだ。これこそ、世界に対する我が国の八紘為宇の理念の宣言ではないか。

これに対して、原子爆弾を落としたアメリカのトルーマン大統領は、アメリカ軍が広島で原子爆弾を正確に炸裂させたとの報告を巡洋艦オーガスタの甲板で受けるや、「やあ、人類で初めてのことが起こった」と飛び上がって喜んだのだった。

これで明らかなように、この時、直ちに、原爆を「世界の文明を破却するもの」と見抜いた国家元首は、世界で日本の天皇お一人であった。

昭和天皇による被占領中の八紘為宇の実践と國體護持

日本は、昭和二十七年四月二十七日迄の戦後約七年間、主にアメリカ軍の占領下にあり、その間に、アメリカによって、日本が二度と再びアメリカの脅威にならないように「日本国憲法という檻の中」、つまり、「戦後体制」という枠を仕組まれた。

その中にあって、昭和天皇は、神武天皇の掲げられた「八紘為宇」則ち「日本は一つの家の一つの家族」の実証を日々続けられたのである。この時、サンフランシスコ講和条約第一条（a）で明らかなように、我が国と連合国とは、昭和二十七年四月二十七日迄、「戦争状態」にあった。従って、この時期における昭和天皇は、たった御一人で、「祖国日本の防衛を」遂行されておられたのだ。

昭和二十一年五月三日から同二十三年十一月十二日まで、二年六ヶ月にわたって行われた極東国際軍事裁判（東京裁判）の裁判長はオーストラリア人のウイリアム・ウェッブであった。彼は、裁判長に就任する前には、白豪主義のオーストラリア人らしく反日主義者で、天皇の訴追を主張していたのであるが、裁判終了後に母国のオーストラリアに帰国して、「日本の天皇とは何なのか」と尋ねられて、次のように答えた。

「神である。あれだけの試練のなかで、国民の支持を失わない存在は神としか言い様がない」

昭和天皇と、昭和二十年九月二十七日に初めて会見したマッカーサー元帥も、「我、神を観たり」と心の中で叫んだと回想録に記している。

また、関東大震災時のフランスの駐日大使であった詩人のポール・クローデルは、前にも記した（本書223頁）が「日本の天皇は、魂のごとく現存している……根源の時と、歴史の有為転変とを貫いて、国民に悠久不滅を印づける存在なのだ」と言っている。

よって、ここで、天皇の存在と行動は、我が全帝国陸海軍の総力を上まわる神秘な力をもつと認識しなければならない。

大東亜戦争には、「帝國陸海軍によって遂行された戦闘」が終結した後の、「重光外務大臣の礼服を着た戦闘」があったと述べた。しかし、天皇の戦後の御行動が、重光外相と同様の礼服を着た戦闘の次元だと思ってはならない。

何故なら、天皇の存在と言動そして国民とのつながりは、ウエッブやマッカーサーが認めるとおり「神秘の領域」にあるからだ。従って、その神秘が因って来たるところの一万五千年の縄文期に淵源する我が國體と八紘為宇の理念のなかに位置づけられねばならない。

そして、ここは、山鹿素行が、まさに次の通り言い切る領域である。


天神、生生悠久の間、天地の實に因り、以てこの皇極を建つ。

この間、庸愚の舌頭を容るべからず

つまり、「神々が相次いで生々する悠久の間、天地の真実により、国家の根本原則が確立されたのであり、凡庸で愚かな者が口舌を差し挟む余地などない」と言うことである。

よって、私は口舌を控え、次に、我々が深く知らねばならない山鹿素行が現在の戦後日本の我々に告げるために著したのではないかとまで思われる「中朝事実」の「自序」を次に掲載した上で、昭和天皇が昭和二十一年二月から同二十九年まで行われた尊い御業《みわざ》である「全国御巡幸」について記すことにする。この「全国御巡幸」こそ、「中朝事実、自序」の御実践だった。

この「中朝事実」の「中朝」とは「日本」のことである。そして、この「中朝事実」こそは、大正元年九月十日、三日後の明治天皇の御大葬の日に、御跡を追って割腹して殉死する覚悟をした学習院院長陸軍大将乃木希典が、今生の最後に、後に昭和天皇となられる十一歳の皇太子裕仁親王殿下に、「お読みになるように」とお渡しした書、則ち、「帝者の書として生前乃木大将より東宮殿下に奉献せし書」である。

中朝事実（自序）

恒《つね》に蒼海の窮り無きを観る者は、その大なるを知らず、
常に原野の畦《あぜ》無きに居る者は、その廣きを識らず。
是れ久しくして狃《な》るればなり。豈唯海野のみならんや。
愚《ぐ》（私）、中華文明（日本）の土に生まれ、未だ其の美を知らず、
専ら外朝の経典を嗜《たしな》み、嘐嘐《こうこう》として其の人物を慕ふ。
何ぞ其れ放心なるや、
何ぞ其れ喪志《そうし》（志の喪失）なるや。
抑々《そもそも》奇を好むか、将《は》た異を尚《たっと》ぶか。

夫れ中國の水土（日本の海と国土）は萬邦に卓爾《たくじ》たり、
而して人物は八紘（世界）に精秀たり。
故に神明（精神）の洋洋たる、
聖地（聖天子の統治）の緜緜《めんめん》（永続）たる、
煥乎《かんこ》たる文物、赫乎《かっこ》たる武徳、
以て天壌に比すべきなり。
今歳《ことし》冬十有一月、皇統の實事を編し、
兒童《じどう》（青少年）をしてこれを誦し、其の本を忘れざらしむ。
寛文九年（一六六九年）十二月二十七日、播陽（播州赤穂）の謫所《たくしょ》に於て筆を渉《と》る。

昭和天皇の全国御巡幸　邦家萬古の伝統

天皇陛下は、昭和二十一年二月十九日から二十九年八月二十三日まで、神奈川県から始まり北海道で終わる全国御巡幸をされた。全行程は三万三千キロメートル、総日数は百六十五日、お立寄り箇所一千四百十一に及んだ。この全国御巡幸は、陛下ご自身の発意によって開始された。これは、長い皇室の歴史の中で初めてのことであった。

とはいえ、陛下は、関東大震災の時、摂政として都内の被災状況を騎馬でお回りになって検分さ

昭和天皇御巡幸
（昭和 22 年　常盤炭鉱）

れ、戦時中の昭和二十年三月十八日には、自ら強く希望されて、深川周辺の空襲による被災状況をつぶさに視察され被災者をお見舞いされている。従って、戦に敗れて、焦土と化した全国各地を回り、今まで耐えてきた国民を直接励ましたいという思いは、自然に陛下の御心に湧き上がっていたと思われる。陛下にとって国民は家族であるからだ。

宮内庁次長が、その陛下の全国巡幸への思いを知ったのは、陛下が昭和二十年九月二十七日に、GHQ最高司令官マッカーサーに会われてまもなくのことだと述べている。則ち、その九月二十七日午前十時、溜池のアメリカ大使館に行幸された陛下は、マッカーサーに対して、イギリスやソ連が、日本における戦犯リストの冒頭に陛下を明記して処刑を要求していたその時に、明白に公然と、「自分の身はどうなってもいいから、食糧難に苦しむ国民を救って欲しい」と云われた。その時陛下は、既に、生ある限り、全国を巡って国民を慰め励まし、国民の復興への気力を奮い上がらせることが、自分の最後の責務と思い決しておられたと思う。

しかし、このことは、我が国でのみ可能なことだったと知らねばならない。同じく敗戦国のドイツやイタリアを観れば明らかであろう。また、欧州諸国の歴史を眺めれば、戦に負けた国の元首は、亡命するしかない。敗戦国民を励ます為に全国を巡るなどと発想すること自体がありえない。警護なき宮殿の外に出て歩き回れば自国民に殺される。

そして、昭和二十一年二月十九日、陛下は神奈川県から全国巡幸を開始され、この年には、東京、群馬、埼玉、千葉、静岡、愛知、岐阜、十一月に茨城を回られた。そして、戦歿者の遺族、戦災者、引き揚げ者に親しく会われ、共に悲しみ、共に泣かれた。戦死者の母そして妻や子供たちに会われると、陛下は、涙をためて、「すまなかったね」と言われた。それを聞いた戦死者の母や妻は、泣き伏し、側にいた人びとは、皆、目に涙を溜めた。

また、陛下は、国のエネルギーを支える福島県の常磐炭田を訪れ、地下四百五十メートル、気温四十度の採掘現場にまで降りていかれ炭鉱労働者に感謝し励まされた。

この陛下の全国巡幸の期間は、戦災による国土の疲弊甚だしく、住む家のない人びとや孤児が多く、餓死者が大量にでていた時で、決して治安が良い時期ではない。それに加えるに、日本共産党が活動を再開し、ソビエトのラーゲリー（収容所）で、スターリンによるマルクス・レーニン主義教育に洗脳された人びとが大量に帰国してきていた。彼らは日本の共産革命を叫び、天皇制廃止を主張していたのだ。

しかし、この時期の、天皇の全国御巡幸を映した映像を観て驚くのは、警備の警察官の姿が見えないことだ。陛下が通られる舗装していない地道の両側に、大勢の人びとがお迎えしようと整然と並び、陛下の来られるのを待っている。現在の警備の常識では、警察官が十メートルに二人くらいの割合で、車道側に民衆の方を向いて立ち、ロープを張って民衆が車道に出ないようにする。しかし、陛下の御巡幸時の映像には、警官の姿もロープもなく出迎えの人びとが整然と道の両側に並んでいる。

記録によれば、その大勢の国民は等しく、陛下のお姿を初めて間近に拝して涙し、また、「天皇陛下万歳」を喚呼した。巡幸時に「事件」は無かったのだ。

その映像のなかで、アメリカ軍のＭＰ（憲兵）やＧＩ（兵隊）がうろうろする姿が目立つ。彼らがうろうろしている理由は、警備でも何でも無く、日本の天皇の姿を見ようとして、また天皇の写真を撮ろうとして押し寄せてきたのだという。

このようにして、昭和二十一年の御巡幸が終わり、年が明けて昭和二十二年の御巡幸は、六月の大阪から始まり、和歌山、兵庫、京都、福島、宮城、岩手、青森、秋田、山形、福島、栃木、長野、新潟、長野、山梨、福井、石川、富山、岐阜、鳥取、十二月の山口、広島、岡山となった。そして、陛下は、どの県に於いても、「天皇陛下万歳」と「君が代」を合唱する国民の涙に囲まれた。

特に十二月の広島県御巡幸に於いては、出迎えと歓迎そして見送りに県民の約半数の百万人が出てきた。そして、原子爆弾の爆心地である広島市では、沿道や駅などの各所は二十万人の奉迎者であふれた。その広島市の五万人の市民がお迎えする奉迎場で、陛下は、

広島市の受けた災禍に対しては同情にたえない。
われわれはこの犠牲を無駄にすることなく、平和日本を建設して世界平和に貢献しなければならない。

と語られた。この原子爆弾の爆心地に於いて、五万人の市民が天皇を奉迎する状況は、外国の関心事でもあり、現場には十八人の外国人記者が詰めかけていた。

しかし、もう一つの組織が、行幸の各地に於ける天皇と奉迎者の状況をしつこく監視していた。それは、ＧＨＱ民政局である。ＧＨＱ民政局は、「日本弱体化」を使命として、天皇の権威が甦るのを危険だとみていた。従って、日本の国旗「日の丸」を、天皇と奉迎者である日本国民が持つのを禁じていたのだ。

ところが、昭和二十二年十二月十一日の中国地方巡幸の最終日、東京に御帰還になる天皇のお召し列車が、岡山県を東進して御巡幸先ではない兵庫県に入って走行していると、お召し列車に沿線の小学生が「日の丸」を振り、駅のホームでも「日の丸」が振られた。このことを以て、ＧＨＱ民政局は、天皇の権威の復活は許せないとして天皇の御巡幸中止を日本側に通告してきた。よって、翌昭和

二十三年には御巡幸ができなかった。

しかし、米ソの冷戦の激化と中国の国共内戦さらに北朝鮮に朝鮮民主主義人民共和国が出現するなどの東アジア情勢の激変と、ＧＨＱのマッカーサーに面談した陛下の強い意思によって、アメリカは日本弱体化政策を転換し、ＧＨＱは日本側に簡素化を条件として昭和二十四年からの御巡幸再開を許可した。

その結果、昭和二十四年は五月から福岡への御巡幸に始まり、佐賀、長崎、福岡、熊本、鹿児島、宮崎そして六月の大分という九州各県への御巡幸があった。さらに、二十五年には四国の四県と淡路島への御巡幸があり、二十七年と二十八年には御巡幸は無かったが、二十九年に北海道全域への御巡幸があり、陛下は、沖縄県を除く総ての都道府県への御巡幸を遂げられた。

昭和天皇の、この全国御巡幸は、皇室の歴史上初めてのことであるが、実は、我が国の太古からの願いの実践ではなかろうか。則ち、昭和天皇による、全国御巡幸は、神武天皇御創業の時の「八紘《あめのした》を掩《おほ》いて宇《いへ》と為《せ》むこと」つまり「日本は一つの屋根の下の一つの家族の国」の実践だと見なければならない。まことに、陛下の全国御巡幸は、敗戦で荒廃した戦後日本において、全国民が一つの家族のように天皇を歓迎した出来事だった。これ、明治初年の「王政復古の大号令」に言う「神武創業之始に原《もとづ》く」尊い御業《みわざ》ではないか。従って、陛下は、その時に訪問できなかった沖縄への巡幸を崩御の直前まで願っておられたのだ。

昭和六十三年　御製

思はざる病となりぬ沖縄をたづねて果さむつとめありしを

昭和天皇の全国御巡幸は、我が国が、敗戦後の最も貧しいときに、一億の日本国民つまり日本民族が、自分たちの郷里や住んでいる場所に来られた天皇陛下と、文字通り身近にお会いして「日本は一つの家族の国」であることを体感した史上初めてのできごとであった。

その感動的な記録は、天皇が巡幸された全国津々浦々にあるであろう。到底、其れを総て知ることはできない。そこで、昭和二十四年五月二十四日、佐賀県の基山町にある因通寺の戦争罹災児救護教養所の洗心寮舎に収容されている孤児達に、陛下が会われた時の状況を、住職の調寛雅《しらべかんが》師が記録した『天皇さまが泣いてござった』（教育社）から引用させていただく。この御巡幸の情景を、実際にその場にいた人の表現で記すことなく、筆を擱くことはできない。

佐賀県基山町にある因通寺には先代の住職が造った洗心第一寮と洗心第二寮の二棟を備える戦争罹災児救護教養所があり、そこに満洲、北朝鮮そしてフィリピンから孤児になって日本に引き揚げてきた子供達四十名ほどが収容され、就学年齢に達した孤児達は、その寮から学校に通っていた。

この因通寺に、昭和二十四年五月二十四日に天皇陛下が行幸され、孤児達を励まされるという通知があった時、重病の中にあった先代住職は、病室の床に土下座して、遙か東方を伏し拝みながら、「ああ勿体ない。勿体ない」と歓喜し涙を流した。しかし、天皇の行幸を見ることなく逝かれた。そして、いよいよ天皇陛下が因通寺に行幸される日の昭和二十四年五月二十四日の午前四時頃、現住職は、心を静めるためにお経を上げ、思わず先代住職に、

「いよいよ今日になりました。一天万乗と仰ぎ奉っておりました天皇陛下が、この因通寺に行幸頂くことになりました」

と呟くと、先代住職から、はっきりと大きな指示の声が聞こえてくるように感じた。

それは、「真心を以てお迎え申し上げ、赤心のすべてを吐露しなくてはならない」という言葉だった。

午前七時を廻る頃には、境内にも、参道にも、県道から因通寺までの町道にも、天皇陛下をお迎えする沢山の方々が群集していた。県道から因通寺洗心寮までの道程は、約七百メートルだったが、この七百メートルの道路の両側には、恐らく基山町の全人口が集まったものと思われた。

八時五十分頃、県道と町道の分かれ道の所に、陛下の御料車が到着した。その前に、陛下の御料車の姿が見えると、誰が音頭をとったというのではなく、群集の人達の間から、「天皇陛下万歳、天皇陛下万歳」の声が自然の発露のように湧き上がって来た。

生涯を通じて天皇陛下に直接お会いすることはないと思っていた人達は、今、目の当たりにその天皇陛下のお姿を拝して、言い表すことができない深い感動にうたれ、すべてを「天皇陛下万歳」

の声に込めて叫ばずにはおれなかったのだ。

天皇陛下は、この人々の間を、帽子をふって会釈されながら歩かれ、因通寺境内に入られると本堂の仏陀に対して恭しく礼拝をされ、お迎えの佐賀県知事や因通寺住職が待つ戦争罹災児救護教養所の洗心第二寮に入られた。

知事も住職も、天皇陛下の前で挨拶を始めるも、緊張のあまり途中で声が出なくなり、入江侍従に「落ち着いて、落ち着いて」と背中に手を当てられてやっと言葉がでたという状態であった。

気を取り直した住職は、戦争罹災児救護教養所の洗心第一寮と洗心第二寮を造り、この日を待たずに亡くなった父の先代住職の思いを次のように陛下に申し上げた。

「戦争が終わって最も悲惨な境涯に陥れられたのが、戦災孤児であり、引揚孤児でありました。住むに家なく、頼るに父なく、泣いて訴える母もなく、天涯孤独になった引揚孤児、戦災孤児は、寄る辺なき身を巷の荒波に打ち捨てられ、流浪の悲痛にのたうちまわっておったのであります。当山先住恒願院龍叡は、これら寄る辺ない孤児達の上に仏心の顕現を願い、戦争罹災児救護教養所を開設し、孤児らを収容し、これが救護と教養に当たったのであります……」

次に天皇陛下は、四十名の孤児たちが陛下をお迎えするために待っている洗心第一寮と第二寮の各部屋に向かわれた。

部屋の前に立たれた天皇陛下は、頭をお下げになり、腰をかがめられ、満面笑みを浮かべて一人一人の子供に言葉をかけられた。

「どこから」

「満洲から帰りました」

「北朝鮮から帰りました」

「あっ、そう」

「おいくつ」

「七つです」

「五つです」

「立派にね。元気にね」

そして、天皇陛下が次の部屋にお移りになられるとき、子供達の口から、

「さようなら、さようなら」

という言葉がごく自然にでた。

これに対して、天皇陛下は、

「さようならね。さようならね」

と親しさを一杯に湛えたお顔で、挨拶をされる。

次の部屋には病気で休んでいる二人の子供と主治医がいた。

そして、天皇陛下が、

「大切に病を治すように希望します」

と申されると、感激した主治医の鹿毛敏克医師は涙を抑えることができないまま、

「誠心誠意万全を尽くします」

と答えた。

こうして、各部屋を廻られた天皇陛下は、一番最後の「禅定の間」の前に来られたが、ここでは、其れまでと全く異なった動作をなさった。

天皇陛下は、直立不動と言ってもよいほどの姿勢をとられ、そのまま身動ぎもなさらず、ある一点に目を留められたままであった。部屋には三人の女の子がお待ち申し上げていた。

しばらくして陛下は、三人の女の子の真ん中の子に、ぐーっとお顔をお近づけになり、静かな声で、

「お父さん。お母さん」

とお尋ねになった。

随行の侍従長も宮内庁長官も、この「禅定の間」の前で、天皇陛下が、何故か今までと違う姿勢をとられたのか、全く分からなかったのだが、天皇陛下が顔をお近づけになった真ん中の女の子を見て、ハッとした。その子は、二つの位牌をじっと胸に抱きしめていたのだった。

天皇陛下が先ほどからじっと見つめられておられたのは、この二つの位牌だったのだ。

ここに来るまで、各部屋で待っていてくれた子供達は、孤児とはいえ、子供の持つ無邪気さで人見知りせず、次の部屋に向かわれる天皇陛下に、明るく「さようなら、さようなら」と言った。

しかし、最後の部屋のこの女の子は、二つの位牌を胸に抱えて陛下を待っていたのだ。

戦歿者のこと、また、その遺族に思いを致せば、

「五内為に裂く」

と「終戦の詔書」で言われた天皇陛下である。

侍従長が驚くほど、天皇陛下の態度が違ったのは当然であろう。

即ち、天皇陛下は、その時、「五内為に裂く」思いで、女の子の抱きしめている位牌を見つめておられたのだ。

その時、女の子が、

「はい、これは父と母の位牌です」

とはっきり御返事を申し上げた。

この言葉を聞かれた天皇陛下は大きくお頷きになられ、

「どこで」

と尋ねられた。

「はい。父はソ満国境で名誉の戦死をしました。母は引き上げの途中病のために亡くなりました」

すると天皇陛下は、

「お一人で」

とお尋ねになった。女の子は、何を尋ねられたのかが分かっていて、

「いいえ。奉天からコロ島までは日本のおじさん、おばさんと一緒でした。

船に乗ったら船のおじさん達が親切にして下さいました。

佐世保の引揚援護局には、ここの先生が迎えに来て下さいました」

とはっきりした口調で、御返事を申し上げました。

天皇陛下は、じっとこの子の顔をご覧になっておられ、何回かお頷きになり、この子の言葉が終わると、

「お淋しい」

と、悲しそうなお顔で言葉をかけられ、この子を眺められた。

すると、この女の子は首を横に振ったのです。そして、

「いいえ、淋しいことはありません。私は仏の子供です。

仏の子供は亡くなったお父さんとも、亡くなったお母さんとも浄土にまいったら、きっともう一度会うことが出来るのです。

お父さんに会いたいと思うとき、お母さんに会いたいと思うとき、私はみ仏さまの前に座ります。

そして、そっとお父さんの名前を呼びます。そっとお母さんの名前を呼びます。

すると、お父さんもお母さんも、私のそばにやって来てわたしをそっと抱いてくれるのです。

私は淋しいことはありません。私は仏の子供です。」

と答えたのです。

天皇陛下はじっと、この子をご覧になっておられた。

この子も天皇陛下のお顔をじっと見上げていた。

そして、天皇陛下とこの子の間に、何か特別なものが流れたように感じられた。

その時、天皇陛下は、靴のまま部屋の中に足を踏み入れられ、右手に持っておられた帽子を左手に持ちかえられて、右手をすーと伸ばされて、位牌を抱いて天皇陛下をお迎えした女の子の頭を、一回、二回、三回とお撫でになった。お撫でになる陛下も、撫でられる女の子も、ごく自然の発露のままだった。

そして、陛下は、

「仏の子供はお幸せね。これからも立派に育っておくれよ」

と申された。

その時、天皇陛下の目から、ハタハタと数滴の涙がお眼鏡を通して畳の上に落ちていった。

そして、遂にこの女の子は、小さな声で、はっきりと、

「お父さん」

と呼んだ。

それを暖かくお受け止めになられた天皇陛下は、深く深く頷かれておられた。

この情景を眺めていた東京から来ていた新聞記者も泣いていた。

この部屋での感動的な出来事に深く心を動かされた天皇陛下が、戦争罹災児救護教養所をあとにされ、因通寺山門からお帰りになられるとき、先ほど、陛下にお言葉を頂いた子供達が、陛下の

廻りに群がるようにお見送りに出てきていた。そして、陛下は、山門から参道のほうに坂を下っていかれた。

参道から県道に至る道には、沢山の人びとが自分たちの立場をあきらかにする為の掲示をして、道の両側に座り込んでいた。

「戦死者遺族の席」という掲示のしてあるところに進まれた陛下は、足を留められ、遺族の方々に対し、

「戦争のため大変悲しい出来事が起こり、そのためにみんなが悲しんでいるが、自分も皆さんと同じように悲しい」

と申されて、深々と頭を下げられました。遺族席のあちこちからすすり泣きが聞こえてきた。

天皇陛下は、一番前に座っていた老婆に声をかけられた。

「どなたが戦死されたのか」

老婆は、

「息子でございます。たった一人の息子でございます」

と返事をしながら声を詰まらせている。

天皇陛下は、「うん。うん」と頷かれながらこの老婆の言葉をお聞きになっていられますが、そのお顔は苦渋に満ちておりました。

天皇陛下は更にこの老婆に、

「どこで戦死されたの」

と尋ねられました。すると老婆は体を震わせながら、

「ビルマでございます。烈しい戦いだったそうですが、
息子は最後に天皇陛下万歳と言って戦死したそうです。

でも息子の遺骨はまだ帰ってきていません。

軍の方から頂いた白木の箱には石が一つだけ入っていました。

天皇陛下さま、息子は今頃どこにおるのでしょうか。

せめて遺骨の一片でも帰ってくることが出来ればと思いますが、それはもう叶わぬことでしょうか。

天皇陛下さま、息子の命はあなた様に差し上げております。

息子の命のためにも、天皇陛下さま、長生きして下さい……ワーン、……」

とこの老婆は泣き伏しました。

この老婆の言葉をお聞きになっていらっしゃった天皇陛下の両方の御眼からは、流涙が頬につたわり、暗然としたお顔でこの老婆を眺めていられたのです。

この老婆の悲しみは天皇陛下の悲しみであり、天皇陛下の悲しみは又老婆の悲しみでもあったのです。

天皇陛下と老婆のこの感激的な情景に、そこにいた遺族一同共に泣いたのであります。

……遺族の方々との交流が終わられた天皇陛下は、次々と団体の名を掲示されている方々に御会釈されながら進まれ、引揚者と掲示されている方々の前で足を留められた。

ここには、若い青壮年と思われる方々が数十人一団となって天皇陛下をお待ちしておったのです。著者の調寛雅さんによると、実は、この人達はシベリアに抑留されていたとき、徹底的に洗脳され、日本革命の尖兵として日本赤色化を大目的として誰よりも速く帰国せしめられた人達であり、日本に共産主義国家を樹立するために活動していた人達だった。

それ故、この度の天皇陛下行幸に当たっては、この一団は、天皇陛下に戦争責任を問い詰め、もし天皇陛下がその責任を回避することがあるなら、暴力をもってしてでも、天皇をして戦争責任をとるよう発言させるという意図をもって、天皇陛下を待ち受けていた。

そして、天皇陛下が戦争の責任を彼らの問責によって認めたなら、直ちに全日本の同志に是を知らしめ、日本国内で一斉に蹶起して一挙に日本赤化を図り、共産主義国家樹立に持ち込もうという手筈になっていたという。

そうした意図のあることは全然お知りにならない天皇陛下は、引揚者という掲示の前で足をお留めになって、引揚者の皆さまに深々と頭をお下げになられた。

そして、次のようにおっしゃった。

「長い間遠い外国で色々苦労して大変であっただろうと思うとき、私の胸は痛むだけではなく、このような戦争があったことに対し深く苦しみを共にするものであります。

皆さんは外国に於いて、いろいろと築き挙げたものを全部失ってしまったことであるが、日本という国がある限り、再び戦争のない平和な国として新しい方向に進むことを希望しています。皆さんと共に手を携えて新しい道を築き上げたいと思います」

この長い言葉を語られた天皇陛下の御表情とお声は慈愛に満ちたものでした。

その慈愛溢るる温顔に接すれば、万人これを慕わずにはおられないといった温顔が、この日の天皇陛下だった。

天皇陛下の前に、一人の引揚者が膝を動かしながらにじり寄って来た。

そして、天皇陛下のすぐ近くまで参って、次のように語った。

「天皇陛下さま、ありがとうございました。

今頂いたお言葉で、私の胸の中は晴れました。

引き上げて来たときは着の身着のままでした。

外地で相当財をなし、相当の生活をしておったのに、戦争に負けて帰ってみれば、まるで赤裸。

最低の生活に落ち込んだのです。

ああ戦争さえなかったらこんなことにはならなかったと思ったことも何度かありました。

そして、天皇陛下さまを恨んだこともありました。

しかし苦しんでいるのは私だけではなかったのでした。

天皇陛下さまも苦しんでいらっしゃることが今分かりました。

今日からは決して世の中を呪いません。

人を恨みません。

天皇陛下さまと一緒に私も頑張ります」

と、この人が申したとき、側にいたシベリア帰りの一人の青年が、

「ワーッ」

と泣き伏した。そして、

「こんな筈じゃなかった。こんな筈じゃなかった。俺がまちがっておった。俺がまちがっておった」

と泣きじゃくった。

すると、数十名のシベリア引揚の集団の人達も殆どが、この青年の言葉に同意しながら共に泣いていた。

この泣きじゃくる青年や、その集団の人達に目を注がれた天皇陛下は、お頷きになられながら慈顔をもって微笑みかけられている。何とも言うことのできない感動と感激の場面だった。

天皇陛下は、その場を立ち去り難く、立ち留まりになられたままだった。そして、三谷侍従長が天皇陛下にお進みになるよう進言申し上げて、ようやく歩を進められた。

御料車までの町道の両側で天皇陛下をお待ち申し上げている多くの方々の一人一人が、この天皇陛下の慈顔とお言葉に満足しきっておった。

そして、いよいよ御車にお乗りになられようとしたとき、先ほどから天皇陛下にまとわりつくよ

うにお見送りについてきていた戦争罹災児救護教養所の子供達が、天皇陛下の洋服の端をしっかり握って

「また来てね」

と申したのです。

すると天皇陛下は、この子をじっと振り返って御覧になられたかと思うと、にっこり微笑まれたのです。そして、

「また来るよ。今度はお母さんと一緒に来るよ」

と申されたのです。御料車は、万歳、万歳と嵐のような歓声の中に、ゆっくりゆっくり立ち去って行きました。

そして、宮中に戻られた天皇陛下の御製

みほとけの　教えまもりて　すくすくと
　生い育つべき　子らに幸あれ

以上が、因通寺に行幸された天皇陛下を、お迎えしお見送りした調寛雅住職の記した『天皇さまが泣いてござった』（教育社）からの引用である。

天皇陛下の八年に及ぶ全国御巡幸は、戦争に敗れて敵軍に軍事占領され、陸海軍も武装解除され、

その上で、悪い戦争をした悪い国だと洗脳されている日本と日本人を守り救出する為の、天皇陛下にしかできない慈愛に満ちた偉大な戦いであった。

しかも、天皇陛下は、この戦いを崩御されるまで続けられたのだ。

明治天皇が偉大な明治大帝であるように、昭和天皇も偉大な昭和大帝である。

なお、天皇陛下が因通寺に行幸された目的は、同寺にある戦争罹災児救護教養所を観ることであったが、この戦争罹災児救護教養所は、住職の父の先代住職恒願院龍叡師が、皇后陛下が戦時中に詠まれた次の戦歿将兵勇士に思いをはせられた御歌と、遺家族の上に思いを寄せられた御歌に接して深く感動し、皇后陛下の御心に報い奉らんと思い立ち開設したものである。

やすらかに眠れとぞ思ふきみのためいのち捧げしますらをのとも

なぐさめんことのはもがなたたかひのにはを偲びてすぐすやからを

以上の通り、佐賀県基山町の因通寺に行幸された天皇陛下と、お迎えしお見送りをした人々の様子を記した上で、私自身が、昭和天皇を拝した時の想いと、今も心に幻のように甦る御尊顔と情景を記しておきたい。この私自身、天皇陛下を拝した体験があるので、調寛雅師が『天皇さまが泣いてござった』で述べた天皇陛下に接した人びとの反応と涙が実によく分かるのだ。

昭和六十一年五月十一日、第三十七回全国植樹祭は、大阪の堺市にある世界最大の前方後円墳の仁徳天皇御陵の南に広がる大仙公園で行われた。

天皇陛下のお車は、御陵の南側の前方部に沿って東西に走る道路を西から東に進まれ、前方部中央の礼拝所から南の大仙公園に入られることになっていた。

私は、五歳の長男の手を引いて二歳の長女を抱え、身重の妻を家において、仁徳天皇陵の前方部西端の道の南側に立っていた。かなり長い時間だったと思うが、その間、警察官でもないのに、何の特権があるのか、車道の中を歩きまわり、お迎えする人びとが車道に出ないように忙しく、かつうるさく注意する人達がいた。私も注意された。見れば、私の足の親指の先が二センチほど道路側にでていた。

私は、「君は、何の権限があって車道に立っとるのか、君こそ出ろ」と云った。

しかし、天皇陛下のお迎えの前に口論してはならんと、以後の発言は控えた。

そして、天皇陛下をお待ちすることに専念した。

すると、ざわめきがスーッとなくなったのに気付いた。天皇陛下のお車が近づいたのだ。そして、私の周りの空間が次元の違う世界に入ったような静寂におおわれた。そして、頭を下げていると天皇陛下のお車が路上を走るのではなく、ゆっくりと音もせず滑るように私の眼前にあった。

眼を上げて御車の窓を見た。すると、そこには淡々とした幻のような、まさしく天皇陛下が沿道の方を向いておられたまま通り過ぎていかれた。お眼鏡が光っていた。

その情景は、三十七年が経過した今も、昨日のようで瞼に焼き付いて残っている。そして、つくづく思う。人間の存在として、このような、何時までも消えない幻のような強烈な存在があろうか、と。

そして、思い出す。昭和天皇が、堺に御巡幸された昭和二十二年六月七日に、堺市議会議長として天皇陛下を堺市議会でお迎えした人のことを。その時、私は生まれていないので、後に母から聞いたことだが、その人は我が家の近くに住んでいて、天皇をお迎えすることをさも面倒くさそうに言いふらしていたという。「服を新調せないかんし、宮内庁の細かい指示があるし、実に面倒くさい」と。

母は、そんな風に思っていたらダメですよ、とその人をたしなめていたという。

そして、天皇陛下の御巡幸があってからしばらくしてその人に会ったとき、母は、「ちゃんとお迎えできましたか」と尋ねてみたという。

すると、その人は、答えた。

「奥さん、あきませんでした。天皇陛下は、凄いですわ。

天皇陛下の前に立ったとき、体が硬直して動かなくなり、言葉も出なくなりましたんや。

そして、涙がポロポロ出てきたんですわ。」

先年、多摩の昭和天皇の御陵にお参りしたとき、靴を脱ぎ、砂利の上に正座して、陛下に次の通り申し上げた。

陛下、あの時、仁徳天皇の御陵の前でお迎えしておりました臣西村眞悟であります。あの時、私と共にお迎えしておりました息子の林太郎は、亡くなりまして天に昇りました。息子は、私より先に、陛下にご挨拶に上がったと思います。私も、もうすぐご挨拶に上がります。

第八章　祖国を守るということ

「民間防衛」の発想がなければ国は守れない

戦後の我が国に欠落している「民間防衛」に関して述べたい。民間防衛とは、国民一人ひとりが「祖国の国防を担う」ということだ。そのために、スイス政府が編纂して全国民に配布している『民間防衛』（日本語訳、原書房）という冊子を紹介する。スイス政府は、その「民間防衛」の「まえがき」で次のように国民に訴えている。

国土の防衛は、わがスイスに昔から伝わっている伝統であり、わが連邦の存在そのものにかかわるものです。そのために武器をとり得るすべての国民によって組織され、近代戦用に装備された強力な軍のみが、侵略者の意図をくじき得るのであり、これによって、われわれにとって最も大きな財産である自由と独立が保障されるのです。

今日では、戦争は全国民と関係を持っています。国土防衛のために武装し訓練された国民一人一人には「軍人操典」を与えられますが、「民間防衛」というこの本は、我が国民全部に話しかけるためのものです。この二冊の本は同じ目的をもっています。つまり、どこから来るものであろうとも、あらゆる侵略の試みに対して有効な抵抗を準備するのに役立つということです。

……一方、戦争は武器だけで行われるものではなくなりました。戦争は心理的なものになりました。作戦実施のずっと以前から行われる陰険で周到な宣伝は、国民の抵抗意思をくじくことができます。精神＝心がくじけたときに、腕力があったとして何の役に立つでしょうか。反対に、全国民が、決意を固めた指導者のまわりに団結したとき、だれが彼らを屈服させることができましょうか。

民間国土防衛は、まず意識に目覚めることからはじまります。われわれは生き抜くことを望むのかどうか。われわれは、財産の基本たる自由と独立を守ることを望むのかどうか。

……国土の防衛はもはや軍だけに頼るわけにはいきません。われわれすべてが新しい任務につくことを要求されています。今からすぐにその準備をせねばなりません。われわれは、老若男女を問わず、この本と関係があるのです。

『民間防衛』（スイス政府編）

以上が「まえがき」の要点だ。

次に本文であるが、印象に残る二つを示したい。

その一つは、核兵器を通常兵器と同様に把握しながら、核攻撃を受けた時にその被害を最小限に抑える方策を、分かり易い図で説いていることだ。

もう一つは、不幸にして敵に占領された場合、如何にして占領軍の洗脳工作と戦うかを述べていることだ。さらに占領軍に対する国民のレジスタンス運動や一斉蜂起の仕方まで述べられている。

この「敵軍に占領された場合」を読むと、スイス政府は、昭和二十年九月から二十七年四月まで、日本を占領していたアメリカ軍が日本人に何をしたかを克明に調べて書いたのではないかと思われる。

先ず、スイス政府は、核廃絶とか核反対とかの次元ではなく、現実に人間がヒロシマとナガサキに核を墜としたではないか、よって、核から如何にして我らの命を守るかを国民に訴える、という姿勢である。

それゆえ、避難所があり核シェルターが造られていることを前提として、「核爆発に際して生ずる一時放射能は、極めて強い浸透力を持っているが、放射能の出ている時間は、僅か数秒間である。……その放射能の浸透した土地は放射能を帯びるが、時間が経てば急速に減っていき爆発後数日でほとんど危険性はなくなる」と記している。

その上で、爆発の規模に応じて、シェルターの外に出ても安全で、5レントゲン単位（レム）以上の放射量を身体に受けずに済む時間を記している。50レントゲン／時の時は6時間後、200レントゲン／時の時は21時間後……というように。

私は、この「民間防衛」を読んでいたので、東日本大震災の時の福島第一原発の原子炉建屋の爆発に対する、菅直人内閣の放射能汚染対策は、一種のパニックであり、徒に住民と国民に不安を与え不自由を強いる過剰反応だと判断していた。

次に、スイス政府が、国民に提示する、不幸にして外国軍に占領された時の対策であるが、まず占領軍が行う占領統治の本質を説明し、次に祖国を解放するレジスタンス運動の方策に至るまでを述べている。

そのスイス政府が述べる占領軍の被占領地におけるやり方は、まるでマッカーサーのＧＨＱ・アメリカ軍が、日本にした方策を研究して、スイスこそは、日本のように、占領軍の謀略に屈してはならないという観点から書いているのではないかと思える。

スイス政府は次の通り記している。

　今や占領軍は我が国の全土を手に入れた。彼らは絶対に我が国から出て行かないかのように行動している。あるときは残忍なまでに厳しく住民を痛めつけ、あるときは反抗する住民を手なずけようとして、約束や誓いを乱発する。言うまでもなく、彼らに協力する者が、どこでも我が国の行政の主要ポストを占めていて、すべてのわれわれの制度を改革してしまおうと占領軍に協力している。裏切り者にまかせられた宣伝省は、あらゆる手段を用いて、われわれに対し、われわれが間違っていたことを呑みこませようと試みる。

　……歴史の教科書の改作の作業も進められる。〝新体制〟のとる最初の処置は、青少年を確保することであり、彼らに新しい教義を吹き込むことである。教科書は、勝利を得たイデオロギーに適応するようにつくられる。多くの国家機関は、あらゆる方法で青少年が新体制に参加するようにそそのかすことに努める。

彼らを、家庭や、教会や、民族的伝統から、できるだけ早く引き離す必要があるのだ。彼ら青少年を新体制にとって役立つようにするために、また、彼らが新しい時代に熱狂するようにするために、彼らを洗脳する必要があるのだ。そのため、新聞やラジオ、テレビなどが、直ちに宣伝の道具として用いられる。

個人的な抵抗の気持ちは、新国家の画一的に統一された力にぶつかって、くじかれてしまう。占領軍に協調しない本や新聞には用紙が配給されない。これに対して、底意のある出版物が大量に波のように国内にあふれ、敵のイデオロギーはラジオを通じて、また、テレビの画面から一日中流れ出ていく。

……だれも公式発表以外の情報は聞けないように、聞いてはならないようになる。

そして、スイス政府は、戦後の我が国の教育組織の中に生まれた日教組の左翼反日闘争によって、我が国の青少年教育が歪められた事例に注目して、そこから大切な教訓を引き出したかのように書き続ける。

それは、教育に携わる先生たちが、占領軍に迎合しなければ、国民は占領行政に屈服することはない、という切実な教訓だ。

もしも、小学校から大学に至るまでの先生たちが、われわれの自由の理想と国民的名誉に対して、あくまでも忠実であるならば、占領軍は絶対にその思想に手をつけられず、従ってその思想を屈服させることはできないであろう。精神的な抵抗運動を、誰よりもまず最初に、引き受けて実行するのは、我が国の教育者たちである。

我が国政府も、「戦後体制からの脱却」そして「日本を取り戻す」、このことを最初に引き受けて実行するのは、我が国の教育者たちである、と認識しなければならない。

そして、スイス政府の「民間防衛」の記述は、いよいよ国民が武器をとって解放闘争を開始する段階に入り「容赦のない戦い」から「最後の対決」では「明日こそ、われわれは解放される！」という歓喜の絶叫で終わる。

以上、スイス政府が全スイス国民に配布している「民間防衛」は、日本を占領したアメリカの占領戦略に迎合してしまった日本の失敗を切実な教訓として、スイス国民一人ひとりが国を守る主体となる方策を記したものであり、当然、日本の戦後教育の最大の欠落を浮き彫りにしたものである。

従って、日本政府には、早急に、我が国の「民間防衛」を編纂するとともに、義務教育の最終段階にある中学三年生に、この「民間防衛」を配布して、週一回で一年間の実技と実戦を含む授業を開始することを要請する。スイス政府が指摘する通り、「民間防衛」の発想がない国土防衛論は、いざとなれば実効性がないからだ。

教育と国防と農業

西郷隆盛は、明治三年頃、遙か庄内（現、山形県鶴岡市庄内地区）から薩摩に来た庄内藩士達に、次の通り語った（南洲翁遺訓より）。

政《まつりごと》の大體は、文を興し、武を振ひ、農を勵ますの三つに在り。其の他百般の事務は皆此の三つの物を助くるの具也。此の三つの物の中に於いて、時に従ひ勢に因り、施行先後の順序は有れど、この三つの物を後にして他を先にするは更に無し。

「農を励ます」の真義

最初にこの西郷さんの言葉を知ったとき、私は「文」は教育、「武」は国防そして「農」は産業全般のことと解釈した。しかし、「現在の我が国の状態」を観て、西郷さんの言う「農」とは文字通り「農業」つまり国民の「食の確保」から「生命の確保」にいたる重要事であり、産業全般のことではないと得心し、「文」と「武」と「農」が政（国政）において不可分一体であると思い至った。

さらに、農業経済学の専門家である東京大学大学院教授の鈴木宣弘氏からは、同氏の憂国の著書『世界で最初に飢えるのは日本』（講談社新書）を読む前に、大阪で直接話を伺う機会があって、「農」は国民の生命を確保する国家の根幹だと改めて教えられた。さらに、前記著書で学ばせてもらった。鈴木教授は、三重県の半農半漁で生計を立てる家の一人息子であり、幼少時から田植え、稲刈り、畑の耕起、海苔摘み、アコヤ貝の掃除、牡蠣むき、シラス鰻獲りなどをして育った。これ、鈴木さんは、西郷さんと同じ農作業の実践経験から立論されているということだ。従って、政界や産業界で、株価や先物取引や為替相場の講演を半分英語でしている自由主義経済学者とは異なる。

その立論の出発点、則ち、「現在の我が国の状態」とは、食糧自給率がカロリーベースで37・17%、種や肥料も考慮すれば実質自給率10%、輸入依存率90%という危機的状態である。これでは、我が国に対する食料輸出国がなくなれば、日本国民の大半が餓死するではないか。

時あたかも、ロシア・ウクライナ戦争で、ウクライナからの小麦の搬出はできず、ロシアとベラルーシーはウクライナに加担する我が国への小麦輸出を停止している。「食料を金で買える時代」が既に終わった証であり、これは則ち、現在日本存立の基盤の崩壊である。

この食料を金で買える時代が終わったときに、実質食糧自給率10%の我が国は、国民の大半が餓死する危機に直面していることになる。この我が国が直面している食糧危機は、原子爆弾投下による惨害よりも大規模である。鈴木宣弘教授によれば、世界的な食料生産の減少と物流停止があった場合、その二年後には我が国の人口の六割、則ち七千二百万人が餓死するという。これ、我が国家の壊滅ではないか。

この事態に、我が国政府は、目を瞑れば世界が無くなるとでも思っているのか、無策を決め込んでいる。しかし、飢餓に瀕しては「武を振るう」ことも「文を興す」ことも出来ない。従って、岸田内閣の防衛力増強策など絵空事、文字通り絵に描いた餅に終わる。我が国においては、まず、食糧自給率を上げることが、現下最大の緊急安全保障であり「国防」である。現在の我が国においては、西郷さんが言う「農を励ます」ことなくして、「武を振るう」ことも「文を興す」ことも不可能なのである。振り返れば、我が国は、江戸時代の二百五十年間、度々、主に東北で深刻な飢饉があったが、三千万から三千五百万人の人口を抱えて完全な食糧の自給を達成してきた。この完全な食料自給を達成した我が国の江戸時代の循環農法は、世界を驚嘆させた。肥料学の大家であったドイツ人リービッヒは、「日本の農業の基本は、土壌から収穫物に持ち出した全植物栄養分を完全に償還することにある」と指摘している。

則ち、太陽エネルギーとCO2（二酸化炭素）と水と土壌が、植物を育て、それを人が食べ、また、家畜が食べる。そして、人と家畜から出た糞尿は、土に還されて植物の栄養となる。これが、循環農法ならば、その名残は私の小学生の頃、つまり昭和三十年代前半まで目に見えて存在した。それは、畑や田圃に必ずあった「肥丹後《こえたんご》」である。その頃、都会の学校ではなく田園地帯の学校の各教室には、畑で遊んでいて「肥丹後」に落ちた経験のある児童は複数いた。

では、何故、江戸時代二百五十年間、食糧自給率百％という偉業を達成してきた我が国が、現在、実質自給率10％という危機に陥っているのだろうか。その発端は、昭和二十年九月二日から始まったアメリカの我が国占領統治の方針にある。

アメリカは、当時から現在に至るまで「食は武器」だという基本思想で動いている。その上で、アメリカは、一貫して日本人の食生活を、アメリカの農産物に依存する方向に誘導し改変してきたのだ。私が経験した昭和三十年代前半の小学校の給食は、「ご飯（コメ）」ではなく「パン」であった。そして必ず、アメリカから送られてきた脱脂粉乳を飲まされた。この脱脂粉乳は、アメリカでは家畜に与えていたものであって（いや、牛ですら飲まない）、その粉乳の色は、白いミルク色は希で、ほとんど赤みがかった薄い茶色（つまり、半分腐った色）だった。この脱脂粉乳を、現在の小学校の児童は飲むことができないと思う。

とはいえ、昭和三十年代前半は、日本はまだまだ貧しく、児童は先生から栄養豊富なミルクだからと言われて、我慢して脱脂粉乳を飲んだ。また、学校給食においては、全児童が同じ物を食べるのだから、各家庭から持参する弁当食では顕著であった各家庭の貧富の格差はなかった。しかし、アメリカは、我が国の学校給食をパン食にすることによって、余剰となったアメリカ小麦を日本の学校給食で処分していたのだ。しかもそれを、アメリカのありがたい対日援助と日本人に思わせていた。その頃、小学校の校舎の裏に置かれていた、アメリカから脱脂粉乳を入れて運ばれてきたドラム缶と同じ大きさの容器を見たことがある。その容器には、友好の象徴として握手をしている二つの手と星条旗が印刷されていた。

そして、このアメリカの日本占領方針に迎合する戦後政治とジャーナリズムも、日本人の食生活を、アメリカの農産物に依存するように誘導していたのだ。この頃、「コメを食べれば馬鹿になる」というプロパガンダが流布していたのを覚えている。また、朝日新聞の「天声人語」に、次のコメントがあった。

「せっかくパンやメン類などの粉食が普及しかけたのに、豊年の声につられて白米食に逆戻りするのでは、豊作も幸いとばかりはいえなくなる。歳をとると米食に傾くものだが、親たちが自分の好みのままに次の世代の子供たちにまで米食のおつきあいをさせるのはよくない」(昭和33年3月11日付)。さらに、「若い世代はパン食を歓迎する。大人も子供の好みに合わせて、めしは一日一回くらいにしたほうがよさそうだ」(昭和34年7月28日付)。

この「天声人語」の存在は、前記の鈴木教授に教えてもらったが、私自身は後にベトナム戦争が決着したとき、暑いジャングル地帯の戦争では、「パン食の兵隊」が「コメ食の兵隊」に負けたのだと確信した。江戸時代の観相学の大家である水野南北は、「人間の運命は何を食っているかで決まる」と言ったが、この格言は、ベトナム戦争の帰趨を言い当てていたのだ。やはり、「豊葦原の瑞穂の国」に生まれた日本人は「お米」を食べねばならない。

仮に、我が国が、学校給食で、その学校の周辺にある田圃で収穫されたお米で「ご飯」を炊き上げ、野菜はサラダにして子供達に提供し、子供達は、「作ってくれたお百姓さんに感謝して、いただきます」と言って食べていたら、その教育効果は計り知れず、同時に、我が国の農業の昭和三十年代から始まる急速な衰退は阻止できたと悔やまれる。

ここで、再び小学校の思い出を記すが、ある日の授業で、担任の先生が、我が国の就労人口の内、農業従事者が一番多いことを以て、我が国が後進国である証のように説明したことがあった。また、先生は、世界の農業学者が驚嘆し賞賛した我が国の江戸時代二百五十年間の食料完全自給達成の鍵である循環農法に不可欠な「肥丹後」を、不衛生な恥ずかしいものの象徴として、日本に来る外国人は、日本の野菜は汚いので食べないと言った。

これを聞いた児童たちは、日本の農業は汚く、日本は後進国だなあと思わざるをえなかった。これは、先生が間違っているというよりも、この時の「世相」が、前記の「天声人語」が象徴しているように、日本人をして、日本の現状を汚く恥ずかしいと思わせ、欧米食が理想的な食生活だと思い込むように誘導されていたのだ。

さて、現状に戻るが、我が国政府は、いつの間にか、農業においても「自由競争」の原理が望ましいと思い込んでいるようだ。が、これは世界の亡国的な非常識である。世界では、国民の命を支え、環境を護り、国土を守る「農」という人間の最も古い営為を、政府と国民が支えるのが常識である。従って、農業生産額に対する国家の農業予算の比率は、十年前の二〇一二年で、アメリカが75・4％、ドイツで60・6％に対し、日本はたった38・2％で極端に低い。

このままでは、我が国民の各家庭の食卓を、かつて支えていた肥沃な国土には、雑草の生えた耕作放棄地が空しく拡大してゆき、中山間地に廃村が増えてゆくだけである。これ、国土の亡国的荒廃である。

我が国は、農業政策の大転換を実践しなければならない。それには先ず、欧米各国を見習い、農作物における貿易自由化を改めることだ。今までの我が国政府は、自動車などの関税撤廃を勝ち取りアメリカへの自動車輸出増大を計る見返りに、アメリカの要望に従い農産物の関税引き下げと輸入枠の設定をしてきた。その結果、アメリカ国民も食べず、EU諸国も輸入しない成長ホルモンをたっぷり使って育てたアメリカ産牛肉や豚肉を、我が国だけが輸入しているのだ。こんな理不尽なことがあろうか。これ、国民に対する裏切りに等しいではないか。

農業は、国民の命と健康を守り、環境、国土そして国境を守るものである。従って、この農業を国民皆で支えるのは世界的に当然のことだ。世界各国の農業所得に占める国の補助金の割合は、次の通りだ（二〇一二年、単位%）。

日本＝38・2、アメリカ＝42・5、スイス＝112・5、フランス＝65・0、ドイツ＝72・9、イギリス＝81・9

我が国も、国民の命と健康を守るために、スイスやフランスやドイツやイギリスの欧州諸国と同様の割合の国税を投入して日本農業を守り育成すべきである。

また、アメリカが日本占領期に、日本人の食生活をアメリカ農業に依存するように転換させる為に、まず我が国の学校給食に狙いを定めたことを見習い、我が国政府は、百%の国費を投入して、小中学校の学校給食を、学校の近郊で収穫された国産の米、国産の野菜、国産の牛肉や豚肉そして鶏肉に転換する施策を開始すべきである。人は、自分が住んでいるところで収穫されたものを食べるのが一番健康的だと言われている。それを、まず小中学生の給食で実現しようではないか。

政《まつりごと》としての文と武は不可分

さて、我が国を占領したアメリカは、前記西郷さんの「遺訓」を理解していたかのように、「農」だけではなく、同時に日本の「文」と「武」にも弱体化を仕掛けており、そのアメリカの作戦は成功している。

「武」においては、言うまでもない。「アメリカが書いた日本国憲法」九条の第二項では、我が国は「陸海空軍その他の戦力は、これを保持しない。国の交戦権はこれを認めない。」と明記されている。そして、「文」においてアメリカは、国を守る国民の「祖国の為に命を捧げる思い」の根底にある「祖国日本の太古からの歴史と古典と神話の教育」を禁止した。その上で、アメリカは、憲法十三条に「すべて国民は個人として尊重される」という規定を設けた。これは、日本国民は「日本の歴史と伝統と習慣また家族や親族との絆」とは関係の無い、無機質な砂粒のような「個人」であるとするもので、実は、「日本という世界唯一の国家共同体」の否定なのだ。

この現在の「農と文と武」の状況に、抜本的な改革を実施することなしに、どうして国防力を増強できるのか。国防は、結局は具体的な「人」によって担われることを忘れてはならない。国防力増強を謳う岸田内閣案に、アメリカが反対していないからOKだと言う勿れ。アメリカは、アメリカ製の高額な武器を、日本が購入するのだから文句は言わないだけだ。

岸田総理は、覚悟を決めねばならない。総理とは、我が国の永続に誰よりも責任を負う者である。よって、岸田総理は、祖国日本の永続のために、速やかに前記の国防と教育を不能にする「日本国憲法」の「無効」を宣言しなければならない。

その上で、「文を興す」とは何か。それは、前に記した山鹿素行が著した「中朝事実」の自序にある「日本の美なることを知る」ことだ。それは、「天皇を戴く一つの家族の國の姿」つまり「邦家萬古の伝統」則ち「國體」を知ることである。

日露戦争におけるイギリスの観戦武官として旅順要塞攻防戦を観たイアン・ハミルトン大将は、我が国の兵士の姿を観て、明らかに「文」と「武」が不可分一体であることを強調している。彼は、後にエジンバラ大学の名誉総長になり、イギリスの教育改革に取り組んだ。そして、日本から学ぶべきものとして、「兵士の忠誠心」を挙げ、次のように教育の要点つまり「文を興す」とは何か、具体的に語っている。

「子供達に軍人の理想を教え込まねばならない。自分たちの祖先の愛国的精神に尊敬と賞賛の念を深く印象づけるように、愛情、忠誠心、伝統および教育のあらゆる感化力を動員し、次の世代の少年少女たちに働きかけるべきである」と。

日露戦争から第一次世界大戦勃発までの約十年間、イギリスをはじめとする欧州主要国の青少年教育は、このハミルトン大将に代表される日露戦争を戦った「日本軍兵士の忠誠心」をモデルとして行われた。

旅順要塞攻防戦で戦い重傷を負った日本軍将校櫻井忠温が書いた『肉弾』は、アメリカ、イギリス、フランス、ドイツ、ロシア、中国など世界十五ヶ国で翻訳された戦記文学の世界的ベストセラーとなった。ドイツの皇帝ウィルヘルム二世は、その『肉弾』のドイツ語版が、一九一三年に出版されると、「本書により日本軍の真価を知れ」と全軍に配布した。

フランスのフランソワ・ド・スーグリエ将軍は、日本兵の生命を顧みない忠誠心を讃え、「旅順攻略戦は、精神的な力、つまり克服しがたい自力本願、献身的な愛国心および騎士道的な死をも恐れぬ精神力による圧倒的な力の作用の教訓となる印象深い戦例である」と言った（マイケル・ハワード『ヨーロッパ諸国より見た日露戦争』）。

その結果、第一次世界大戦の塹壕戦において、両軍の将兵は、果敢に突撃を繰り返した。イギリスのパブリックスクールの生徒たちは、ラグビーボールを蹴り上げて塹壕から敵陣に突撃していった。そして、イギリスでは、パブリックスクール生徒の死傷率が一番高かったと聞いている。

さらに、このハミルトン大将を含む観戦武官の報告を基にして、イギリス国防委員会が一九二〇年に編纂した『公刊日露戦争史』（Official History of Russo-Japanese War）は、第一次世界大戦における「突撃」に対する厳しい批判が起きた風潮下で、日本軍の戦いを次のように記している。

「結論として旅順の事例は今までと同様に、堡塁の攻防の成否は両軍の精神力によって決定されることを証明した。

最後の決定は従来と同様に歩兵によってもたらされた。

作戦準備、編成、リーダーシップ、作戦のミスや怠慢などにどんな欠陥があったとしても、この旅順の戦いは、英雄的な献身と卓越した勇気の事例として末永く語り伝えられるであろう」

このように、欧州諸国においては、敢然と死地に突撃してゆく「日本軍兵士の忠誠心」は高く評価され、教育改革の指針となった（平間洋一著『日露戦争が変えた世界史』芙蓉書房出版）。

さらに、日露戦争における日本軍の戦いの衝撃は、欧米諸国に止まらず、その欧米諸国の植民地であったアジア・アフリカの諸民族を覚醒させ、二十世紀の世界史の大転換をもたらした。二十世紀初頭の日露戦争において、欧州最大のロシア軍を打ち破った遙かアジア東端の日本軍将兵が、世界に与えた衝撃は、これほどまでに、計り知れない。

アジア・アフリカ諸民族の覚醒と日本の現状

国連事務総長を勤めたガーナ人のコフィー・アナンは、事務総長在任中（一九九七〜二〇〇六年）、度々日本を訪れ、その度に東京の東郷神社に参拝している。東郷神社には、日露戦争において、北欧のバルチック海からアフリカ西岸則ちガーナの沖を南下して、喜望峰からインド洋を渡り、ベトナムのカムラン湾から北上して対馬沖に来航したロシアの巨大なバルチック艦隊を、我が連合艦隊を率いて殲滅した東郷平八郎提督が祀られている。

では何故、ガーナ人で一九三八年（昭和十三年）生まれのアナンが、東郷平八郎提督が祀られている東郷神社に度々参拝したのか。その訳は、彼が生まれる三十三年前に、「ガーナの沖を南下していったロシアの驚くべき大艦隊が、極東の日本の東郷平八郎率いる艦隊によって殲滅され一隻も帰らなかった、これがアフリカの夜明けを告げた」、とガーナの古老から教えられていたからだろう。日露戦争におけるアジアの国の日本軍兵士のロシア軍に対する勇戦奮闘は、ガーナに止まらず、アジア、アフリカの諸民族を、植民地からの解放と独立へと奮い立たせる「二十世紀の世界史の転換」となったのだ。

しかし、戦後の日本において、世界を驚愕させた「日本軍兵士の忠誠心」はアメリカの占領政策によって、封印されたかのように教えられず、忘却の彼方に葬られた。しかし、イアン・ハミルトン大将が、前記の通り、日本軍が示した「軍人の理想」をイギリスの教育改革の柱にしたように、現在の我が国も、青少年教育において、明治時代を生きた祖父母及び先人が兵士として祖国日本を守るために如何に勇敢に戦ったかを子供達に教えねばならない。

なお、戦後日本の、ある高名な作家は、旅順要塞攻防戦においては、突撃を繰り返すだけの愚かな軍司令官に指揮された故に、多くの将兵が無駄に戦死したと書き、この愚劣な戦法が大東亜戦争で繰り返された如く記述している。しかし、この記述は、まさにアメリカの日本占領統治の方針に迎合したものである。

日露戦争を書くならば、慧眼のイギリスからの観戦武官たちの報告を基にして編纂された英国国防委員会の『公刊日露戦争史』を読んでからにすべきである。また、この作家は、明治三十七年（一九〇四年）十一月二十六日午後六時に行動を開始して、午後九時より、旅順要塞松樹山方面の敵陣に猛然と突撃した三千名の白襷隊に関して、ロシア側の記録を読んだ形跡はなく、その作戦を無益な兵の「屠殺」の如く書いている。

このような作家に、高貴なる明治日本人が祖国の為に命をかけた日露戦争に関する歴史小説を書く資格はない。

白襷隊に関するロシア側記録は次の通りである（岡田幹彦著『乃木希典』展転社）。

「余ら旅順籠城の守兵は、一兵一卒の末にいたるまで、各一砦一穴《いっさいいっけつ》は全ロシアなりとの観念を深く脳裏に刻して、血につぐに骨をもってし、骨につぐに直ちに魂を以て死守したるなり。しかも日本軍の驍勇《ぎょうゆう》堅忍なるや分を得れば寸、寸を得れば尺と、尺取り虫の屈を学んで営々倦まざることと即ちこれをや、日本軍の精気なりといわん。

実にこの精気の強き分子たる日本軍が、精気の弱きロシア軍を屈服せしめたるなり。

余は敢えて屈服という。されど一九〇五年一月一日の開城を指すにあらざるなり。

その前年の暮、即ち十一月二十六日における白襷抜刀決死隊の勇敢なる動作こそ、まことに余輩をして精神的屈服を遂げしめる原因なれ。

この日の戦闘の猛烈惨絶なりしことは、もはや従来のロシア文学には、その適切なる修飾語を発見するをえず。ただ敵味方合して五百余門の砲台は殷々として天地を振るわしたりといわんのみ。しかもその天地の震動に乗じ、数千の白襷隊は潮の如く驀進して要塞内に侵入せり。総員こぞって密集隊、……白襷を血染めにして抜刀の形姿、余らは顔色を変ぜざるを得ざりき。余らはこの瞬間、一種言うべからざる感にうたれぬ。曰く、屈服」

また、この作家、つまり、司馬遼太郎というペンネームの人物は、学徒出陣により戦車学校に学び、戦車聯隊の少尉として実戦に参加することなく内地で終戦を迎えたのだが、戦車学校の教官であった池田末男大佐が、終戦後の昭和二十年八月十八日から二十一日に、本土から北東に遙か離れた千島列島最北端の占守島において、突如砲撃を加えてから不当に上陸してきたソ連軍に対し、戦車第十一聯隊の聯隊長として、敢然と中戦車三十九両、軽戦車二十五両を率いて戦闘を開始し、壮絶な勇戦奮闘の末にソ連軍に重大な打撃を与えて戦死したこと、その戦いで受けた多大な損害によって、ソ連軍に北海道上陸を断念させたことに生涯無関心であったようだ。同じ時代を生き、戦車学校という同じ釜の飯を食った上官と同胞兵士の勇戦奮闘に無関心な者は、結局、戦後において、自身が生きた時代の大東亜戦争の実相を観ることができず、アメリカの日本占領統治に迎合する人生を歩んだ。

従って、ここに旅順要塞を陥落させた日本軍将兵

池田末男大佐

の偉業を正当に評価して、我らが「先祖の英雄的偉業」を明確に認識する為に、欧州諸国がしているように、旅順要塞攻防戦とその五十年前に行われたクリミア半島のセバストポリ要塞攻防戦を対比しておく。後者も、セバストポリ要塞を守るロシア軍をフランス・イギリス連合軍が攻めた戦いであった。

クリミア戦争（一八五三年〜五六年）において、ロシア軍が守るセバストポリ要塞は、「三百四十九日」の長期籠城に堪えて陥落したが、イギリス軍に三万三千人、フランス軍に八万二千人、合計十一万五千人の大損害を与えた。

これに対して、日露戦争において、ロシア軍が守る旅順要塞の籠城日数は「百五十五日」であり、日本軍の損害は五万九千三百四人でしかなかった。しかもレーニンが言うように「旅順の力」は六つのサバストポリに等しかったのだ。これ、ロシア側記録にある通り、旅順を攻めた日本軍将兵の祖国の為に戦う精神力が如何に強かったのかを示す証左であろう。

次に、そのレーニンが、旅順要塞陥落から二週間後に機関誌「フペリヨード」に発表した論説を挙げておく。

「ロシアは、旅順を領有してから幾億、幾十億ルーブルを費やして、戦略的な鉄道を施設し、港を造り、新しい都市を建設し、要塞を強化した。この旅順の要塞はヨーロッパの多くの新聞が難攻不落だと褒め讃えたものである。軍事評論家たちは、旅順の力は六つのセバストポリに等しいと言っていた。

ところがイギリスとフランスがセバストポリを占領するのにまる一年もかかったが、ちっぽけな、これまでだれからも軽蔑されていた日本が、旅順要塞を八ヶ月で占領したのである。この軍事的打撃は取り返しのつかないものである。……

旅順港の降伏はツアーリズムの降伏の序章である。……新しい膨大な戦争、専制に対する人民の戦争、自由のためのプロレタリアートの戦争の時機は近づいてくる」（以上、平間洋一著、前掲書）。

レーニンは、日本とは無関係であるかの如く記しているが、この一文を書いた一九〇五年一月、「ちっぽけな、これまでだれからも軽蔑されていた日本」の情報将校明石元二郎の巨額な援助、つまり日本の援助を得て活動していたことを、日本人は、知っていなければならない。

我が国の政《まつりごと》における「文を興す」とは、まさに「武」と一体のものである。その文武一体の意義とは、国民に、「日本が天皇を戴く一つの家族」の国であることを自覚させ、その家族の一員として、国の為に闘い、そして死ぬことは、よく生きることだという確信を湧き上がらせることである。国民の腹の底に、この確信がなければ、真の国防体制は構築できない。

我が国の国防体制を確立するなかで、前提となるものは、国民の我が国の歴史と伝統と国の形つまり國體への愛である。従って、全国民が我が国の歴史と伝統を知り國體を自覚して、はじめて真の国防体制が構築できるのだ。

「偉大なフィンランド人」に感銘を与えた日本軍

日露戦争における奉天大会戦は、明治三十八年（一九〇五年）三月一日の日本軍の総攻撃開始から三月十日にロシア軍が奉天から総退却して戦闘が終結するまでの世界陸上戦闘史上最大の会戦となった。

参加兵力は日本軍二十四万九千八百名、ロシア軍三十万九千六百名、砲数は日本軍九百九十門、ロシア軍千二百門。

日本軍戦死者一万六千五百五十三名、負傷者五万三千四百七十五名、捕虜四百四名。ロシア軍戦死者八千七百五名、負傷者五万千三百八十八名、捕虜・失踪二万九千三百三十名。日本軍の戦死者は、ロシア軍の二倍に達していた。

総司令官大山巌元帥の、三月十日のロシア軍退却の確認と会戦終結宣言の後に、奥第二軍管理部長石光真清少佐は、馬で戦線を巡視していた。

その日は文字通り黄塵万丈で太陽の光も黄砂に遮られ、戦場は暗澹としていた。そのなかで、第一線に近づくにつれ、黄塵に半ば埋もれた多くの日本軍兵士の死体が横たわっていた。その時、石光少佐は、大山巌総司令官の命を受けて戦線を視察している総司令官の副官川上素一大尉と出会った。彼は、石光が近衛歩兵第二聯隊付の時に士官候補生として入隊してきて、石光が教育した懐かしい士官だった。

その川上大尉は石光少佐に次のように言った。

「いつも戦線を巡って感じますことは、このような戦闘は、命令や督戦ではできないということです。命令されなくても、教えられなくても、兵士一人一人が、勝たなければ国が亡びるということを、はっきり知って、自分で死地に赴いています。

この勝利は天佑でもなく、陛下の御稜威でもございません。

兵士一人一人の力によるものであります……

さように考えることは、教官殿、けしからぬことでしょうか」

「いやいや……その通り、僕もそう思っているよ。天佑とか御稜威とかいうのは、あれは君、陛下に報告するときの文章だよ。

しかし、川上君、兵士の一人一人が、このように戦ったのは、小隊長も中隊長も大隊長も、いや聯隊長までが抜刀して、いつも先頭に立って進んだからだよ。

だが、……つくづく思うねえ、両軍の間にこんなに兵器の優劣の差があって、よくもまあ、ここまで来つるものかなとね……」

「総司令部におりましても、全く勝利の確信が持てませんでした」

「第一線もそうだったよ。今日こうして倒れている多くの兵士たちも、勝敗を超越して戦った。超越しなければ戦えるものじゃなかったろうよ……」

川上大尉と別れた石光少佐は、戦死体を踏まないように用心しながら、黄塵のなかを激戦地の三軒家に向かった。そこは、ロシア軍の主力部隊の前哨であった僅か三軒の支那民家の争奪戦の現場だった。歩兵第三十三聯隊長吉岡中佐は、砲弾の幕をくぐって先頭に立ち、このロシア軍の前哨の掃滅戦に突っ込んで戦死した。……狭い家屋のなかで両軍、撃ち合い斬り合いつかみ合い、死体の山を築き、両軍兵士の死体が重なり合って倒れていた。

まだ収まらぬ黄塵の嵐のなかで、生き残りの兵士たちが戦友の死体を収容していた。一人の兵士が一軒の家屋の窓際に立って、誰か手伝いに来てくれと叫んだので、石光少佐は馬を下りてその場に近づいた。兵士たちは少佐殿と分かり石光に敬礼した。

窓際に近づくと二人のロシア兵が倒れており、それを踏み台にして一人の日本兵が真っ黒に焦げたまま、片足を窓から室内に入れている。しかも焦げた両腕には、しっかりと銃が逆手に握られて、ふりあげられたままである。この兵士は、銃弾尽きて銃を逆さに握ってロシア兵をたたき伏せ、家屋の内に飛び込もうとして、手榴弾の火焔に焼かれたものと推定された。

石光少佐は、畏敬の念に打たれ、挙手の礼をしてから、兵士を手伝って、黒焦げの遺体の手から銃を離そうとしたが、焼け焦げた指は銃の部品のように、しっかりくっついて離れなかった。

「よしよし、取るな、このまま収容しろ、この銃には魂が通っとる」

兵士たちは敬礼して、銃を逆手に握って振り上げたままの黒焦げの死体を、黄塵の彼方へ運び去っていった（以上、「石光真清の手記」より）。

この、「石光真清の手記」から引用した所以は、「諸事神武創業之始に原づく」（王政復古の大号令）ことを決した明治維新以来、日本人としての「文を興し」、「武を振るう」ことに専念して三十余年を経た明治日本と日本国民が、如何に世界史を動かす精強な国家と国民になっていたかを、目の当たりに見るが如く実感する為である。

そして、二十一世紀に入ってもフィンランド国民によって「偉大なフィンランド人」の第一位に選ばれているグスタフ・マンネルハイム将軍（一八六七年〜一九五七年）は、一九〇五年三月、奉天会戦において、ロシア軍の竜騎兵連隊の中佐として、この日本軍の乃木希典大将が率いる第三軍と奉天で遭遇していたのだ。

奉天大会戦において、日露両軍の前線は、奉天城を真ん中にして東西約百キロに及んでいた。そして、マンネルヘイムはロシア軍の最右翼に位置していた。他方、乃木第三軍は奉天のロシア軍を西から包囲するために、日本軍の最左翼からロシア軍右翼を粉砕してロシア軍を包囲しようとしゃにむに突出した。

この日本の第三軍の絶えることなき果敢な攻撃に直面して、ロシア軍は第三軍を実数の三倍の大兵力と判断した。そして、旅順を陥落させた乃木第三軍に包囲されるのを恐れたロシア軍の総司令官クロパトキンが、全軍に奉天からの退却を命じたのだ。しかし、現実は、第三軍の同じ将兵が、昼も夜も休むことなく食事も取らずロシア軍を攻撃し続けていたのだった。

乃木希典率いる第三軍は、ロシア軍が難攻不落と思い込んでいた旅順要塞を陥落させたので、ロシア兵達は、乃木は悪魔で第三軍には悪霊がついていると恐れていた。そこで、これを知った第三軍将兵は、ロシア語で「我は旅順を陥落させた乃木の第三軍なり！」と叫んで突撃した。この悪魔の乃木の悪霊部隊がロシア軍を包囲しようとしてロシア軍右翼に突出してきたことは、総司令官クロパトキンの神経を痛撃した。

クロパトキンは、悪霊の乃木希典に包囲されるのを恐れて全軍に退却を命令した。従って、アメリカ人の従軍記者スタンレー・ウォッシュバンは「奉天会戦における日本の勝利は、乃木と第三軍によって可能となった」と書いた。

そして、ロシア軍の退却を察知した我が満洲軍総司令部は、乃木第三軍にさらなる追撃を命じ「長蛇を逸するなかれ」と打電した。しかし、乃木第三軍司令部から「我、長蛇を逸しつつあり」との返電があった。乃木第三軍には、既に砲弾はなく、奉天からロシア軍兵士を満載して次々に北西に去って行く列車を、歯ぎしりしながら、黄塵の遙か彼方に見送るしかなかったのだ。

この時、退却するロシア軍の中にいたフィンランド人のグスタフ・マンネルハイム中佐は、「小国でも団結すれば大国を破ることができる」と確信した。また、同じ退却するロシア軍のなかに、九年後の一九一四年九月、第一次世界大戦のタンネンブルクの戦いで、ヒンデンブルグ率いるドイツ軍に包囲され、七万八千人の戦死者を出す大敗北を喫する仲の悪い二人のロシア軍司令官がいた。

この奉天大会戦の十二年後の一九一七年二月、フィンランドはロシアから独立した。しかし、同年、ペテルスブルグを起点にしたロシア革命が勃発し、ボルシェビキの赤軍と反ボルシェビキの白軍との内戦が、フィンランドとロシアで始まる。マンネルハイムは、反ボルシェビキの白軍を指揮してボルシェビキとの内戦に勝利する。

マンネルハイムは、ボルシェビキの本質を「暴力と無秩序」であると見抜いており、ユーラシアの東の日本と、西のフィンランドで、ペテルスブルクにおいてボルシェビキを挟撃して殲滅し、ユーラシアの共産化を防ぐ遠大な構想を持っていたと言われている。その日本との対ボルシェビキ共同対処計画は実施されなかったが、フィンランドはマンネルハイムによって独力でボルシェビキの浸透を防いだ。しかし、フィンランドは国境を接して南に出現した巨大な共産党独裁国家ソビエトの脅威を受け続けることになる。

そして、第二次世界大戦においては、フィンランド軍はマンネルハイムの指揮の下で、東のソビエトとの冬戦争を戦い、次に継続戦争（一九四一年～四四年）を戦った。そのうえで、マンネルハイムは、西のドイツとのラップランド戦争（一九四四年九月～四五年四月）を戦い抜いた。驚くべきことにフィンランドは、小国でありながら、第二次世界大戦において、東のソビエトと戦い、西に反転してナチスドイツと戦ったのだ。

カール・グスタフ・エミール・マンネルハイム将軍

この壮絶な戦いの司令官であったマンネルハイムを支えたものは、四十年前の奉天会戦で戦った日本軍から得た「小国でも団結すれば大国に勝てるという確信」だった。そして、マンネルハイムは、フィンランドの大統領を勤めた。その死後、五十三年が経った二〇〇四年十二月、グスタフ・マンネルハイムは、フィンランド国民の投票によって「偉大なフィンランド人」の第一位に選ばれている。

二十世紀初頭の日露戦争における日本軍の第三軍の戦いは、旅順においてユダヤ人のヨハン・トランペルドールを覚醒させ、奉天においてフィンランド人のグスタフ・マンネルハイムを覚醒させ、イスラエルの建国とフィンランド独立をもたらしたことになる。

次に、期せずして、このイスラエルとフィンランドの二人の英雄に、旅順要塞と黄塵の奉天で対峙して感銘を与えた日本軍の司令官であり、高貴なる明治の文武両道の武人である乃木希典将軍のことに触れておきたい。乃木希典将軍は、我々と無縁の方ではない。我々の生きてきた御代の昭和天皇に、最も大きな人格的影響を与えた方であることを忘れてはならない。

明治の御代の血と涙を象徴する乃木希典将軍

明治三十八年（一九〇五年）九月五日、アメリカのニューハンプシャー州の海に面した閑静な避暑地ポーツマス近郊のアメリカ海軍造船所で、日露両国の全権、小村寿太郎とセルゲイ・ウィッテによって日露講和条約が調印され、ここに日露戦争が終結した。

そして、同年十二月二十九日、奉天北方の法庫門の陣中にいる第三軍司令官乃木希典大将は、帰国命令を受け、凱旋の途についた。しかし、乃木希典は、「戦死して骨になって帰りたい」とか「帰りたくない」とか言っていたという。以下、主に、乃木将軍自らの漢詩と文章を以て語ることにする。

その満洲からの帰国途上の五日間、乃木将軍は、多くの第三軍将兵の血を吸った旅順要塞に滞在した。その様子は、まるで戦歿した多くの部下と話し込むが如くであった。

振り返れば、乃木将軍の長男、乃木勝典中尉は、前年の明治三十七年五月二十六日、遼東半島金州城の南に位置する南山の闘いで重傷を負い絶命した。その十日後の六月六日、乃木第三軍は遼東半島に上陸し、六月八日、乃木は南山の新戦場を視察して勝典中尉の墓を認め、次の詩を詠んだ。

山川草木轉荒涼
十里風腥新戦場
征馬不前人不語
金州城外立斜陽

山川草木轉《うた》た荒涼
十里風 腥《なまぐさ》し新戦場
征馬前《すす》まず人は語らず
金州城外斜陽に立つ

金州城外と同じく旅順を吹く風も腥かったであろう。同じく前年の明治三十七年十二月七日、第三軍は旅順の二〇三高地を約一万の戦死者をだして占領したが、この戦いで乃木将軍の次男乃木保典少尉が戦死している。二〇三高地占領後の十二月十四日、乃木将軍は、次の詩を詠んだ。

爾霊山険豈難攀
男子功名期克艱

爾霊山《にれいさん》険なりといえども豈攀ぢ難からんや
男子功名艱に克つを期す

鐵血覆山山形改　鐵血山を覆いて山形改まる
萬人齊仰爾霊山　萬人齊しく仰ぐ爾霊山

そして、この五日間の旅順滞在の後、乃木将軍は、大連から船に乗り、明治三十九年一月十日宇品に上陸し、同月十四日、東京の新橋駅に第三軍幕僚とともに降り立って凱旋し、その後、宮中に参内して第三軍軍司令官として明治天皇に復命した。

私は、昭和二十三年（一九四八年）の生まれだが、両親は共に明治の生まれである。父は明治三十七年（一九〇四年）生まれ、母は明治四十二年（一九〇九年）生まれだ。そして、母の両親つまり私の祖父母は、共に明治十七年（一八八四年）に生まれている。

その祖父東儀哲三郎は、明治三十九年一月十四日、新橋駅で、帰国した乃木希典将軍を出迎えた。そして、その時の乃木将軍の情景を、将軍の姿勢を真似ながら、度々、娘つまり私の母に語った。それを、母は私に、父の言った通りに語ったのだ。まるで明治四十二年生まれの母が、明治三十九年一月十四日に、新橋駅頭で乃木さんを出迎えたようにだった。

新橋駅頭で、乃木希典大将は、まるで囚人のように下を向いていた。申し訳ない、申し訳ない、と呟いているようだった。決して戦に勝って凱旋する将軍のようではなかった。母は、その下を向いて歩く乃木将軍の姿勢を、父がしたように、私に下を向いて説明した。

帰国前の満洲法庫門の陣中で、乃木将軍は、自分一人が、生きて帰国したとき、戦死した数万の部下将兵の父母や妻や子供達に、何と申し訳できるのかと懊悩し、戦死した部下たちとともに満洲にずっととどまりたかった。乃木将軍は、自分一人が生きて国に帰ることを恥じて、次の漢詩を作る。

皇師百萬征強虜
野戦攻城屍作山
愧我何顏看父老
凱歌今日幾人還

皇師百萬強虜を征す
野戦攻城　屍《しかばね》山を作す
愧《は》づ我れ何の顔《かんばせ》かあって父老に看《まみ》えん
凱歌今日幾人か還る

そして、新橋駅頭で、大勢の出迎えの人々を前にした乃木将軍は、ひたすら申し訳ない思いで、その人々の前を通り過ぎた後に、参内して明治天皇に拝謁した。そして、陛下の御前で自筆の軍司令官報告を読み上げた。

その陛下の御前にあって、乃木将軍は、自分の命令で死んでいった数万の将兵は、皆、この陛下の「赤子」であるという思いが込み上げてきて慟哭した。それは、陛下に次の報告をしている時である。

而して作戦十六箇月間、我将卒の常に勁敵と健闘し、忠勇義烈死を視ること帰するが如く、弾に斃れ剣に殪るるもの皆陛下の萬歳を喚呼し、欣然と瞑目したるは、臣之を伏奏せざらんと欲するも能はず。

然るに斯くの如き忠勇の将卒を以てして、旅順の攻城には半歳の長歳月を要し、多大の犠牲を供し、奉天付近の会戦には、攻撃力の欠乏に因り退路遮断の任務を全うするに至らず、又敵騎大集団の我が左側背に行動するに當り、此を撃砕するの好機を獲ざりしは、臣が終生の遺憾にして、恐懼措く能はざる所なり。

今や闕下に凱旋し、戦況を伏奏するの寵遇を担ひ、恭しく部下将卒と共に、天恩の優渥なるを拝し、顧みて戦死病歿者に此の栄光を分かつ能はざるを傷む……。


この「弾に斃れ剣に殪るるもの皆、陛下の萬歳を喚呼し、欣然と瞑目したる」というこの箇所。これは、まさに「乃木希典という人格」に接した兵の真実の姿ではなかろうか。そう直感するのは、松山の第二十二聯隊の将校として旅順で戦い重傷を負って、後に世界的ベストセラーとなった『肉弾』を書いた櫻井忠温が次のように言っているからだ。

「乃木のために死のうと思わない兵はいなかった。

それは乃木の風格によるものであり、乃木の手に抱かれて死にたいと思った」

日露戦争において、日本の高貴な精神、則ち、武士道を世界に示す最も意義深い情景は、旅順要塞陥落の際に、世界に示された。

明治三十七年十二月七日の二〇三高地占領後も、第三軍は旅順要塞の三大永久堡塁である東鶏冠山・二龍山・松樹山への激しい攻撃を継続し、遂に十二月三十一日午前十一時五十分、最後の松樹山を占

東鶏冠山北砲塁

領した。

　その上で、翌明治三十八年一月一日午前七時三十分、金沢の第九師団隷下の第三十五聯隊と善通寺の第十一師団隷下の第四十三聯隊は、突如、旅順市内を見下ろせる望台への突撃を開始した。堡塁への肉弾突撃を禁じていた第三軍の乃木司令官は、全身に勝機を感じたのであろう、直ちに、その突撃を追認した。そして、巨砲の二十八センチ榴弾砲による望台への集中砲撃を開始させた。

　すると、望台のロシア兵は、堪らず退却を開始し、それに乗じた日本軍は突撃を続行して遂に望台を占領し、明治三十八年一月一日午後三時三十分、望台頂上に日章旗を掲げた。

　その一時間後の午後四時三十分、第三軍

の前哨へ旅順要塞司令官ステッセル中将の軍師が訪れ、全旅順要塞の降伏を申し出た。この旅順開城の報は、直ちに全第三軍将兵に伝達され、同時に、それが東京の大本営に伝達されるや、明治天皇は、一月二日、山県有朋参謀総長をして乃木希典司令官に対し、

ステッセル将軍が祖国の為に尽くせし苦節を嘉《よみ》したまひ、武士の名誉を保たしむべきことを望ませらる

との聖旨を伝達させられた。

御製

國のためあたなす仇はくだくともいつくしむべき事な忘れそ

これを受けた乃木司令官は、直ちにフランス語を流暢に話す第三軍参謀津野田是重大尉を軍使として遣わし、ステッセルに明治天皇の聖旨を伝達した。

帰還した津野田大尉から、ステッセル等ロシア側が、野菜の欠乏に苦しんでいると聞いた乃木司令官は、再び津野田をロシア側に遣わし、鶏三十羽、赤白のワイン各一ダース、二両の輜重車に満載した野菜を送り届けた。

斯くして、明治三十八年一月五日に乃木大将とステッセル中将の水師営の会見が行われることとなった。

そして、一月五日午前、乃木司令官には伊地知参謀長と数名の幕僚が随い、ステッセル司令官にはレイス参謀長と幕僚が随って、両将軍は、水師営で会同した。ステッセルは、軍装の上に勲章をさげ帯剣していた。乃木司令官が、聖旨を伝達し、これを許したからだ。

この水師営における旅順要塞攻守両軍司令官の会見場面を写した写真は一枚しかない。乃木司令官が、「敵将に失礼はないか。後々まで恥を残すような写真を撮らせることは、日本の武士道が許さぬ」として、各国の記者に一枚しか撮影を許さなかったからだ。

その一枚の写真にある情景は、日露両軍合わせて十万人の損害・犠牲者を出し、血の匂いが漂う最激戦の場所における両軍司令官の会同とは到底思えない。まるで友軍の軍司令官同士の演習中の記念写真の如くである。特に両司令官の前の地面に、あぐらをかいて座る津野田大尉と寄り添うように座る同年代のロシア軍士官が並ぶ姿は、同級生同士のような雰囲気をたたえている。

さて、旅順要塞は、市街地と港湾を取り囲む中核陣地と、それより十数キロから二十キロ離れて構築された前進基地からなる要塞であった。

乃木希典の第三軍は、明治三十七年六月下旬より五万の兵力を以て前進基地の攻略を開始し、七月一杯の約一ヶ月を要して前進基地を悉く奪取してロシア兵を中核要塞内に籠もらせた。この前哨戦で、第三軍は、総兵力の一割を遙かに超える七千人の死傷者をだした。

水師営

そして、遂に八月に入り、いよいよ要塞本体への第一回の総攻撃を敢行するにあたり、明治天皇は要塞内の市街地に住む女性や子供らが戦禍にかかることを憂慮され、彼らの退去を勧告するように大山満洲軍総司令官に命令された。大山総司令官から天皇の聖旨を伝達された乃木司令官は、ロシア軍のステッセル司令官に対し、非戦闘員の退去とロシア軍の降伏を勧告した。この明治天皇の仁愛を顕した聖旨は、籠城する側にとってはまことにありがたいことである。婦女子を保護するために兵力を確保する必要も、食料を確保する必要もないからだ。

しかし、旅順は難攻不落と思い込んでいるロシア軍は、この勧告を当然の如く笑止なりと拒否した。そして、歴史に残る百五十五日間の死闘の末に、明治三十八年一月五日の水師営における敵味方両将軍の会同となったのだ。

この旅順要塞攻防戦の百五十五日間、攻守の両軍司令官は、お互いに、乃木とは、ステッセルとは、どういう人物であるかと思い続けたであろう。そして、遂に水師営で会うことを得たのだ。

この両将軍の感動的な水師営の会見の状況を、明治三十九年六月の文部省「尋常小学校読本」に掲載する為に、国文学者佐々木信綱が、直接乃木希典将軍に確かめて作詞したものが、その時の感動的な情景を歌った「水師営の会見」である。

この「水師営の会見」は昭和二十年までの小学国語読本に掲載されていた。この佐々木信綱が直接乃木将軍から聞き取った「水師営の会見」の情景を次に記したい。これほど、しみじみと、明治の情景を歌う唱歌はないからだ。

一、旅順開城約成りて　敵の将軍ステッセル　乃木大将と会見の　所はいずこ水師営
二、庭に一本棗の木　弾丸あともいちじるく　くずれ残れる民屋に　今ぞ相見る二将軍
三、乃木大将はおごそかに　御めぐみ深き大君の　大みことのり伝うれば　彼かしこみて謝しまつる
四、昨日の敵は今日の友　語る言葉も打ちとけて　我はたたえつかの防備　かれは称えつ我が武勇
五、かたち正して言い出でぬ　この方面の戦闘に　二子を失い給いつる　閣下の心いかにぞと
六、二人の我が子それぞれに　死所を得たるを喜べり　これぞ武門の面目と　大将答え力あり

七、両将昼食共にして　なおも尽せぬ物語　我に愛する良馬あり　今日の記念に献ずべし
八、好意謝するに余りあり　軍のおきてに従いて　他日我が手に受領せば　ながくいたわり養わん
九、さらばと握手ねんごろに　別れて行くや右左　砲音絶えし砲台に　ひらめき立てり日の御旗

日露戦争において、明治天皇の御聖慮によって世界に示された日本の精神的気高さは、旅順要塞攻防戦開始直前における、「ロシア民間人の安全への配慮」と、攻防戦終結において水師営で敗軍の将に示された「昨日の敵は今日の友」という慈愛である。

さて、旅順開城によって、数万のロシア軍兵士の捕虜収容所への移送や民間人の保護等、一つの都市を移動させるが如き事務に追われていた第三軍は、一月中旬より総司令部の命令により奉天会戦に間に合うように北上を開始した。

その移動の一日前の明治三十八年一月十四日、第三軍は雪の舞う烈風が吹く旅順市街を見下ろせる水師営西郊の高地に祭壇を設け、「第三軍殉難将卒諸子の慰霊祭」が行われた。

午前十時、乃木希典大将が、祭壇の前に進んで、祭文を朗読した。

維時明治三十八年一月十四日、第三軍司令官乃木希典等粛みて清酌庶羞の奠を以て我が第三軍殉難将卒の霊を祭る……。

大元帥陛下より優渥なる勅語を下賜せらるるに会ひ、顧みて諸子が遺烈を念はば豈獨り自ら光栄

を享くるに忍びんや。

嗚呼、諸子と此の光栄を頒たんとして幽明相隔つ。

哀哉。

乃ち我が軍の旅順口に入れるや、諸子が忠血を以て染めたる山川と要塞とを下瞰する處を相し、地を清め壇を設けて、諸子が英魂を招く。

願わくば、魂や、髣髴として来たり饗けよ。


吹雪のなかを、乃木希典大将の祭文を詠む声と、兵士のすすり泣きの声が流れていた。

翌日、第三軍は、極寒のなかを運命の奉天の戦場を目指して北上を開始した。そして、乃木と第三軍の奉天における出現と奮闘が日本軍の勝利をもたらした。

昭和天皇の側にいた乃木希典将軍

次に、明治天皇による乃木希典学習院院長任命と乃木希典の自刃について記したい。

明治三十九年一月十四日、明治天皇の御前で、乃木希典は、自筆の復命書を、涙を流しながら奉読し、遂に陛下の前で慟哭した。

明治天皇は、勅語を賜り、乃木および第三軍将兵の忠節と功績を篤く讃えられた。

その勅語を拝した後、御前を退出する前に、乃木は陛下に、次の通り申し上げた。

臣希典不肖にして、陛下の忠良なる将校士卒を多く旅順に失い申す。

このうえはただ割腹して罪を陛下に謝し奉らん。

この時、乃木は、既に近代国家の軍司令官ではなく、嘉永二年十一月十一日、武蔵国江戸長府藩上屋敷で生まれた禄百五十石の乃木希次の、泣き虫の息子無人に戻って、至高の主君である嘉永五年生まれの陛下に死にたいと泣いたのだった。

すると、退出しようとする乃木を、陛下は呼び止められた。そして、乃木の主君として次のように命じられた。

卿が割腹して朕に謝せんとの衷情は、朕よく之を知る。

しかれども今は卿の死すべきときにあらず。

卿もし強いて死せんとならば、朕世を去りたる後にせよ。

乃木は涙とともにこの玉音を拝した。

則ち、この時、乃木希典の「殉死」が確定したのだ。

振り返れば、乃木希典は、一年半のドイツ留学から帰った明治二十一年六月から、生活を一変させて質素に徹し、日常、稗を食べるようにしていたが、この生活一新も、武人として、いつ何時、割腹してもよいようにする武士としての準備ではなかったか。

昔の武士は、割腹する時のために、腹を切っても匂わないように稗を食べたという。従って、乃木が、明治陛下の、今自決することはならんという玉音を拝して、直ちに殉死の決意をしたことは、彼の日常から観て、ごく自然ではなかったのか。

かくして乃木希典は、明治天皇の崩御まで生きることを、主君である明治天皇から勅命された。そして、一月二十一日に乃木は第三軍司令官を退任し軍事参議官となる。すると、その年の明治三十九年七月、参謀総長の児玉源太郎が急死する。まだ、五十四歳だった。日露戦争の激務が児玉の命を奪ったと思われる。つまり、「戦死」である。

この児玉源太郎の急死を受けて、乃木希典を次の参謀総長とすべき人事案を山県有朋が参内して陛下に内奏したところ、陛下はそれを裁可されず、

近く、わが孫が学習院に入学するので。

と言われて、乃木希典を学習院院長にする御意向を示された。

そして、明治天皇は、明治四十年一月三十一日、乃木希典を軍事参議官のまま学習院院長に任命さ

れた。

御製

いさをある人を教のおやにしておほしたてなむやまとなでしこ

陸軍将校分限令によれば、学習院院長は文官職であるから軍事参議官を兼任することはできず、乃木は退任して予備役に入らねばならない。しかし陛下は勅命を発せられて乃木を予備役に編入されず、乃木は、終生現役の軍事参議官のままで学習院院長として皇孫裕仁親王の教育に精魂を込めることになった。陛下にとって乃木は、軍人でなければ、乃木希典ではないからだ。従ってこの勅命は、乃木を退任がない元帥にしたのと同じことである。

その乃木希典を昭和天皇は、遙か後年、「私の人格形成に最も強い影響を与えたのは乃木学習院院長閣下です」と言われた。

明治四十一年四月十一日、裕仁親王殿下は、乃木希典が院長としてお待ちしている学習院に入学された。そして、新入生約百人の中央で、直立不動の姿勢で、乃木院長が奉読する教育勅語を聴かれた。それから四年後の大正元年九月十三日の明治天皇御大葬の夜に、乃木希典は割腹した。

学習院入学から乃木希典自刃まで、この四年間の乃木希典と共にあった幼少時代の日々が、昭和天皇の御生涯を貫く力の源泉となった。則ちこれ、明治天皇の仕組まれた、裕仁親王と乃木との運命的な魂の出会いが、現在の日本を救う国の力となったのだ。

実に、明治天皇による、この乃木希典学習院院長という人事は、三十七年後の、大東亜戦争の敗北という文字通り有史以来の国難に直面した日本の國體を護持する力となった。

まことに、明治天皇の、乃木希典を学習院院長にするとの構想は、乃木希典を第三軍司令官に任命して日露戦争の勝利をもたらした人事を遙かに凌ぐ、現在日本の運命を決定した人事となった。まさに明治大帝と呼ばれるべき御英断だったのだ。

その御英断によって、学習院初等科に、乃木希典院長に出迎えられて入学された昭和天皇は、昭和二十年八月、御聖断を以て大東亜戦争を終結に導かれ、以後、帝国陸海軍が存在しない状態のなかで、たった御一人で米英との「戦争状態」に直面されながら、日本の國體を鮮明にされて国家の尊厳を守り抜かれた。

なお学習院は明治十年に華族の学校として東京の神田に設立された。この時、学習院と命名されたのが明治天皇である。もともと京都御所の東側に公家の為の学問所が在り、そこに明治天皇の父君である孝明天皇が「学習院」の額を下賜されていた。明治天皇は、その京都の学習院という名を懐かしみ東京にできた華族の学校の名とされたのだ。

さて、明治天皇御大葬の日の大正元年九月十三日夕刻、乃木希典と妻静子は、自宅の明治天皇のご真影の下で正座し、机上に辞世を置いた。

臣希典

うつし世を神さりまし丶大君の　みあとしたひて我はゆくなり

希典妻静子上

出てましてかへります日のなしときく　けふの御幸に逢ふそかなしき

神あかりあかりましぬる大君の　みあとはるかにをろかみまつる

その時、柱時計が午後八時を告げると同時に、赤坂に弔砲が鳴り響いた。明治大帝の御尊骸が京都の伏見御陵にむかって進むことを告げる弔砲である。

そしてまず、乃木が功一級金鵄勲章などを付けた軍服の上着を脱いで側に置き正座した。するると自害の心得がない静子が月山貞一作の短刀を右胸に二度三度突き立てた。どこを刺させばいいのか分からなかったのであろう。

それを見た希典は、直ちに妻の元に寄り添い、妻の体を抱きしめながら、妻の持つ短刀を妻の手の上から握りしめ、瞬時、妻の目を見つめた。妻も乃木の目を見つめていた。次の一瞬、乃木は、静子の左の胸から短刀を一気に心臓に突き刺した。静子は即死した。

そして、乃木は、静子の衣服を整え姿勢を整え、自分の位置に戻り、襦袢の前を開いて腹を出し、備前長船の名刀兼光の刀身を右手に握ると、礼法通り横一文字、縦十文字に腹を切り裂いた。そして、襦袢を元に戻して腹を隠してボタンで止めて姿勢を正し、刀を上下持ち替えて左足を屈して刀の柄を

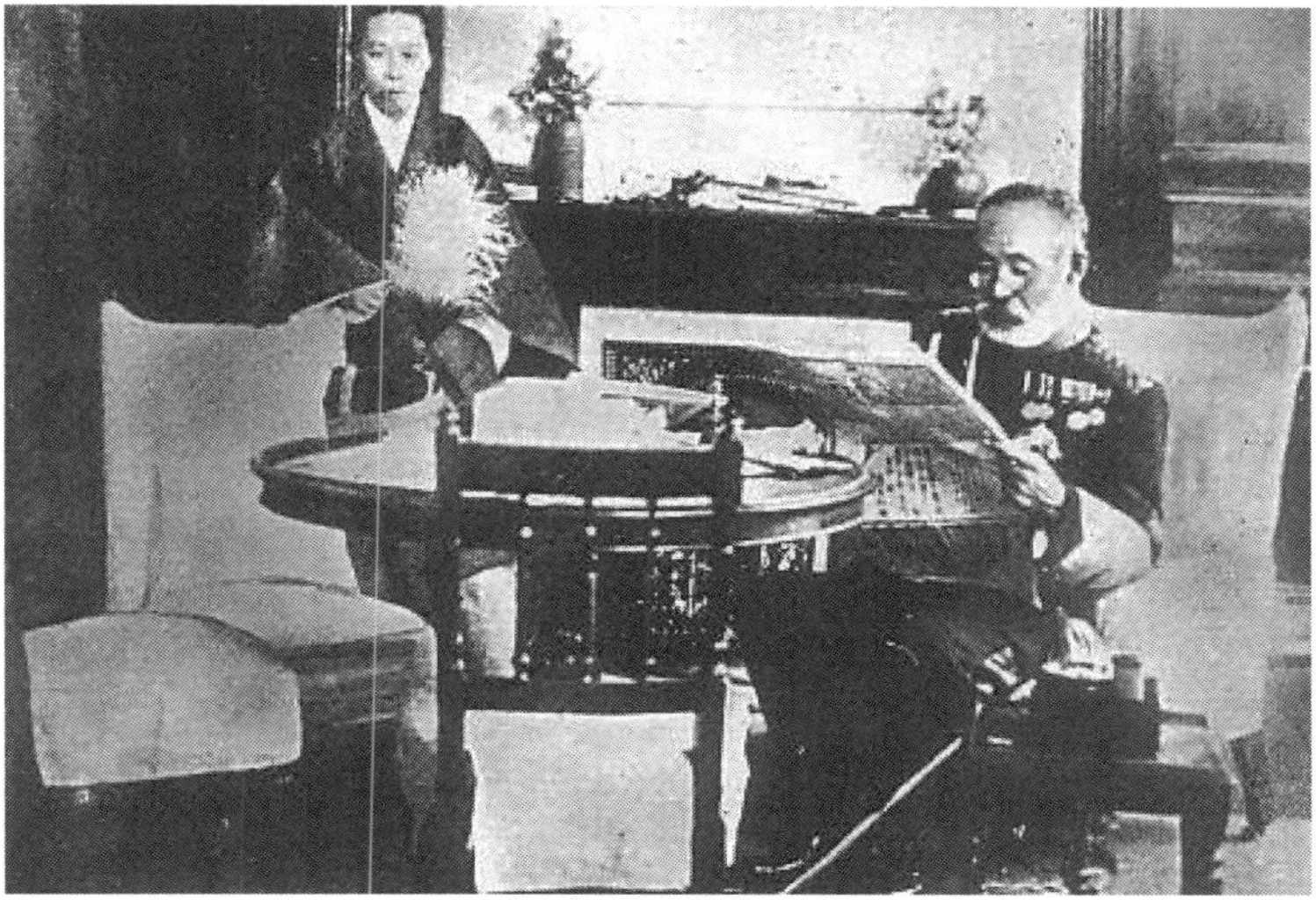

自決当日の乃木夫妻

夾ませ、その切っ先を首に当てて勢いよく体重をかけて一挙に首を刺し貫かせた。

以上が、警視庁医務員が作成した「乃木将軍及び同婦人死体検案始末」から察知される乃木希典と静子夫人の自決の状況である（古川薫著『斜陽に立つ』）。

このようにして乃木希典は、明治天皇のみあとを追った。そして、三十三年後の昭和二十年八月、明治天皇と乃木希典は、大東亜戦争の終結に臨まれる昭和天皇と共におられたのだ。そして、これからも、日本が日本である限り、明治天皇と乃木希典そして第三軍将兵および、明治維新以降日本を守るために戦った全将兵は、日本の危機に際して甦ってくる。

明治大帝の御大葬の三日前に、乃木希典は皇太子になられた裕仁親王殿下の謁を賜り、山鹿素行が著した「中朝事実」を、「お読みになる

ように」と殿下にお渡しした。そして、退出する時、殿下は、

「院長閣下は、どこか遠いところに行かれるのですか」

と御尋ねになった。

乃木が行くところは辞世にある通り、遠いところではなかった。

乃木は、三十年後に未曾有の国難に直面する昭和天皇のお側に、明治大帝と共にいたのだ。

遙か何万年か以前に、ユーラシアの何処かで、我ら日本人と同じ先祖をもっていたアメリカインディアンの卓越した酋長シアトルは言った。

「この地球上のどこにも孤独な場所、誰もいない場所は一つも無い。いずこも先祖の霊でにぎわっているのだ」と。

我ら日本人の霊も、日本の国土から離れてどこにもいかない。常に我らとともにある。

第九章　ニューヨーク講演録

ユニバーシティー・クラブとウエスト・ポイント

本書執筆が最終段階にきた時、ニューヨーク在住の日本人有志で組織している「ニューヨーク歴史問題研究会」という勉強会の主催者である高崎康裕氏から、ニューヨークのユニバーシティー・クラブで思いを語れ、とのご指示を頂き、令和五年四月二十七日に同クラブで語るとともに、翌々日の同二十九日、ウエスト・ポイント陸軍士官学校に高崎氏らニューヨーク在住の五十人の同志と共に赴いた。

そして、我が防衛大学校から選抜された十三名からなる訓練隊と、世界の五十数ヶ国の陸軍士官学校生徒から選抜された訓練隊と指導教官が、ウエスト・ポイントに集まり、そこを起点としてレンジャーの技倆を競う「サンドハースト大会」において、「日の丸」を打ち振って日本隊を激励し、さらに翌日、高崎康裕氏らによって開催された、彼ら生徒と指導教官たちの慰労会に参加した。

我が男子十名・女子三名からなる「サンドハースト訓練隊」は、銃を担い重い背嚢を背負い、全行程にわたって雨が降り続く二日間、各所で競技を続けながら、北アメリカの広大な草原や山岳樹林地帯を行軍し、また川を徒渉し、雨の中で食事し、テント無しで野営して一夜を過ごした後、泥まみれになってウエスト・ポイントに帰還してきた。そして、我らが「日の丸」を振って出迎え激励する中で、最終のレンジャー競技をウエスト・ポイントの校庭で行ったのだ。

競技終了の後、彼らに付き添っていた指導教官が、我々に言った。疲労困憊の限界に近づきながら行軍してきた生徒達が、打ち振られている「日の丸」を見た、その瞬時、彼らは皆、決死の形相に変わった、と。

慰労会で私は、生徒たちの健闘を讃え、我が国を取り巻く内外の情勢はまことに厳しい、近い将来、貴官等は将校として、戦場に赴くことになる、その時、「日本国憲法」を日本の憲法と思うな、思えば部下を徒に死なすことになるぞ、忘れろ、お国の為に武運を祈る、と挨拶した。

全く別のことであるが、ウエスト・ポイントで気になっていたことは、その資料展示室に、我が国の重光葵が天皇と日本国政府の名において、梅津美治郎が日本国大本営の名において、それぞれ署名した我が国の降伏文書の横に、D・マッカーサーが母校に寄贈したのであろうと思われる世界的名将である山下奉文大将が、フィリピンでアメリカ軍に降伏したときに差し出した日本刀が展示されていることだった。これ、敗者をいつまでも辱めようとするD・マッカーサーの意図が見えて実に嫌だった。

そこで、ウエスト・ポイントを離れニューヨークに戻る前に、その資料展示室に寄ってみた。すると、展示場は一変しており、山下奉文閣下の軍刀は、もはや展示されていなかった。それ故、ホッとした思いでウエスト・ポイントを去ることができた。

さて、明治の重臣金子堅太郎は、日露戦争時のアメリカ大統領セオドア・ルーズベルトと、明治九年から二年間のハーバード・ロースクール留学時代以来の知己であることから、明治三十七年（一九〇四年）二月の日露戦争勃発とともに渡米して、ルーズベルト大統領と常に接触するとともに、アメリカの各地を廻って演説し、ロシアと戦う日本の立場をアメリカ人に知らせる活動を行った。そして、政財界人が集まる重要拠点であるニューヨークにおいては、ユニバーシティー・クラブで、日本の立場をアメリカ政財界人士に説明した。その時の金子の講演要旨は次の通りで、アメリカの指導的立場の人士に日本への共感を抱かせるものであった。

日本は領土的野心の為に戦っているのではない。

ペリー提督が日本にもたらした門戸開放のために戦っている。

将来は、世界皆兄弟という東洋西洋の聖なる教えの本旨を、実現させる希望を、日本人は抱いて戦っているのだ。

ユニバーシティー・クラブは十九世紀に建設された。現在、ビルの斜め向かいには、ティーファニーとトランプ・タワーが並んで建っている。

次に、ユニバーシティー・クラブでの私の講演を掲げる。本書において既に記したことと重複する箇所があることをお許しいただきたい。

大東亜戦争の大義と戦略

まず、終戦までラバウルを守り抜いた第八軍司令官の今村均大将は、

「戦争の勝利とは戦争目的を達成することであり、相手を屈服させることではない」との名言を遺された。

この言を前提にして大東亜戦争を眺めれば、我が国は、開戦冒頭の昭和十六年十二月八日、次の「帝國政府声明」を発した。

而して、今次帝國が南方諸地域に対し、新たに行動を起こすの已むを得ざるに至る、何等その住民に対して敵意を有するにあらず、只米英の暴政を廃除して東亜を明朗本然の姿に復し、相携へて共栄の楽を頒たんと翼念するに外ならず、帝國は之等住民が、我が真意を諒解し、帝國と共に、東亜の新天地に新たなる発足を期すべきを信じて疑わざるものなり、今や皇國の隆替、東亜の興廃は此の一挙に懸れり

さらに、この「帝國政府声明」で公言した通り、我が国が、南方諸地域に対して軍事行動を起こして、フィリピン、香港、マレー半島、シンガポール、ジャワそしてビルマ地域から植民地支配者であるアメリカ、イギリスそしてオランダを駆逐した後、その各地域を含む東亜の各国の代表者が東京の国会議事堂に集まり、史上初めての有色人種による国際会議である「大東亜会議」を開催し、昭和十八年十一月六日、次の「大東亜共同宣言」を発した。

抑々世界各国が各其の所を得、相倚り相扶けて萬邦共栄の楽を偕にするは、世界平和確立の根本義なり、然るに米英は自国の繁栄の為には、他国家他民族を抑圧し、特に大東亜に対しては、飽くなき侵略搾取を行ひ、大東亜隷属の野望を逞うし、遂には大東亜の安定を根柢より覆さんとせり、大東亜戦争の原因茲に存す

大東亜各国は、相提携して大東亜戦争を完遂し大東亜を米英の桎梏より解放して其の自存自衛を全うし左の綱領に基き大東亜を建設して以て世界平和の確立に寄与せんことを期す

一、大東亜各国は、協同して大東亜の安定を確保し、道義に基づく共存共栄の秩序を建設す

一、大東亜各国は、相互に自主独立を尊重し互助敦睦の実を挙げ、大東亜の親和を確立す

一、大東亜各国は、相互に其の伝統を尊重し各民族の創造性を伸暢し大東亜の文化を昂揚す

一、大東亜各国は、互恵の下、緊密に提携し其の経済発展を図り大東亜の繁栄を増進す

一、大東亜各国は、萬邦との交誼を篤うし、人種的差別を撤廃し、普く文化を交流し、進んで資源を開放し、以て世界の進運に貢献す

署名者

日本　東條英機内閣総理大臣

中国　汪兆銘国民政府行政院長

タイ　ワンワイタヤコーン親王

満洲　張景恵国務総理大臣
フィリピン　ホセ・ラウレル大統領
ビルマ　バーモー内閣総理大臣
インド　チャンドラ・ボース首班

以上の、大東亜戦争の開戦冒頭の「帝國政府声明」と昭和十八年の「大東亜共同宣言」に明記された「東亜を明朗本然の姿に戻し」、「人種差別を撤廃し」、「相携えて共栄の楽しみを頒たん」との理念は、我が国の戦争目的の宣言である。

しかも、この宣言は、外来思想を借りて発せられたものではなく、一万五千年にわたる縄文期の、定住集落に防御壁が無いという世界的に稀有な歴史を経た我が国で発せられた神武天皇の八紘為宇の志に淵源するものである。

則ち、「この空の同じ屋根の下に生きる我らは、皆、家族なのだ」という思いから発せられたものだ。

明治維新によって世界史に登場した我が国は、八紘為宇の志に基づく、言論及び実践を行ってきた。

これを知れば、大東亜戦争における上記宣言も、まさに、我が国の神武天皇の肇国以来の八紘為宇の精神の発露であることが分かる。以下、その系譜である。

（1）西郷隆盛の、江戸無血開城、庄内藩への温情、征韓論否定

（2）明治四年、外務卿副島種臣、横浜港に着岸したペルー船マリア・ルス号から二百三十一人の

清国人奴隷を解放

（3）明治三十八年、日露戦争のロシア軍捕虜への待遇が、イスラエル誕生を促す

（4）大正九年、ロシア革命の内戦下、ウラルで孤立していたロシアの少年少女八百名を、ウラジオストックから陽明丸でサンクトペテルブルクに帰還させる……陽明丸船主勝田銀治郎（後の神戸市長）、船長茅原基治

（5）大正九年、内戦のシベリアからポーランド孤児七百六十五名を救出し、日本で養育してから、祖国ポーランドに帰還させる・・・帝国陸軍と日本赤十字

（6）昭和十三年、極寒のソ満国境のオトポール駅からユダヤ人二万人を救出……ハルピン特務機関長樋口季一郎、関東軍参謀長東條英機、満鉄総裁松岡洋右

（7）昭和十四年年、杉原千畝、命のビザ発行

西郷隆盛は、明治三年頃、遙か東北の庄内から薩摩に話を聴きに来訪した庄内藩士に言った。

文明とは道の普く行はるゝを賞賛する言にして、宮室の荘厳、衣服の美麗、外観の浮華を言ふに非ず。

世人が唱ふる所、何が文明やら、何が野蛮やら些とも分からぬぞ。

予嘗て或人と議論せしこと有り、西洋は野蛮ぢやと云ひしかば、否文明ぞと争ふ。

否な野蛮ぢやと畳みかけしに、何とて夫れ程に申すにやと推せしゆゑ、實に文明ならば、未開の國に対しなば、慈愛を本とし、懇々説諭して開明に導く可きに、左は無くして未開蒙昧の國に対する程むごく残忍の事を致し己を利するは野蛮ぢやと申せしかば、其人口を窄めて言無かりきとて笑はれける。

明治維新後は、西洋の真似をすれば出世できると思う鼻持ちならぬ出世主義者はともかく、日本の伝統を重んじる多くの日本人は、西郷さんの言うことに共感したであろう。それ故、明治四年の外務卿副島種臣と神奈川県令大江卓によるペルー船からの奴隷解放に賛同した。

さらに、次の日露戦争時のロシア兵捕虜への待遇から昭和十四年の杉原千畝によるユダヤ人への「命のビザ」発行に至るまでの日本人の行動は、西郷さんと共通の素朴な思いに発するものである。

そして、私には、大東亜戦争における「帝國政府声明」と「大東亜共同宣言」こそは、西郷さんの思い通りの、日本と東亜各国による、数百年にわたる「野蛮な西洋」の横暴に対する「文明のアジア」の画期的な復活の宣言であると思えるのだ。

なお、日露戦争でロシア兵として日本軍と戦ったユダヤ人ヨセフ・トランペルドールは、日本軍の砲弾で左手を吹き飛ばされ、大阪の浜寺ロシア兵捕虜収容所に収容された。

その収容所において、無名の日本兵から言われた「祖国の為に死ぬことほど名誉なことはない」という言葉によって、ユダヤ人の祖国を建設する志を抱くに至る。そして、日露講和によって、明治天皇から下賜された義手をつけて郷里のコーカサスに帰り、ユーラシアの東にあるテンノウがおられる日本という国のことを語り、ユダヤ人の国家イスラエル建国の運動を開始したのだ。

この日本とアジア諸国の高貴なる戦争目的の宣言に対し、アメリカのF・ルーズベルトとイギリスのW・チャーチルの昭和十六年八月十四日に発した「大西洋憲章」は、両者の署名のない怪文書というべきものであるが、これはナチス・ドイツに席巻された欧州の開放と民族自決を謳っただけで、アジアやアフリカにある欧米の植民地を解放する意図など毛頭無かったのだ。天と地の違いとはこのことである。

既に述べた通り、この時、イギリスは、気息奄々の状態にあり、ナチス・ドイツの攻撃によってフランスに次いで崩壊する危機に直面していた。よって、チャーチルは、藁をも掴む思いでアメリカの参戦を求めて、戦艦プリンス・オブ・ウェールズに乗ってカナダのニューファンドランド沖にやって来たのだ。

そして、前任者のフーバー前大統領から、「戦争を欲する狂人」と呼ばれたF・ルーズベルト大統領と会談して、「裏口からの戦争(Back Door To The War)」の謀議が成り、安堵して本国に引き上げていった。

この謀議は、まずアメリカが、日本に戦争を仕掛けさせて太平洋（Back Door）から対日戦争に入り、次に日本の同盟国であるドイツが戦う欧州の戦場（The War）に入る、ということだ。これこそ、「戦争の謀議」でなくて何であろうか。

チャーチルの回顧録には、日本軍のハワイ真珠湾への奇襲攻撃を確認する為に、チャーチルがF・ルーズベルトに電話して「大統領閣下、日本がどうしたというのですか?」と尋ねると、F・ルーズベルトは、最初に「本当です」と答え、続けて、「日本は真珠湾を攻撃しました。いまやわれわれは同じ船に乗ったわけです」と答えたと書いてある。

さらにチャーチルは、就寝前に、三十年以上も前にエドワード・グレイ（イギリス外相）が言った次の言葉を思い出したと書いている。

それは「合衆国は巨大なボイラーのようである。いったんその下に点火すると、生み出す力には際限がない」という言葉だった。

そして、チャーチルは、「感激と興奮とに満たされ、満足して私は床につき、救われた気持ちで感謝しながら眠りについた」（以上、チャーチル著『第二次世界大戦』より）。

このチャーチルの回顧録は、両人の前記「戦争の謀議」を先行自白したものである。

もし日本が戦争に勝って「ワシントン裁判」が開かれていれば、F・ルーズベルトとチャーチルは、明白な証拠によって、間違いなく絞首台に吊されていたであろう。

大東亜戦争の勝機

では、我が国に大東亜戦争における勝機はあったのか。

その勝機を示すものが、昭和十六年十一月十五日に大本営政府連絡会議で決定した「対米英蘭蔣戦争終末促進に関する腹案」である。つまり、アメリカとイギリスとオランダと蔣介石との戦争終結を促進するための次の方針だ。

速やかに極東に於ける米英蘭の根拠地を覆して自存自衛を確立するとともに
更に積極的措置に依り蔣政権の屈服を促進し
独伊と提携してまず英の屈服を図り、
米の継戦意思を喪失せしめるに務む。

これは、同年十月十八日の東條英機内閣発足から一ヶ月を経ることなく決定された「我が国家戦略」であり、この概要は、先ず優先すべき第一は、南方のアメリカ・イギリス・オランダの支配するフィリピン、香港、マレー半島、シンガポール、インドネシアを制圧のうえ、資源地帯（パレンバン製油所）を獲得して自存自衛体制を確立すること（南方作戦）、更にインドから重慶に抜ける蔣介石支援ルートを切断して蔣の戦争継続を不能とし、同時にインド洋を制圧して、インドからイギリスへの物資補給ルートを切断しつつ、西のドイツ・イタリアと連携してイギリスを屈服させる。

則ち、当面はイギリスを屈服させることに集中してそれを実現する。

そうすれば、もともと第二次世界大戦には参戦しないことを公約して三選を果たしたアメリカ大統領F・ルーズベルトは、アメリカの世論によって戦争継続が困難になるので、我が方はその戦争意思を喪失するよう勧め、迎撃態勢は整えるがアメリカへの積極的攻撃を控えるというものである。

この腹案は、アメリカの世論と政治の動向を、よく把握した上で作成されている。

アメリカの世論は、大東亜戦争末期になっても、昭和二十年二月十九日から硫黄島に上陸を開始したアメリカ軍の戦死傷者が、前年のノルマンディー上陸作戦において、上陸を開始したアメリカ軍の戦死傷者を遙かに超えていることに驚愕して、日本との戦争停止の声が朝野に強まったことで明らかなように、戦争指導者の判断にきわめて強い影響を与えるのだ。

また、腹案は、イギリスのおかれた状況も的確に把握した上で、インド洋を制圧しインドからのイギリスへの補給を途絶させればイギリスは屈服するとしており、極めて的確な判断である。イギリスが屈服しアメリカが手を引けば、蔣介石は、ほっておいても戦争継続意思と能力を喪失する。

よって、我が国の勝機は、この「腹案」を徹底してやり抜くか否かに懸かっていたと言える。

しかし、この勝機を帳消しにしたものは、敵の攻撃ではなく、帝国海軍の「腹案」が全く想定していない「真珠湾奇襲攻撃」であった。

何故、帝国海軍は、大本営政府連絡会議の政府首脳と陸海軍両首脳という国運を担う最重要メンバーに知らせることなく、海軍だけの判断で、真珠湾奇襲攻撃を敢行したのか。

これは、明治三十六年十二月の日露戦争開戦直前に於ける戦時大本営条例改定以来の、戦時においても統合幕僚本部（general headquarters）がないという我が国の戦時国家体制の欠落の宿痾が作った敗因である。まことに、無念である！

この通り、我が国は、戦時国家体制の欠落によって大東亜戦争の「戦闘」で敗北した。

しかし、第八軍司令官今村均陸軍大将の言葉、「戦争の勝利とは戦争目的を達成することであり、相手を屈服させることではない」と記した通り、我が国は、「帝國政府声明」と「大東亜宣言」で表明した人種差別と植民地なき世界の実現という「戦争目的」を達して、二十世紀の勝利者となったのだ。

アメリカの戦闘のパターンとインディアンと日本人の同一性

アメリカの戦闘行動には一つのパターンがある。つまり、アメリカの対インディアン討伐戦と対日戦闘のパターンは似ている。

一九一五年十二月十五日、アーネスト・シートンは、ワシントンで、西部劇で有名になったバッファロー・ビル（本名ウイリアム・コディ）と食事を共にした。その時、バッファロー・ビルは、次の忘れ難いことを言った。

「私は何度も遠征隊を率いてインディアンと闘ったが、その度にわが身を恥じ、わが政府を恥じ、わが軍の旗に恥ずかしい思いをしたものです。

正しいのはいつも彼らインディアンであり、間違っているのはいつもわれわれアメリカ軍だったからです。

彼らが協約を破ったことは一度もありません。われわれが協約をきちんと履行したことも一度もなかったのです」

このバッファロー・ビルの発言は、具体的に何に関して言っているのかといえば、次のケースである。アメリカ軍代表とインディアンの酋長が相会して、時は○○日、場所は何処何処で、両者相まみえ、決戦して白黒を付けようと合意したとする。インディアンの戦士たちは、約束の時に約束の場所に集結した。しかし、アメリカ軍は、その場所に行かず、戦士たちが出払ったキャンプ、年寄りと子供と戦士たちの妻だけがいる無防備になったインディアンのキャンプを襲って子供を含め皆殺しにする。その時、アメリカ軍兵士が殺戮したインディアンの婦女子の遺体を如何に扱ったかは言うに堪えない。ただ、遺体から切り取ったものを帽子にひっつけて、デンバーの街中を凱旋したことが紙上に記録されている。

約束の場所から空しくキャンプに引き返してきたインディアンの戦士たちは、妻や子供と両親のむごたらしい遺体を見て、呆然として生きる意欲を失い腑抜けのようになった。これが、「アメリカの西部開拓」だ。

そこで、後の大東亜戦争に目を転じると、アメリカ軍はサイパン戦で日本人婦女子に対して同じことをした。このアメリカ軍兵士の残忍さがサイパンに多くの入植者を出していた沖縄に伝わり、沖縄戦における一般国民の集団自決に至った。あの陵辱をうけるよりは死ぬほうがましだと思い決したのである。

サイパン戦において追い詰められて断崖から身を投げる日本人女性を、アメリカ軍がカメラを構えて待っていて撮影した映像がある。あの身を投げる日本人女性は、その直前に、振り返って笑いながら接近してくるアメリカ兵を確認してから、陵辱をうけるより毅然として死を選んだのだ。

さらに、大東亜戦争で、アメリカ軍が行った日本の主要都市をほとんど破壊した「戦略爆撃」は、インディアンの戦士がいなくなった年寄りと子供と妻だけがいるインディアンのキャンプを襲うやり方と同じである。一夜に十万人以上を焼き殺した昭和二十年三月十日の東京大空襲は、明らかに日本の非戦闘員の殺戮を目的としたものだ。原子爆弾の投下も同じ目的で行われたのだ。

次に、シートンは、アパッチの酋長ビクトリオとジェロニモが率いるインディアンと闘ったクルック将軍とマイルズ将軍に斥候として仕えたニール・エリクソンから一九三五年に聞いた話を書いている。

エリクソンは昔を回想して言った。

「あの時、もしも私がインディアンについて今と同じ理解をもっていたら、たぶん私は、アメリカ軍を捨ててアパッチの方に味方していたでしょう。」

エリクソンが仕えたマイルズ将軍も、インディアンのことを、「世界で最も英雄的民族」と表現している。

また、シートンは、「ポニー族の酋長の未亡人の教え」を次のように記録している。

「お前が大人になったら、何よりも勇気こそが男の男たるゆえんであることを忘れぬように。

シートンとインディアン

いったん戦に向かう道に足を踏み入れたら、いかなる用事があっても、途中で引き返してはなりません。いったん目的地まで行って、それから引き返しなさい。」

「貧しい者への思いやりを忘れぬように。私たちも貧しくて人々の思いやりをいただいてきたのだから。」

「お前が大人になって戦へ出た時、たとえ死の報に接しても、母さんは泣かないでしょう。それが男の道……勇気をもって戦うことが益荒男の本懐だからです。

戦場でも友を思い、決して見捨ててはなりません。友が敵に囲まれたことを知っても、逃げてはなりません。その友を救いに行きなさい。万一救えなかった時は、その友と枕を並べて討ち死にするのです。」（以上、アーネスト・シートン著『レッドマンのこころ』より)。

まことに、これは靖國の母と同じではないか。やはり、インディアンと我ら日本人は、遠い昔、同じ先祖をもっていたのであろう。

皇位の男系の継承

男系による皇位の継承とは、結論から言うならば、

「日本の総ての女性が天皇の母になる体制」

である。

そして、この体制を生み出したものこそ、一万五千年の縄文期が育んだ八紘為宇の意識、つまり、この空は一つの屋根であり、この空の下にいるのは皆家族であり皆仲間であるという意識なのだ。

古代の百三十年の間に、天皇、皇族、貴族そして多くの庶民が歌った数千の和歌を収録した全二十巻に及ぶ最古の歌集である萬葉集を編纂したといわれる大伴家持は、当時の最高の知識人であり、萬葉集の最後の歌に、天平宝字三年(七五九年)の正月に自分が歌った「年の始に降る雪が積もるように、めでたいことも積もり重なっておくれ」という歌を掲げている。

新《あたら》しき年の始の初春の今日降る雪のいやしけ吉事《よごと》

では、萬葉集の最後に自分の歌を置いた編者大伴家持は、萬葉集の開幕冒頭に、如何なる歌を置いているのか。それは、次の雄略天皇の春の野で菜を摘む娘に対するおおらかな求愛の歌だ。具体的には、夜這いの申し込みの歌だ。

　泊瀬朝倉宮に天の下知らしめしし天皇《すめらみこと》の代《みよ》
籠《こ》もよ　み籠持ち　掘串《ふくし》もよ　み掘串持ち　この岳《おか》に　菜摘ます兒《こ》
家聞かな　告《の》らさね　そらみつ　大和の國は　おしなべて　われこそ居れ
しきなべて　われこそ座《ま》せ　われにこそは　告らめ　家をも名をも

そして、後の巻十三には、この雄略天皇に申し込まれた菜を摘んでいた娘の歌が詠み人知らずとして載せてある。「こもりくの　泊瀬小國に　よばひせす　我が天皇《すめろき》よ……」と。

そこで、この雄略天皇の恋は成就したことが分かる。

では、成就した結果、その娘が男子を産んだらどうなる？　その男子は、皇位継承者となる。則ち、天皇になる。これが男系の皇位継承の姿である。つまり、日本の総ての女性が天皇の母になる。これが男系の皇位継承であるから、神武天皇から今上陛下の現在まで、百二十六代の天皇を戴く日本が現在も存在しているのだ。

女王アリや女王バチがいるアリやハチの世界なら女系でいいかもしれないが、遙かに高等な人間世界では、女系では絶対に、現在の日本のように続かない。また、女系では、尊重されるのは王を生むメスだけで他のメスはいらないのだ。

これに対して、男系では、雄略天皇の御製で明らかなように、天皇を受け入れた女性は、天皇の母になるので、総て尊重される。また、天皇に、家と名を教えた娘の家に、夜這いに行けば、天皇といえども、娘の許しがなければ家に入ることができず、表でボーッと夜が明けるまで待っていることになる。これ、女性を最も尊重する社会ではないか。

御皇室には側室が必要である

また、萬葉集の編者が、歌集冒頭に雄略天皇の夜這いの申し込みの御歌を挙げているもう一つの意図は、萬世一系の皇統を維持する為には、正妻の外にも天皇の御子を生んでくれる側室がいるということを示す為である。皇統を維持する為には、皇室には御側室が必要なのだ。このこと、結論だけ記しておきたい。

いまは亡き人となられた、やんごとなき御方が、ある時、

「西村さん、あなたなら言えるだろう。皇室には側室が必要であるということを。」

と言われた。

私は、畏まって「はい。申します」とお応え申し上げたのだ。

これが、やんごとなき御方との今生最後の会話となった。
よって、
「皇室には側室が必要である。」
と、選挙の度に言ってきた。
ここでも申しておく。
「日本」存続の為に、「皇室には側室が必要である」と。

おわりに

我ら日本民族は孤独ではない

本書執筆に没頭している日々、不思議で神秘な思いに包まれていた。それは一万年以上の昔に生きた縄文の人と、現在に生きる自分との連続性の思いであり、自分の血の中に、「縄文人が生きている」という実感だ。つまり、日本人こそ、過去は、「過ぎ去った日付のところにある」のではなく、「現在の我々とともにある」ことを実感できる民族であるという「無限の安らぎ」が私を包んでいたのだ。

世上、顎の張った顔か、卵形の顔か、という顔つきの違いを強調して、日本列島には、弥生人と縄文人の新旧違う素性の人種がいるとの説が流布しているが、これは誤解を生む。

何万年もユーラシアの果てしない大地を、陽が昇ってくる東に向かって、大地が尽きて海に直面するまで移動を続けた人々が、遂に海を渡って日本列島に上陸し、何万年ものあいだ、この生物多様性に富むこの列島の地から他に移住することがなかった。この歴史が我々日本人を形成した。

そして、我々は、何万年の長い年月の間に、この列島の中において姻戚関係の網の目で繋がった。よって、我々皆に、縄文の血が流れている。旧家を訪ねた機会に、その家の壁に掲げられている明治期以降の先々代から先代のご先祖の写真を拝見すれば分かる。その風貌は、角張った顎から卵のような顎のない顔つきまで、さまざまである。

私が小学生の頃、お世話になったご近所の眼科の三木先生は、子供の目から見ても、角張った顎をもつ山賊のような風貌をされていた。その息子さんの眼科医の先生は、山賊のようではなかったが顎はあった。そして、私に、加齢による白内障治療の手術をして視力を回復してくださったお孫さんの先生は、いかついところは微塵もなく女性と見まごうほどの丹精な容貌の若きドクターだった。

このように、総ての日本人の風貌は、様々であり、世代とともに変わるが、皆、縄文の血をもっている。つまり、骨の形で分類しても無意味なのだ。また明治維新以降、現在は、台湾から来た日本人や、朝鮮半島から来た日本人や、欧州から来た日本人や、アフリカから来た日本人がいるが、日本に住んでおれば、数世代過ぎれば皆縄文人の血をもつに至る。欧州から終生日本に留まり布教するという誓いをして来日して、数十年日本に住んでいるカトリックの神父を何人も知っているが、彼らは結婚せずに独身を通しているけれども、数十年、日本に住んでいれば、皆、「日本の年寄り」になった。火葬は嫌だ、死んでも火葬はしてくれるな、と言っていた人も、皆、火葬されて日本の大気のなかに昇っていった。日本列島とはこういう所だ。

そして、この縄文人の血は、人類の普遍的で根源的な精神世界を今も豊かにたたえている。従って、この頃、つくづく感じるのは、アメリカ大陸にいたインディアンやインディオと呼ばれた人々と、我々日本人は、ユーラシア大陸を東に移動していた遙か数万年の昔、ユーラシアの何処かで、この普遍的で根源的な精神をもつ「共通の先祖」を持っていたということだ。それから我らは陽の昇る東に向かい、彼らは東北のベーリング海峡に向かい、そこを渡って北米大陸に至り、そこから南に向かった。

このことをしみじみと実感できたのは、「動物記」で有名なアーネスト・シートンが、晩年に集めた「北米インディアンの魂の教え」をまとめた著書『レッドマンのこころ』（株式会社　北沢図書出版）を読んだ時である。

シートンの真の功績は「動物記」にあるのではなく、アメリカ大陸において、渡来した白人に滅ぼされたインディアンの魂を記録した、『レッドマンのこころ』にあるのではなかろうか。何故なら、シートンの妻ジュリア・シートンが、この本の前書きに書いているように、『レッドマンのこころ』という本は、シートンが、集めた資料によって、かつて何万年かアメリカ大陸に住んでいて十九世紀に白人に滅ぼされたレッドマンの信仰が、「普遍的であり、基本的であり、根源的であり、本当の意味での宗教である」ことをあきらかにしているからだ。

さらに、この『レッドマンのこころ』の訳者の近藤千雄氏は、アメリカのシアトル市の骨董品店の店頭に張り出してあった、インディアンの酋長シアトルが、自分たち部族に対して、遙か遠い昔から住んでいる墳墓の地からの退去を命じて追い出そうとするアメリカ合衆国の総督に対して、一八五五年に提出した抗議文を見つけ、それを、『レッドマンのこころ』の「訳者あとがき」で全文紹介されていた。

この抗議文を読んだとき、そのインディアンの霊的な根源的なものの永続性を信じる精神の高貴さに感動するとともに、これは、我々日本民族の根源的な思いと同じだと確信した。

その上で、十九世紀後半に、欧米列強の独善が支配する狂乱の世界史に、初めて参入して孤立無援のなかで苦闘を続けてきた我々日本民族は、決して孤独ではなく、人間の普遍的で根源的な思いを共にする友がいることを知ったのだ。

そして、我ら日本民族は、さらに、人類の為に、近世に滅ぼされていった多くの友の為に、一神教に滅ぼされたこの太古の永続的で普遍的で平和な精神世界の復活に取り組まねばならないと思い至った。次に、そのシアトルの抗議文全文を掲げる。

スクァミッシュ族酋長シアトルのワシントン総督に対する抗議文

1855年1月

遙か遠きあの空は、数えもつかぬ昔から、私の民族に憐れみの涙を流してくださってきた。一見すると永遠に不変であるかに思える空も、いつかは変わる時が来るものだ。

今日は天気でも、明日は雨雲に覆われるかも知れぬ。が、私の言葉は夜空の星の如く変わることはない。

冬のあとには必ず春が訪れるように、総統閣下、どうか私の述べるところを言葉どおりに受けとめていただきたい。

この土地は、かつては我が民族が自由に使用した時代があった、が、その時代も遠い過去のものとなった。

民族の偉大さも、悲しい思い出となってしまった。

愚痴は言うまい。女々しい懐旧談はよそう。

ホワイトマンの暴挙を非難することも止めよう。

われわれレッドマンにも責めらるべき点がなかったわけではないからだ。

が、この度のあなたの命令は、言う通りにすればわれわれを保護してやる、という主旨のようである。勇敢なる兵士が城壁のごとく守り、軍艦が港を埋め尽くして、我々の積年の仇敵ハイダ族とチムシアン族も婦女子や老人を襲うことはなくなり、かくしてレッドマンも同じ総督のもとでホワイトマンと兄弟となるとおっしゃる。

果たしてどうであろうか。それは有り得べからざることではなかろうか。

何となれば、そもそもあなた方の神ゴッドと、

われわれの神グレイト・スピリット（大霊）とはまったく相容れないものだ。

ゴッドは自分の民を愛しても異民族は嫌う。白い肌のわが子をやさしくかばい、あたかも父親がわが子を可愛がるように手引きをするが、赤い肌の者のことは一向に構わない。

われわれの崇める大霊はそんなえこひいきはなさらない！

このようなことで、どうしてホワイトマンとレッドが兄弟となり得ましょうぞ。

もしゴッドが宇宙の神だというのであれば、それはよほど好き嫌いをなさる神に相違ない。ホワイトマンに都合の良いことばかりを教えて、われわれレッドマンのことは何も述べていらっしゃらない。

が、かつてはこの大地で無数のレッドマンが生きていたのだ。

あなた方の宗教は活字によって書き記されている。

レッドマンはそれが読めないし、したがって理解できない。

それとは違い、われわれの宗教は先祖からの伝統なのだ。

厳粛なる儀式のもとに、夜の静寂の中で、大霊より授かったものだ。

それが偉大なる先祖のビジョンとなって、われわれの胸に刻み込まれている。

あなた方の先祖は、墓の入り口を通り抜けると、それきりあなた方のことを忘れる。

あなた方も彼らのことを忘れる。

が、われわれの先祖霊は地上のことを決して忘れない。

うるわしき谷、のどかなせせらぎ、壮大なる山々、木々にかこまれた湖……

彼らはしばしばその美しさが忘れられず舞い戻ってきては、われわれのもとを訪ね、導きを与え、慰めてくれる。

かつてレッドマンがホワイトマンの侵入に敗走したことはなかった。

が、われわれの命運も尽きかけている。

もはや余命いくばくもないであろう。あたりに恐ろしい殺人鬼の足音がする。

が、われわれはその運命に毅然として立ち向かう用意ができている。

何ゆえにその運命を悲しむことがあろうか。

一つの部族が滅びれば、また新しい一部族が生まれる。

一つの国家が滅びれば、また新しく国家が生まれる。

海の波と同じだ。それが大自然の摂理なのだ。

あなた方ホワイトマンの命運も、今すぐではなかろうが、いつかは尽きるのだ。

ゴッドを誇るあなた方も、同じ運命から逃れることはできないのだ。

その意味において、お互いは同胞なのだ！

この地球上のどこにも孤独な場所、誰もいない場所は一つもない。

いずこも先祖の霊でにぎわっているのだ。

ホワイトマンも実は決して孤独ではない。

人間として正しく、そして優しい心さえ忘れなければ、先輩の霊たちが力を貸してくれる。

私は「死」という文字は一度も用いていない。

「死」は存在しないからだ。

ただ生活の場が変わるだけなのだ！


この末尾の二行は、七生報国を確信する楠正成の思い、そして、日清日露戦役、さらに大東亜戦争で戦歿していった将兵の思いに通じているではないか。

この卓越した酋長シアトルの名は、彼の他界後、その人徳を偲び、魂を鎮める為に、彼らの墳墓の地につくられた都市の名になっている。

振り返れば、一四九八年、ポルトガルのバァスコ・ダ・ガマがアフリカの喜望峰を廻り東に向かって南インドのカリカットに到達し、一四九二年、スペインのコロンブスが大西洋を西に向かってアメリカ大陸に到達してから二十世紀前半までの約五百年間、地球の歴史は、ヨーロッパの白色人種によるアジア・アフリカ・南北アメリカ大陸の有色人種支配と殺戮の歴史であった。そのことを、平間洋一氏が、次の通り分かり易く数字で示されている（同氏著『日露戦争が変えた世界史』芙蓉書房出版）。コロンブスがアメリカ大陸に到着した一四九二年、南アメリカ大陸には、最大推計一億一千万人、中間推計七千万人、最小推計四千万人のインディオが住んでいた。しかし、インカ帝国滅亡の一五七〇年には、ヨーロッパ人による殺害とヨーロッパ人のもたらした伝染病によって一千万人に激減していた。

西インド諸島は、現在、原住民よりもアフリカから売られてきた人々を先祖にもつ黒人の方が多い。それは、ヨーロッパ人による原住民皆殺し作戦の結果である。

そして、コロンブス到達時の北アメリカ大陸のインディアンの人口は二百万～五百万人と推定される。しかし、一八九〇年にウンデッド・ニーでインディアンのスー族三百人が虐殺された時には、殺戮と伝染病によってインディアンは三十五万人に激減している。

また、アフリカから南北アメリカに奴隷として売られた黒人は、十六世紀は九十万人、十七世紀は三百万人、十八世紀は七百万人、十九世紀は四百万人である。

そして、十六世紀のザビエル来航（一五四九年）から十七世紀の島原の乱終結の翌年の鎖国（一六三九年）

までの九十年間に、我が国から奴隷としてヨーロッパやインドに売られていった少女は五十万人にのぼる。我が国の少女は、従順で聡明であったから高く売れたという。

そして、我が国が鎖国をしている二百数十年の間に、この人種差別と有色人種を奴隷とすることを当然とするヨーロッパとヨーロッパの「新大陸」となったアメリカの軍事力は、我が国を遙かに上まわる圧倒的なものとなっていた。

当然、その時、徳川幕藩体制下の我が国は、三百年前にスペインとポルトガルに滅ぼされた南米のインカ帝国と同様の亡国の淵に追い詰められていたのだ。

従って、明治維新とは我が国の存続を確保する為の決死の近代化だった。

明治天皇が、明治元年三月十四日、「五箇条の御誓文」とともに発せられた「国威宣布の宸翰」の冒頭にある
「朕幼弱を以て、猝に大統を紹き、爾来何を以て萬國に對立し、列祖に事へ奉らむやと、朝夕恐懼に堪さるなり」

との御言葉は、まさに赤裸々な御心情の吐露であられた。

そして、この若き明治天皇を戴いた明治の日本人は、天皇の為、祖国の為に死ぬことは名誉であると思い決した勇敢な兵士となり、国家の存亡が懸かった日清・日露の両戦役を戦い抜き、白人中心の国際社会に、日本の存在を認知させた。

特に、二十世紀の幕開け早々、今まで国際社会から極東の小さな有色人種の国と見做されていた日

本が、世界一の陸軍を擁する大国ロシアを打ち破った日露戦争は、白人中心の五百年の世界史の転換を促す衝撃を欧米諸国に与えた。まさに、明治は偉大な御代であった。

しかし、日露戦争勝利とともに始まった二十世紀は、世界大戦争の世紀であった。その渦中で、我が国は、昭和の御代となり、人種差別撤廃と植民地解放を掲げ、国家の存亡をかけて米英と戦った。

そして、戦闘では負けたが、戦争では勝った。

二十世紀後半、人種差別は撤廃されアジア・アフリカの植民地は解放された。

しかし、戦闘における敗北がもたらした、国土の荒廃と人心の混乱により、我が国は再び亡国の淵に立たされていた。その時、昭和天皇は、敗戦後にはじめて迎える正月元旦に発せられた詔書の冒頭に明治の初め、明治天皇が発せられた「五箇条の御誓文」を掲げられ、国民に明治維新と同様の奮闘を促され、さらに御製によって国民を励まされた。

ふりつもるみ雪にたへていろかへぬ松ぞををしき人もかくあれ

そして、国民は世界が驚く復興に向かった。

よって、明治天皇を戴いた明治が偉大であるとともに、生涯、明治天皇と共にあられた昭和天皇を戴いた昭和も偉大な時代であった。

その上で、愚生は、この昭和の御代に生まれた者として、日本列島における数万年の歴史のなかで育んだ日本の、普遍的で根源的であるが故に素朴な理念が、これからの世界の人類に幸せをもたらすものとなることを直感して、原稿を書き続けた。

とはいえ、その原稿が、「本書」になるのは、展転社の相澤宏明会長と相澤行一君のお陰である。このお二人によって本書が生まれた。

改めて、ご縁の不思議とありがたさを思い、お二人に敬意を表し心よりお礼申し上げる。

同時に、相澤会長と展転社が実現に尽力された「昭和の日」の回復に続き、現在取り組まれている国民の祝日としての「明治の日」が速やかに実現することを切に祈り申し上げたい。

なぜなら、日本が戦前と戦後の連続性を維持して現在あるのは、明治天皇が掲げられた「五箇条の御誓文」を昭和天皇が再び掲げられたことから明らかなように、明治と昭和は、民族の叙事詩において、不可分であるからだ。まことに、「昭和の日」に続いて「明治の日」を回復することは、「民族の誇り」と「民族生命」即ち「民族の叙事詩」を取り戻すことなのだ。

令和五年十一月三日が迫る秋

西村眞悟（にしむら　しんご）

昭和23年大阪府堺市生まれ。京都大学法学部卒業。父は民社党第二代委員長・西村栄一。平成5年衆議院初当選。当選6回。平成9年、国会で初めて横田めぐみさんら北朝鮮による拉致問題を追及。同年尖閣諸島魚釣島に国会議員として初上陸・視察を行った。防衛政務次官、衆議院懲罰委員長・同災害対策特別委員長・同海賊テロ防止特別委員長、拉致議連幹事長などを歴任。

著書に『亡国か再生か』『海洋アジアの日出づる国』『闘いはまだ続いている』『国家の再興』『国家の覚醒』（以上、展転社）他多数。

日本民族の叙事詩
祖国を形づくるもの

令和五年十一月三日　第一刷発行

著　者　西村　眞悟
発行人　荒岩　宏奨
発　行　展　転　社

〒101-0051 東京都千代田区神田神保町2-46-402
TEL　〇三（五三一四）九四七〇
FAX　〇三（五三一四）九四八〇
振替〇〇一四〇―六―七九九九二

印刷製本　中央精版印刷

定価［本体＋税］はカバーに表示してあります。
ISBN978-4-88656-566-2